Ibsen e o Novo Sujeito da Modernidade

Coleção Estudos
Dirigida por J. Guinsburg

Equipe de realização – Edição de texto: Soluá S. de Almeida; Revisão de provas: Lilian Miyoko Kumai; Sobrecapa: Sergio Kon; Produção: Ricardo Neves e Raquel Fernandes Abranches.

Tereza Menezes

IBSEN E O NOVO SUJEITO DA MODERNIDADE

Dados Internacionais de Catalogação na Publicação (CIP)
(Câmara Brasileira do Livro, SP, Brasil)

Menezes, Tereza
 Ibsen e o novo sujeito da modernidade / Tereza Menezes.
– São Paulo : Perspectiva, 2006. – (Coleção Estudos ; 229 /
dirigida por J. Guinsburg)

 Bibliografia.
 ISBN 85-273-0753-7

 1. Dramaturgos - Crítica e interpretação 2. Ibsen, Henrik,
1828-1906 - Crítica e interpretação 3. Realismo 4. Teatro - História e crítica I. Guinsburg, J.. II. Título. III. Série.

06-2565   CDD-792.09

Índices para catálogo sistemático:

1. Ibsen e a subjetividade moderna : Teatro : História e crítica
792.09

Direitos reservados à
EDITORA PERSPECTIVA S.A.
Av. Brigadeiro Luís Antônio, 3025
01401-000 – São Paulo – SP – Brasil
Telefax: (0--11) 3885-8388
www.editoraperspectiva.com.br
2006

Agradecimentos

Este livro teve a colaboração das mentes amigas e brilhantes de Vera Felício, Miriam Chnaiderman, Fátima Vicente, Cida Aidar, Ester Zita Botelho, Rosicler Rodrigues, Vera Cecília e Luis Carlos Bresser Pereira e Francisco Medeiros, que acompanharam o desenvolvimento da dissertação de Mestrado e do livro com acolhida, orientação e incentivos preciosos.

A todos os meus amigos, presentes ontem, hoje e sempre, quero agradecer por partilharem comigo o mundo do teatro e por me darem a certeza de que sei amar: José Rubens Siqueira, Lucia Merlino, Francisco Medeiros, Plinio Soares, Bri Fiocca, Gabriela Rabelo, Marcelo e Mara Andrade, Marichilene Artisevskis, Myrian Muniz e Flávio Império.

E um agradecimento especial à Ilka Marinho Zanotto, crítica e companheira de teatro que, com tanta generosidade e delicadeza, sabe acolher, incentivar e encaminhar nossos pensamentos, desejos e obras.

Especial também foi a participação de José Rubens Siqueira, amigo e irmão de vida, que fez a revisão e sugestões finais com todo o seu carinho e competência.

Foi importante o apoio da Embaixada da Noruega e de seu embaixador, o muito amável Sr. Jan Gerhard Lassen.

E os amigos que acompanharam o processo de edição com sugestões e cuidados: Mariangela Alves Lima, Fábio e Lúcia Aidar, Silvia Portugal Gouvêa, Sergio Pereira e Carlos Alberto Dixo.

Agradeço a presença segura e certeira dos amigos, que sempre estiveram comigo nas aventuras da vida e me trouxeram tanta força e alegria: Ester Zita Botelho, Maria Inês Rímoli, Lílian Carvalho, Suely Cencini, Vera Bastos, Mariana Andrade, Tania Smilg, Zeca e Beto Dixo, Tereza Cristina de Barros, Ernesto Hypólito, Natalie Schues, Ivete Furlan e Mariza Lourenço V. Santos.

E agradeço às minhas "raízes" na vida e na terra, as minhas referências em todas as curvas do caminho: meus irmãos Luis Carlos, Silvio Luiz, Antonio Carlos, Fernando e Sérgio. E suas companheiras acolhedoras Vera Cecília, Malu, Cristina, Sônia e Sônia Regina e a todos os deliciosos sobrinhos que me têm dado tantas alegrias.

Sumário

Prefácio: O Nascimento de uma nova Subjetividade – *Miriam Chnaiderman*...XI

Introdução...XV

1. Os Grandes Momentos na Constituição da Subjetividade Moderna 1

    O Renascimento 3

    O Classicismo...6

    O Romantismo 12

    O Realismo...18

    O Modernismo 25

    A Singularidade da Nova Dramaturgia 29

2. Ibsen e o Novo Drama.. 35

    A Vida de Ibsen 35

    A Dramaturgia de Ibsen 53

    A Estrutura do Novo Drama..57

A Poesia na Obra de Ibsen. 63

Subtexto e Abertura para o Indeterminado.....................67

O Efeito Desorganizador de Suas Peças 70

O "Drama Psicológico"..72

Significados e Sentidos 74

O Uso dos Símbolos...78

Os Grandes Temas de Ibsen 81

3. Sincronia de Subjetividades...87

A Nova Figura do Diretor 89

O Grande Ator..95

O Público 98

4. O Sujeito da Modernidade..105

Desdobramentos do "Sujeito" Cartesiano....................107

O Novo Sujeito Freudiano 112

O Novo Sujeito na Obra de Ibsen 115

Ibsen, o Dramaturgo de Duas Eras 133

Bibliografia 141

Anexos

Sinopses das Peças de Ibsen..147

Fatos que Marcaram o Final do Século xix..................170

Prefácio:
O Nascimento de uma Nova Subjetividade

Nas últimas páginas de seu trabalho, Tereza Menezes compara *Peer Gynt* de Ibsen e *Esperando Godot,* de Beckett: *Peer Gynt* mostra bem a riqueza de possibilidades que viveu o sujeito do século XIX e a temática de *Esperando Godot* seria o esvaziamento dos quereres desse sujeito na segunda metade do século XX. Peer Gynt tem projetos, os personagens de Beckett pensam e sentem no vácuo. Ao comparar esses dois autores, Tereza Menezes quer saber dos destinos da nova subjetividade que se delineia à época de Ibsen. Afirma: "Apesar de ter vivido, e muitas vezes com amargura, o desencantamento do mundo e a perda das certezas clássicas, Ibsen não se deixou endurecer nem desistir do ser humano enquanto projeto de vida". Identificada com seu objeto de estudo, a autora encanta-se com a descoberta do mundo do desejo, desse mundo nomeado a partir de Freud onde a consciência passa a poder ter que considerar os limites de seus domínios. Mas, não deixa de apontar para os perigos dos descaminhos dessa nova subjetividade, "presa fácil da ideologia neoliberal" vulnerável à "manipulação da mídia e à violência de todos os tipos de fascismo". Contrapondo-se a tudo isso está a crença na possibilidade de elaboração interior, e uma clara adesão à psicanálise: Tereza Menezes coloca-se do lado de Ibsen, na abertura para o diferente, no esforço para nomear a permanente construção de um si-mesmo. A luta de Ibsen para não "desistir do ser humano" é a de Tereza Menezes. Aliás, exemplificando, na frase que encerra o livro, vemos empregados os termos "alegria humana" e afirmada a possibilidade de "encarar seus desejos, ainda que infindáveis". Aqui, assim como em *Peer Gynt*, há um final que nos rende na possibilidade de encontros enriquecedores, naquilo que nos trazem de contato com o diverso, escolha pela flexibilidade, pela dança, pelo amoroso.

Tereza Menezes acredita na história, quer entender por que Ibsen surge em momento específico, quer contextualizá-lo na história das idéias. Vê Ibsen como "o dramaturgo de duas eras", encontrando-se na divisa entre dois momentos com diferentes modos de encarar o humano: "a irracionalidade [...] tornar-se-ia a tônica da era que o sucede". Mas, diferentemente do "vazio e crise de identidade que iriam caracterizar o século xx" a obra de Ibsen mostra um sujeito cindido entre o sensível e o racional, a ambigüidade passando a fazer parte da estrutura dramática.

Tereza Menezes faz uma história da subjetividade moderna, sendo o primeiro capítulo um percurso pela história da filosofia e do teatro. Cuidadosamente, a partir do Renascimento vai ao romantismo e depois ao realismo chegando ao simbolismo e expressionismo. Sobre o realismo afirma: "O realismo que nos interessa não é o que se ocupa da criação da real no palco mas sim da construção do real, da arte que torna visível e não a que reproduz o visível". Coerente com essa afirmação, Tereza Menezes desvela a realidade tornada visível em Ibsen. No decorrer de sua análise, a realidade em Ibsen é a que a psicanálise nomeou como sendo "realidade psíquica". O fato de que Ibsen e Freud tenham sido contemporâneos permite recolocar a questão do realismo: a fantasia passa a ser "realidade psíquica" e toda a encenação do teatro passa a poder ser vista como figuração de mundos internos. Não há como não lembrar o brilhante ensaio de J. Guinsburg, "A Idéia de Teatro" onde demonstra que na base do teatro está a duplicação do ser humano pelo ator, "do espaço físico pela cena, da trama da vida pela trama do drama, o sentido primordial de seu esforço é dar visibilidade ao invisível, expô-lo como máscara e encarnação"[1].

Peer Gynt é uma "odisséia da busca do eu" e, *Quando nós Mortos Despertarmos* quer "demolir o ego para que o personagem se encontre consigo mesmo sem qualquer uma das amarras ou vestimentas sociais". Ibsen radicaliza o fazer teatral e cria o "novo drama", "redimensionando as conquistas do romantismo com uma nova subjetividade que não buscava expressar a si mesma, mas pretendia ser uma forma de conhecimento, uma abordagem do mundo exterior a partir da experiência interior". O seu momento é o do surgimento de novas formas de subjetivação, com a irrupção de um ser humano mais livre.

---

1. *Da Cena em Cena*, São Paulo: Perspectiva, 2001, p. 7.

Com fluidez, Tereza Menezes consegue realizar agora em ensaio reflexivo, aquilo que Ibsen inventou no dramaturgia: deixar-se levar pelo personagem que ganha autonomia, permitindo a discussão de seus próprios problemas como parte daquilo que se quer narrar. Para isso vão sendo tecidas sutis tramas onde subjetividade e história, biografia e obra vão ganhando contornos que o tempo todo nos lembram da grandiosidade da criação humana. Com maestria e desenvoltura busca os alicerces históricos e biográficos que embasaram a obra de Ibsen sem jamais escorregar em um reducionismo que levaria a perder de vista a especificidade de seu teatro. No mergulho na dramaturgia de Ibsen, no cuidadoso resumo que vai fazendo de cada peça, vamos conhecendo um mundo que ainda é nosso, pois o protagonista maior é o mundo dos afetos, o mundo dos conflitos.

Teresa e Ibsen respeitam o que não cabe na palavra, respeitam as "revoluções que acontecem no espírito humano" e que escapam a qualquer código.

Miriam Chnaiderman

Introdução

O ser humano complexo e dilacerado, característico do século XXI, vem sendo gestado desde o final do século XIX.

Este livro se propõe a constatar a presença de uma nova subjetividade, e de uma nova complexidade, no homem moderno através de sua produção cultural, artística e, especialmente, teatral, enfocando também sua nova capacidade de auto-reflexão, na medida em que se percebe como um ser múltiplo, contraditório e em permanente processo. A obra de Ibsen e as três últimas décadas do século XIX serão o objeto de nosso estudo. É o momento em que a dramaturgia, o trabalho do ator e a participação do público passam por mudanças qualitativas na forma, no conteúdo e, principalmente, na possibilidade de criar significados. A experiência pessoal passa a ser um valor importante em todos os campos, desde a criação artística até a experiência científica.

Naquele final do século XIX, o mundo interior, ainda que irracional e incompreensível, buscava espaço e formas de expressão no mundo exterior. Vivia-se um novo patamar, ou uma nova onda da consciência pessoal. Mas, outras ondas de valorização do ser humano, considerado como o sujeito de sua história, já haviam deixado marcas no homem da modernidade. A nova subjetividade presente na dramaturgia de Ibsen foi gestada ao longo de quatro séculos de exercícios de racionalização e subjetivação do pensar e desejar humanos. Este tempo foi necessário para que o homem se apropriasse de sua história pessoal, resignificando-a na medida em que se colocava como o seu próprio ator, libertando-se das normas e princípios transcendentes para encarnar os valores imanentes de sua condição de sujeito singular.

O Renascimento foi o primeiro momento de consciência pessoal do homem moderno. Nele o ser humano começa a se destacar da natureza, deixando de pertencer a um quadro bidimensional para adquirir relevo e profundidade em sua visão de si mesmo no mundo. Deus não é abolido, a força humana é que é desdobrada e libertada das amarras medievais.

O classicismo dos séculos XVII e XVIII, respectivamente representados por Descartes e pelo pensamento iluminista, foi a segunda onda; a extrema valorização da razão somada à responsabilidade pessoal coloca o indivíduo em outra relação com o mundo real. Esta relação não é mais mediada por uma verdade divina, passível de revelação, mas construída pelo homem através de sua racionalidade.

Outra poderosa onda de consciência pessoal se forma na virada do século XVIII para o XIX, o romantismo, com revolucionários pressupostos estéticos e éticos. O artista se liberta de valores estabelecidos *a priori*, despreza a imitação em favor da arte jorrada da interioridade do poeta, nascida do choque entre seus estados emocionais em luta. A total valorização da espontaneidade faz com que quase tudo passe a ser subjetivo.

A última onda – a que está em foco neste trabalho – foi o momento do realismo[1] e seus desdobramentos do final do século XIX, quando o homem sai da idealização romântica da natureza e de seus sentimentos, para a possibilidade de experimentar o mundo interior e exterior ao mesmo tempo. Ele passa a contar com a participação de novas formas de compreensão fora e dentro de si: tem o método científico para estabelecer causas e conseqüências dos fenômenos da natureza e, por outro lado, percebe que existe um tempo interior onde as coisas não se discriminam umas das outras, onde ele não vai buscar causas, mas sentidos para suas fantasias e sensações.

Henrik Ibsen é o dramaturgo que vai evidenciar esta mudança de foco do olhar humano sobre si mesmo. Ele é o autor do "novo drama", é aquele que redimensionou as conquistas do romantismo com uma nova subjetividade que, diferente da romântica, não buscava expressar a si mesma, mas pretendia ser uma forma de conhecimento, uma abordagem do mundo exterior a partir da experiência interior. Buscava a verdade no real, mas tinha consciência de que ele é, em grande parte, incognoscível. Mudou a forma e o conteúdo das *pièce bien faite* ao introduzir a dúvida e a ambigüidade.

---

1. É importante frisar que o momento do realismo, aqui mencionado, não corresponde exatamente ao movimento realista enquanto corrente literária. Aplica-se ao momento em que o indivíduo se percebia, ao mesmo tempo, como o sujeito de sua história e como aquele que questiona de várias maneiras a sua identidade pessoal.

O teatro de Ibsen, com sua bagagem de elementos românticos, realistas e também simbólicos, teve a força de provocar grandes polêmicas na sociedade da época. Este poder, ao mesmo tempo desorganizador e configurador, se apresenta como um dos mediadores que fizeram a passagem da impossibilidade do ideal romântico – da exaltação sensual que era pura intensidade – para a criação de imagens ou figuras que representavam, de um modo mais próximo do "real", os afetos ou as pulsões recalcadas e sublimadas pelos românticos. Ao propor estes personagens, que encarnavam os grandes conflitos dos indivíduos de sua época, Ibsen estava propondo um teatro que oferecia a estes indivíduos outros registros de percepção de si mesmos, outras formas de subjetivação a partir da compreensão e da apropriação do que haviam experienciado através dos personagens.

O destinatário dessas obras é um ser em ruptura. O homem da modernidade está dividido entre forças igualmente poderosas – a racionalidade e a subjetividade – e busca uma forma de abarcar a si mesmo que admita esta oposição. Na insatisfação e na angústia dos personagens de Ibsen percebe-se a presença de desejos ocultos ou mal formulados como os responsáveis pelo seu fracasso, enquanto sujeitos de sua própria história. Para falar da importância deste *desejo* irrealizável, constitutivo do sujeito da modernidade, buscamos refazer a sua trajetória desde o seu banimento pelo pensamento cartesiano até a sua total assunção pela psicanálise de Freud.

É a psicanálise de Freud que vai realizar o descentramento da razão, da consciência e da verdade *em-si,* ao abordar o analisante, não pela lógica do entendimento, mas pela lógica do seu desejo. O "novo sujeito" da modernidade é aquele que pode ter uma nova visão de si mesmo: um sujeito cindido por forças opostas, múltiplo e em permanente devir. É este sujeito que Ibsen expõe ao público como um espelho para ele mesmo. Cada espectador fará suas elaborações internas para se apropriar mais e melhor daquilo que reconhecer como seu.

As últimas décadas do final do século XIX constituem um momento de intensa sincronicidade na busca da realidade interior. Na pintura, o impressionismo propõe que o olho do espectador faça a síntese das cores sobrepostas através de uma leitura subjetiva e única. A música evolui no mesmo sentido de interiorização, volta-se sobre si mesma e se fragmenta em novas escalas tonais. A linguagem da arte se constrói a partir da elaboração subjetiva do autor, do tempo interior que ele descobre em seu processo de criação. No teatro, a nova figura do diretor, tais como Stanislávski e Antoine, descortinam todo um novo campo de pesquisa pessoal para o ator e o público.

Ibsen situa-se no limiar entre duas eras. Ele não chegou à demolição da forma e da lógica na construção das situações dramáticas, como experimentaram alguns dramaturgos do expressionismo, do absurdo ou do surrealismo. Mas é possível afirmar que este momen-

tenso e quase explosivo que foi a década de 1890, quando Ibsen escreveu suas peças mais densas e mais desestabilizadoras do pensamento linear, é o momento da gestação de todas as rupturas literais e violentas do início do século xx.

A época de Ibsen é a época das certezas cindidas. Em 1899, o ano em que terminava sua última e mais "misteriosa" peça, Freud estava pronto para mostrar ao mundo, com a *Interpretação dos Sonhos*, que não é possível realizar a síntese das contradições psíquicas. O sujeito moderno é a própria fragmentação, porque é, em níveis diferentes, consciente e inconsciente de suas ações. E seu comportamento é determinado pelos processos inconscientes.

Com Ibsen fecha-se o século da consciência, a era da crença nas soluções unidimensionais e mutuamente excludentes, das certezas positivistas e da busca do ideal absoluto. Com Ibsen inicia-se, no teatro e em seus espectadores, uma nova era, que ainda é a nossa. A era da ambigüidade, da complexidade e de uma nova subjetividade, em que o homem convive, de um lado, com a consciência de seu desamparo e desejo insaciável, e de outro, com a busca de derivativos e defesas para "se perder" dessa consciência.

1. Os Grandes Momentos na Constituição da Subjetividade Moderna

> *O passado nunca está morto, ele nem mesmo é passado. Esse passado, além do mais, estirando-se por todo o seu trajeto de volta à origem, ao invés de puxar para trás, empurra para frente, e, ao contrário do que seria de esperar, é o futuro que nos impele de volta ao passado.*
>
> HANNAH ARENDT[1]

Na segunda metade do século XIX, especialmente nas três últimas décadas, começa a se delinear um novo perfil de homem moderno. Em sua experiência com a vida, ele ansiava pela verdade, tanto do mundo exterior quanto do interior. Queria dominar a natureza, pelo uso da razão instrumental e do método científico, mas queria também conhecer e expressar seus sentimentos mais íntimos. Percebendo esta cisão, ele vai tentar, talvez pela primeira vez, assumir suas contradições ao invés de se obrigar a uma escolha que excluiria parte dos fatores igualmente constitutivos de sua pessoa. Seu novo desafio é apropriar-se de todas estas experiências e reunir os dois lados de sua compreensão do mundo: tanto o sensível, o intuitivo e o poético quanto o inteligível, o objetivo e o analítico.

A arte, especialmente a arte dramática, era o grande veículo do homem moderno para realizar esta fusão naquele *fin-de-siècle*, quando se pretendia abarcar o ser humano na sua maior dimensão, externa e

---

1. *Entre o Passado e o Futuro*, p. 37

internamente. O que se desejava e também o que mais se temia, acima de tudo, era ser verdadeiro, fiel a si mesmo, nos vários papéis que estavam se abrindo ao indivíduo daquela sociedade em transformação. Não mais a ilusão, os modelos de comportamento preestabelecidos, nada da contenção clássica nem tampouco do desvario romântico. Ainda não estava claro quais seriam os novos valores deste novo homem. Após o desencanto do romantismo, as pessoas não tinham mais propostas consistentes para lidar com o mundo à sua volta. Desde aquele momento – e até os dias de hoje – os valores e critérios de ação na vida político-social, moral e artística passaram a ser elaborados preponderantemente no plano subjetivo[2].

O ser humano começava a adquirir maior consciência de sua complexidade. Esta vivência de diversidade e ruptura já acompanhava o homem há vários séculos, mas intensificou-se mais que nunca a partir dos anos de 1870. Para chegar a este momento de transformação qualitativa, a consciência pessoal passou por várias ondas de importância e complexidade crescentes que tiveram o seu pico em momentos marcantes da história da humanidade.

Certamente a Grécia clássica, do século V a.C., foi o marco inicial destes momentos por nós conhecidos, pois é ali que testemunhamos os primeiros rudimentos da noção de "eu", da capacidade de indagar e questionar o que, até então, era dado pelo inexorável destino. Ali se inicia o longo processo de separação do mundo divino e humano. Foi naquele século que Édipo, na tragédia de Sófocles, insistiu até as mais terríveis conseqüências para saber quem era ele, qual a sua origem. Édipo, como todo herói trágico, vive na ambigüidade entre o seu querer e o querer maior dos deuses. Este conflito insolúvel, cerne da tragédia, é também o conflito do homem daquele tempo em suas dramáticas indagações sobre sua pessoa, seu estar no mundo, seu vão desejo.

Mas, apesar do assunto ser de fundamental importância, não vamos nos deter neste período tão fértil e complexo da história da humanidade, porque foge aos propósitos deste trabalho. Vamos falar do homem moderno e examinar os momentos mais recentes, e determinantes, para a irrupção desta nova subjetividade ocorrida na virada para o século XX. Foram eles: o Renascimento, o classicismo, o romantismo e o realismo.

---

2. Não queremos entrar no terreno das diversas formas de manipulação das massas que é um outro fenômeno de nossos tempos. A modernidade, apesar de cercear a elaboração subjetiva ao usar seus instrumentos de poder, oferece, por outro lado, a possibilidade de entrar em contato com sentimentos interiores e de buscar explicações para eles.

O RENASCIMENTO

Na Idade Média não era usual a palavra "indivíduo". A regra era o grupo, a corporação e não a pessoa considerada por si mesma. Aquele que se individuava isolava-se do grupo e era tomado como louco. A arte e a vida aconteciam apenas "em duas dimensões". Os motivos da pintura, da escultura e até do espaço cênico no teatro não se destacavam do fundo, tudo ficava em primeiro plano. Na cultura medieval, o humano espelhava o divino, era a idéia da *Civitas Dei*[3]. A arte, considerada legítima, era um instrumento religioso.

Foi nos séculos XV e XVI que o mundo ocidental "ganhou" a terceira dimensão. Além da bidimensionalidade do espaço plano, a obra do homem, e a percepção que tinha de si mesmo, adquiriram densidade e profundidade. Isto aconteceu na pintura com a introdução da perspectiva. Aconteceu também no teatro, em termos cênicos e dramatúrgicos: por um lado, a cenografia abandonou a horizontalidade da cena simultânea dos mistérios medievais pela profundidade do palco renascentista e elisabetano; por outro lado, é o momento em que surge o drama como gênero, no sentido lato da palavra. O drama coloca o homem se relacionando com o próprio homem e não mais com Deus. O eixo muda de vertical para horizontal. Sendo absolutamente relacional, o drama não depende de nada fora dele, sua expressão máxima é o diálogo e seu tempo é o presente.

O domínio absoluto do diálogo faz dele uma forma de comunicação intersubjetiva. O drama é relação pura em que não há qualquer possibilidade de narração, o dramaturgo está ausente, não fala, apenas cria a possibilidade da conversação. Trata-se de uma relação dialética fechada em si mesma, mas, por ser vivida por subjetividades em processo, ela é livre e redefinida a todo o momento. Peter Szondi fala desta nova realidade interpessoal:

> O drama nasceu na Renascença como resultado do audacioso esforço intelectual do novo ser autoconsciente que, após o colapso da visão de mundo medieval, procurou criar uma realidade artística na qual ele poderia se firmar e se espelhar baseado apenas em uma realidade interpessoal [...] ao decidir separar-se do mundo em que vivia, o homem transformou seu ser interior em uma presença dramática palpável[4].

Esta "presença dramática" tornava-se palpável em toda a sua dinâmica interior, em todas as variações possíveis da nova multiplicidade renascentista. Na música, é o momento da polifonia que institui

---

3. Obra máxima de Santo Agostinho, *A Cidade de Deus*, escrita entre 413 e 427, estabelece o modelo da cidade medieval onde ele consolida o ideal do comportamento cristão. "A cidade dos homens é corrupta, a cidade de Deus é o que deveria ser", dizia o autor.

4. P. Szondi, *Theory of the Modern Drama*, p. 7.

4 IBSEN E O NOVO SUJEITO DA MODERNIDADE

a dispersão e a autonomia das vozes e, na literatura, desde Boccaccio e Dante até Shakespeare, a representação da realidade aparece como multifacetada. A antiga ênfase na visualização do primeiro plano dá lugar à possibilidade do olhar se dirigir para todos os lados, livre de empecilhos.

Não existe mais o mundo do mesmo, de uma natureza humana sempre igual a si mesma. Abre-se espaço para o mundo do outro, da diversidade entre os homens e dentro do próprio homem. Montaigne (1533-1592), para quem o Eu é o único objeto de conhecimento, exprimiu essa diversidade em poucas palavras: "Somos todos constituídos de peças e pedaços juntados de maneira casual e diversa e cada peça funciona independentemente das demais. Daí ser tão grande a diferença entre nós e nós mesmos quanto entre nós e outrem[5].

Nas grandes obras da época, como *Pantagruel* de Rabelais, *Don Quixote* de Cervantes, *Utopia* de Thomas More ou *Elogio da Loucura* de Erasmo, nota-se uma profusão de maneiras de ver os diferentes aspectos da realidade. E esta realidade, além de diversificada, é dinâmica e palpitante. Os estilos se misturam: ora o que Bakhtin chamou de realismo grotesco[6], ora o filosófico ou o poético, de acordo com a espécie de visão que o autor lança para a realidade a cada momento. Tal como o espírito aventureiro renascentista, expandindo seus horizontes com a descoberta de novos mundos, a imaginação humana ousava descrever mundos impossivelmente novos. Criavam-se países com outras formas de vida política, religiosa e afetiva. Eles podiam situar-se tanto numa utópica ilha como nas entranhas de um ser pantagruélico.

Mas, junto com todo este espalhamento do ser humano, em muitas e diferentes direções, este foi também o momento de sua incipiente singularização. Ele passa a ter uma relação mais intensa com seu corpo, ter mais noção do que separa seus próprios atos de outros eventos sociais ou naturais; por outro lado, ele ainda se sente parte de um mundo onde não se separam o cósmico, o social e o corporal. No ato de se destacar da bidimensionalidade medieval, o homem renascentista se viu mergulhado, a um só tempo, na pluralidade de seu entorno e na particularidade de sua pessoa.

O grande mestre da mistura de estilos e planos da realidade foi, sem dúvida, Shakespeare (1564-1616). O sublime e o rústico, o trágico e o cômico, o sobrenatural e o vulgar alternam-se na mesma

5. M. de Montaigne, Ensaios, *Montaigne*, p.161.

6. Mikhail Bakhtin, em seu livro *Cultura Popular na Idade Média e Renascimento*, chama de "realismo grotesco" a uma "concepção estética da vida prática que caracteriza a cultura popular deste período, diferenciando-a nitidamente das culturas dos séculos posteriores (a partir do classicismo). O cósmico, o social e o corporal estão ligados indissoluvelmente numa totalidade viva e indivisível".

OS GRANDES MOMENTOS NA CONSTITUIÇÃO DA SUBJETIVIDADE... 5

peça. Porém, o mais importante em sua obra é a dimensão humana de seus personagens. Os acontecimentos dramáticos de suas vidas já não vinham de fora do plano humano, pois o homem era o herói de seu próprio destino. Embora o autor admita que há mistérios entre o céu e a terra, Hamlet não é compelido por nenhum deus a agir da maneira que agiu, é a sua essência única e exclusiva que o impede de agir de qualquer outra forma.

Shakespeare expõe ao mundo esta nova possibilidade do ser humano de lidar com uma realidade dinâmica e multifacetada, fora e dentro de si mesmo. Para este homem renascentista, que reconhece o papel da força pessoal na construção de seu destino, ele escreveu um drama centrado no próprio devir humano e não na ordem religiosa, que vai do pecado original ao juízo final. Deus não é abolido, a força humana é que é desdobrada e libertada das amarras medievais.

Mas este desdobramento terá o seu custo. Frutos da nova possibilidade de pensar e decidir com uma certa liberdade, a Reforma e a Contra-Reforma trouxeram a fragmentação da cristandade. De um lado, seitas protestantes, de outro, o que permaneceu da religião católica. Os dois grandes teólogos das duas correntes do cristianismo, Martinho Lutero e Santo Inácio de Loyola, contribuíram enormemente para que esta fragmentação se desse também no interior da mente humana.

Lutero faz a defesa da liberdade do homem interior em relação à hierarquia, mas submete a vontade humana à vontade divina, negando o livre arbítrio. Santo Inácio, por outro lado, exige a total submissão do indivíduo à Igreja hierárquica, mas exalta as suas possibilidades de exercer a liberdade pelo esforço da vontade em se submeter (ou não) às regras disciplinares da Igreja. As duas propostas contêm uma contradição interna: elas prendem e libertam o indivíduo ao mesmo tempo. Mas ambas vão contribuir para a constituição da subjetividade moderna como uma subjetividade cindida[7].

Passa a haver a possibilidade de cada cristão decidir no que consiste o estado de pureza de sua alma: a partir da Reforma luterana, os textos sagrados podiam ser seguidos de acordo com a interpretação pessoal do devoto; já não existia uma só verdade! O princípio da autoridade e a obediência ao dogma são substituídos pela dúvida e pela possibilidade de escolha. O custo desta aprendizagem passa a ser parte constitutiva daquela subjetividade cindida, torna-se o "ser ou não ser" do homem moderno.

É neste mundo singular e plural que a dramaturgia de Shakespeare inicia um processo da maior importância: para lidar com a multiplicidade de eventos que se entrelaçam e com a riqueza de nuances das situações, o autor coloca o personagem em meio aos acontecimentos e deixa que "ele mesmo", usando sua liberdade e sua capacidade de refle-

---

7. L. C. Figueiredo, *A Invenção do Psicológico*, p.63.

6   IBSEN E O NOVO SUJEITO DA MODERNIDADE

tir sobre si, resolva o que fazer. Não há discurso pronto, feito pelo autor de fora, ele nasce da ação dramática. Esta é a excelência do drama. O personagem se percebe enquanto lida com as situações e da comoção interna que elas provocam, brotam os seus diálogos. Um dos muitos possíveis exemplos é Ricardo III que, além de "ator" – ao se comportar frente aos outros como a grande vítima de um defeito físico – é o diretor de cena que conduz toda a sua "companhia" a agir como ele quer.

Shakespeare, e muitos outros artistas de seu tempo, viviam a multiplicidade renascentista em todas as suas dimensões. Ele era, ao mesmo tempo, poeta, autor, ator, diretor e empresário do Teatro Globe. Suas peças mesclavam cenas da mais densa tragédia com outras cômicas e bufas que mudavam abruptamente de clima sem qualquer preocupação realista. Mais interessado na espontaneidade do teatro medieval popular do que na rigidez dos novos autores clássicos, ele não se ateve a qualquer uma das três unidades propostas por Aristóteles. As cenas mudavam de espaço e de tempo, independentes de qualquer cenário, pois tudo se "concretizava" no diálogo e na ação dramática. Esta, juntamente com a intriga da peça, muitas vezes era múltipla como em *Sonho de uma Noite de Verão,* onde se desenvolvem quatro histórias paralelas que vão, aos poucos, se entrelaçando e criando um outro tipo de unidade que emerge das várias tramas como um precioso bordado.

Lamentavelmente esta riqueza de pontos de vista, conquistada pelo homem da Renascença, não veio para ficar. A possibilidade de se dividir internamente, de se distanciar de si próprio pelo processo de auto-observação dramática se perde, ou fica muito obscura, nos séculos seguintes. Também se perde esta habilidade em lidar com o múltiplo, com o contrastante, com a abertura para o novo e para o espontâneo característico da mente renascentista. Mas, de outra forma e em um outro elo da espiral do tempo, estas qualidades serão retomadas pelos personagens do "novo drama" da época de Ibsen. É neste momento de busca da "verdade", externa e internamente, que a cisão do sujeito volta a ser sentida de um modo mais dramático, mas igualmente rico.

O CLASSICISMO

Depois do vital e prolífico período renascentista, em que júbilo e apreensão se mesclaram no ato de questionar a realidade, o século XVII desponta quando um racionalismo exacerbado vai estabelecer as regras que passarão a nortear todos os questionamentos. É o século de Galileu, Descartes e Newton, que colocaram a matemática como o instrumento básico para conhecer e controlar o mundo. Galileu foi o primeiro a combinar a experimentação científica com o uso da linguagem matemática para formular as leis da natureza, por isso é considerado "o pai da ciência moderna".

Descartes tornou-se o fundador da filosofia moderna ao construir um novo sistema de pensamento baseado na dúvida universal. Tudo é colocado em dúvida e somente será considerado como verdade absoluta aquilo que for deduzido, com a clareza de uma demonstração matemática[8]. Assim, ele fez a redução de todos os fenômenos físicos a relações matemáticas exatas. Para tanto usava o método analítico que consiste em decompor pensamentos e problemas em suas partes constituintes e organizá-los em ordem lógica.

Tal método, que explicava a natureza pela organização e movimento de suas partes, foi a grande contribuição de Descartes à ciência, mas foi também o responsável pela fragmentação do pensamento ocidental. Desde então, o mundo ocidental não só separou o corpo da mente em "esferas fundamentalmente diferentes" – tal como ele próprio afirmou – como também desqualificou todo o conhecimento que não seguisse aquele modelo racionalista.

Todo o conhecimento sensível, inteligível e imaginativo constitui, para Descartes, ficções do espírito. Ele exclui toda a subjetividade duvidosa, tudo o que não se constitui de idéias claras e distintas que se encadeiem numa sucessão lógico-causal. O *cogito* cartesiano, este sujeito do conhecimento assim purificado, expurga do campo das representações tudo o que carece de ordem e regularidade. A sua lógica do entendimento só admite realidades objetivas e racionais.

A consequência direta desta visão racionalista foi o teatro clássico de Corneille, Racine e Molière. Especialmente no gênero trágico desapareceu por completo a conquista shakespeariana dos diálogos mais vivos e naturais. Certamente encontramos beleza, ainda que aprisionada na forma, em muitas passagens de uma obra-prima como *Fedra*, por exemplo. Mas a excessiva preocupação com a perfeição formal distanciou os personagens da realidade e da linguagem cotidiana. Os heróis são enaltecidos a tal extremo que, mesmo em momentos em que a ação deveria ser uma resposta rápida a uma situação desesperadora, eles vão se preocupar com a beleza retórica e com as imagens estilísticas mais apropriadas à sua condição social.

Racine certamente chamaria a esta dramaturgia de natural já que o natural, na época, era a exaltação do que é sublime, decente e adequado à situação. Só participam de uma tragédia clássica francesa aqueles que representam o "eternamente humano" de forma exemplar, ultrapassando, e muito, os modelos da antiguidade clássica. Auerbach diz muito bem o quanto a artificialidade do teatro da época expurgou a vida espontânea dos palcos: "tudo o que acontece aos seus corpos deve ser em grande estilo e tudo o que for baixo e criatural

---

8. J. R. Vrooman, *René Descartes*.

deve ficar de fora"[9]. De fora ficou também aquela possibilidade de duvidar e escolher em seu foro íntimo. À heroína de *El Cid*, na tragédia de enorme sucesso de Corneille, não foi dada a possibilidade de assumir abertamente seu desejo mais íntimo e verdadeiro – o amor por Rodrigo – porque devia defender a honra paterna como se fosse um valor crucial de seu mundo interior. Foi necessário que um "juiz" do mundo exterior reconhecesse e autorizasse tal amor.

O Iluminismo

Diante deste estrangulamento da liberdade interior que foi o século XVII, o Iluminismo do século XVIII surgia como uma retomada da força do indivíduo e da responsabilidade que tem sobre os seus atos. Uma nova onda de consciência pessoal atravessava a humanidade, fundada ainda na razão, mas agora esta passa a ser o veículo da liberdade de expressão de idéias, com o efusivo convite de Kant, *sapere aude!*, isto é, "ouse saber" ou ainda "ouse ousar teu próprio entendimento".

Em sua filosofia, que influenciou o Iluminismo e o romantismo, Kant atribuiu à subjetividade uma função criativa e constitutiva do mundo das experiências e do conhecimento. Kant concebe o sujeito como um ser autônomo. Seus atos devem se sujeitar às leis que ele mesmo formula a partir do "imperativo categórico": "age de tal forma que seu comportamento possa se tornar uma lei universal".

Isto significa que este sujeito vislumbra a possibilidade de conquistar sua autonomia: pode exercer uma vontade pessoal racional e colocar sua pessoa como um fim em si mesmo. É a união entre a subjetividade e a universalidade da razão através do sujeito concebido por Kant, o que coloca em questão o cogito cartesiano com a cisão corpo-pensamento.

O pensamento cartesiano não foi destituído, mas adaptado aos novos princípios de secularização e humanização da cultura. Todos os campos do conhecimento se emancipam da tutela teológica. Os comportamentos e valores humanos passam a ser guiados pela relação homem-natureza e não mais pela relação homem-Deus. A subjetividade, antes rechaçada como algo espúrio e duvidoso, começa a adquirir legitimidade no processo de conhecimento do homem.

A Cultura dos Sentimentos

O maior empenho dos iluministas era, em nome da razão e do livrepensamento, criticar as crenças e práticas religiosas que perturbavam a liberdade individual de possuir suas próprias idéias e cultivar sua privacidade. Começava a ficar melhor delimitada a separação entre

9. E. Auerbach, *Mimesis*, p. 343.

OS GRANDES MOMENTOS NA CONSTITUIÇÃO DA SUBJETIVIDADE... 9

o público e o privado, o que permitia uma singularização do indivíduo, enquanto pessoa e enquanto cidadão. O caráter pessoal pode e deve ser cultivado através da ação coerente com seus próprios valores.

A literatura e a dramaturgia voltam a lidar com a realidade cotidiana, sentimental e sensual, mas a linguagem, apesar de mais humanizada, mantém-se dentro do amável e do elegante. Neste mundo, muito mais real e mais livre, há espaço para as emoções humanas que não precisam mais ser sublimes para serem trágicas, podendo chegar ao sentimental e ao lacrimoso.

Foi neste século que floresceu com exuberância a *commédie larmoyante* que logo se transformaria no melodrama. Completamente afastado do classicismo, o melodrama lutou para colocar no palco a imagem "real" do homem com suas dores e suas alegrias, tratando de assuntos pessoais e sociais com uma liberdade não permitida pelos clássicos. Era um gênero dramático baseado no cultivo dos sentimentos e dos afetos, elementos da vida privada e do mundo interior que todos se deleitavam em poder devassar com a proteção da convenção teatral e do distanciamento que o teatro faz da realidade. Podia-se purgar todas as dores do coração sem perder a privacidade e o recato. O importante é que a "experiência (de si) foi recebida e não recusada"[10].

Pela importância dada ao sentimento pessoal e "natural", o melodrama é uma das pontes que faz a passagem da matriz formal e distanciada do drama clássico para o início de uma volta ao "criatural"[11], que ocorreria, parcialmente no romantismo, e mais plenamente a partir do *novo drama* do final do século XIX. Com certeza o melodrama está muito distante da riqueza imaginativa e da dimensão humana dos personagens desta nova dramaturgia, mas traz o germe do desejo de ter desejo, da busca dos sonhos e anseios que povoam o mundo interior, que iria se desenvolver amplamente no próximo século.

A Novela Moderna

Além da *commedie larmoyante* e do melodrama, surge a "novela moderna". Esta nova forma literária descreve não mais o universal ou o mítico, mas o particular e o comum, o homem e seus dramas cotidianos. Richardson, um escritor inglês de histórias moralistas e sentimentais, contaminou toda a Europa com as cartas de amor de seus

---

10. Segundo Eric Bentley, o melodrama, enquanto gênero dramático, goza de má reputação por causa da "má reputação do popular melodrama vitoriano [...] ora, trata-se de lamúria, de autocomiseração sem dúvida. Uma pessoa não lamenta um cadáver; lamenta-se a si própria por ter sido desapossada, privada de alguém; e, no fundo, está o medo da própria morte. Mas tanto melhor para a autocomiseração. A experiência foi recebida, não recusada", *A Experiência Viva do Teatro*, p. 184.

11. Expressão criada por E. Auerbach em *Mimesis*, para caracterizar a polifonia da Renascença.

personagens. Em toda parte lia-se febrilmente *Pâamela ou A Virtude Recompensada* (de 1740) e *Clarissa ou A História de uma Jovem Senhora* (de 1744, em sete volumes). Ele foi o primeiro a escrever em forma epistolar, o que favorecia o tom confessional e pessoal. A partir de suas extensas obras, o hábito da leitura e a permissibilidade em expressar as emoções foram amplamente difundidos.

Rousseau, catorze anos depois, escrevia *La nouvelle Héloïse* com igual sucesso e muito mais qualidade. Como as novelas de Richardson, a sua também era escrita através de cartas trocadas por dois apaixonados. No prefácio, Rousseau induzia os leitores a se entregarem àquela leitura de um modo inusitado; advertia-os sobre a autenticidade das cartas, das quais ele teria sido apenas o coletor. Apresentou, assim, seu texto como a comunicação, sem mediações, de duas almas: "é assim que o coração fala com o coração"[12].

Robert Darnton nos conta o quanto este tipo de literatura mobilizou os sentimentos mais íntimos de seus leitores e de como estes escreviam de volta a Rousseau,

mostrando uma nova atitude para com a palavra impressa; eles não liam para gozar a literatura, mas para lidar com a vida. [...] A marquesa de Polignac conseguiu chegar até a cena do leito mortal de Julie, mas então não agüentou mais: "uma dor aguda me convulsionava. Meu coração se achava esmagado. A agonizante Julie não era mais uma pessoa desconhecida. Eu acreditava que era sua irmã, sua amiga[13].

Mas a "cultura dos sentimentos" teve também o seu lado grandioso cujo maior representante foi *Fausto*, o personagem de Goethe que marcou o seu século, e os próximos, com o estigma da ousadia, do querer sempre mais. Marshall Berman coloca o *sim* de Fausto a Mefistófeles como a marca da modernidade, mas adverte que Fausto deseja todas aquelas coisas não pelo que elas representam em si mesmas, mas pela volúpia de senti-las dentro de si:

Quero a embriagues de incomportáveis dores, a volúpia do ódio, o arroubamento das suas aflições. Estou curado das sedes do saber, de ora em diante às dores todas escancaro est'alma. As sensações da espécie humana em peso, quero-as eu dentro de mim; seus bens, seus males mais atrozes, mais íntimos se entranhem aqui onde a mente minha os abrace, os tateie; assim me torno eu próprio a humanidade; e se ela ao cabo perdida me for, me perderei com ela[14].

Fausto quer para si, quer sentir ou "ter" dentro de si, todas as experiências humanas, num interminável crescimento interior, mesmo que para tanto ele "tenha que se perder". Este testemunho evidencia

---

12. Citado por R. Darnton, *O Grande Massacre de Gatos*, p. 299.

13. Idem, p. 311

14. *Fausto*, de Goethe, Quadro V, cena I, citado por M. Berman, *Tudo o que é Sólido Desmancha no Ar*, p. 41.

OS GRANDES MOMENTOS NA CONSTITUIÇÃO DA SUBJETIVIDADE... 11

o início de uma cultura amplamente aberta aos anseios, sentimentos e sonhos humanos com intensidade até então desconhecida.

No entanto, em outro estrato social, o teatro clássico continuou imperando. Como todos sabemos, o século XVIII foi o século da filosofia. E ela recorreu a vários canais de expressão, entre eles o romance, a carta e o teatro. Assim, os grandes nomes da dramaturgia francesa eram filósofos. Voltaire, considerado o maior autor de tragédia, é também considerado aquele que mais a traiu ao fazer dela uma tribuna da Ilustração. Considerava Racine o grande modelo de dramaturgo e, por isso, reescreveu muitas de suas tragédias, tomando para si o papel de guardião da poética e do teatro clássico. Isto significou uma rigidez ainda maior quanto a obediência às unidades aristotélicas acrescidas de uma quarta, a unidade de tom. Voltaire, tanto quanto seus colegas ilustrados, criticavam Shakespeare, especialmente por não seguir esta última, usando diferentes tons em suas obras: ora figurado, ora simples, ora brutal, misturando a farsa e a tragédia.

Diderot oscilou entre o filósofo e o dramaturgo. Foi sua reflexão sobre aquilo, que chamou de "drama burguês", que referendou uma tendência de abertura do teatro para fora daquela rigidez clássica. Ele também acreditava que o espetáculo teatral deve servir à Ilustração. Sendo sua função ensinar aos homens a amar o bem e desprezar o mal, o teatro deve usar uma linguagem mais compreensível pelo grande público, deve acontecer através de um gênero que lide com as ações comuns da vida cotidiana: a tragédia doméstica – as desgraças privadas, consagradas com o nome de "drama burguês". Ele visa o enternecimento das lágrimas e da virtude recompensada.

É assim que o teatro sai das cortes para toda a sociedade[15]. Onde quer que ele se apresente, desde as praças até a Commédie Fraçaise, vai explorar a natureza humana no que ela tem de mais imediato, seja ela representada por sentimentos estritamente pessoais, ou pelas diversas ideologias que se revezaram após a Revolução Francesa. De alguma maneira os ideais iluministas – o livre pensamento e a relação mais direta com a natureza do que com Deus – se realizaram por meio de um novo olhar para aquilo que consideravam realidade.

Esta nova relação com o real traz, por um lado, um homem livre e mais independente; mas traz, por outro lado, e ainda de forma incipiente, um desencantamento. Ao deixar de ser mediado por uma verdade divina passível de revelação, o conhecimento do mundo vem junto com uma sensação de desencanto, às vezes chamado de "nostalgia do Absoluto", que acompanharia quase toda a produção dramatúrgica até o final do século XIX.

---

15. Trata-se, claro, do teatro que até então era chamado de erudito. A *Commedia dell'Arte* já freqüentava as praças e ruas desde o final do século XVI.

O homem percebe que as palavras que escolhe para expressar seus desejos não dão conta da experiência que está vivendo. Ao tentar exercer sua individualidade depara-se com um limite, o da sua própria incapacidade de tornar objetivo o mundo interior. Pela primeira vez, ele contrapõe suas formas de subjetivação às formas objetivas dadas pelo mundo que o circunda, e percebe que esta será uma difícil contenda, porque lida com oponentes em diferentes níveis de realidade.

O ROMANTISMO

Apesar de toda a preparação que a "cultura dos sentimentos" possa ter feito, ao longo do século XVIII, o romantismo foi muito mais radical em sua viagem para dentro do sujeito moderno. No final do século XVIII e metade do XIX, o movimento romântico abalou os alicerces da cultura ocidental. O homem descobre a glória e o desespero de conhecer o mundo por meio de sua própria subjetividade, de suas ambivalências e seus anseios de plenitude. É o momento em que se intensifica e se explora amplamente a angústia produzida pelo desencantamento, a consciência dolorosa de que suas representações da realidade não satisfaziam o desejo de expressar seu "si mesmo".

O romantismo foi, sem dúvida, a grande revolução em busca da subjetividade, da possibilidade de elaboração pessoal dos próprios sentimentos e pensamentos[16]. Enquanto os iluministas buscavam um indivíduo emancipado e crítico, em seu pensar e seu agir, os românticos ansiavam pelas grandes e "verdadeiras" emoções constituintes do indivíduo. Houve uma valorização exacerbada do sujeito, o que constituía uma franca oposição ao pensamento clássico. Este fundava-se no achatamento do sujeito, ao colocá-lo na posição de sujeito universal do conhecimento – uma posição refratária à experiência singular e subjetiva. O individualismo racionalista dá lugar ao individualismo egocêntrico, idealista e metafísico dos românticos.

Por mais que o realismo e o simbolismo, ou as várias modalidades do modernismo, tenham continuado a busca da verdade individual, foi o movimento romântico que desencadeou a grande ruptura estética e com ela vieram muitas das novas posturas da era moderna. A idéia de gênio – do artista como um ser especial que vai levar a humanidade a uma transformação qualitativa – foi se associando à noção de transgressão, de rebeldia estética contra as regras do classicismo.

Foi o momento da revolta contra a sociedade e seus preceitos morais, da transgressão da ordem racional, pondo em cheque a autoridade da razão pela exaltação da fantasia e da intuição. O gênio artístico produz sem imitar, aprendendo a fazer tão somente o que as determinações interiores lhe ensinam; sua forma mais usual de

---

16. Ter a possibilidade não significa que efetivaram tal elaboração.

OS GRANDES MOMENTOS NA CONSTITUIÇÃO DA SUBJETIVIDADE... 13

conhecimento é a intuição, em um plano que o conhecimento racional jamais alcança.

Mas, a maior de todas as rupturas foi o desejo, quase impossível, de ultrapassar a representação, que desde o século XVII vinha sendo o processo de compreender e de expressar a percepção que os homens têm do mundo. Em sua arte, os românticos se propuseram a prescindir da simbolização – de usar a palavra para representar seu sentimento – queriam a expressão direta de sua subjetividade, sem a mediação fundamental da linguagem comum. De acordo com Foucault[17], desde Descartes o conhecimento, que até então era baseado na *semelhança*, passa a ser baseado na *representação*. Até o limiar do século XVII, conhecer era interpretar os sinais e as similitudes das coisas. A partir da idade clássica, palavras e coisas separam-se. A ligação de uma coisa com aquilo que ela significa passa a se dar pela *representação*. A linguagem se retira do meio dos seres para ser um instrumento neutro e impessoal de representação das coisas do mundo. E, mesmo interiormente, o homem passa a usar a linguagem para fazer, no seu psiquismo, a representação de seus afetos. Parece que não havia como escapar da necessidade de representar.

No entanto, é na passagem do século XVIII para o XIX, que Foucault situa a grande ruptura, o momento em que o homem vai além da representação do mundo exterior ao fundi-la com sua experiência interior. Descobre-se a vida e sua complexidade, a multiplicidade de fatores que se interinfluenciam dinamicamente para que ela seja mantida. É quando se admite que a natureza é descontínua, porque é *viva*. Não é mais possível separar o visível do invisível, o sujeito da atividade que ele está exercendo. Tudo faz parte de uma *organização* em que elementos diversos exercem *funções* essenciais à manutenção da vida:

haverá coisas com sua organização própria, suas secretas nervuras, o espaço que as articula, o tempo que as produz; e depois a representação, pura sucessão temporal, onde elas se anunciam sempre parcialmente a uma subjetividade, a uma consciência, ao esforço singular de um conhecimento, ao indivíduo "psicológico" que, do fundo de sua própria história, ou a partir da tradição que se lhe transmitiu, tenta saber[18].

É a passagem do "eu penso" para o "eu sou", onde se articula o que se representa e o que se é, reportando o visível ao invisível. A noção de *vida* torna-se indispensável para compreender o mundo: nela está a razão profunda dos fenômenos, aquilo que não pode ser observado diretamente e que não tem a unidade que o pensamento

17. M. Foucault, *As Palavras e as Coisas*, p. 73.
18. Idem, p. 254-255.

clássico lhe atribuía. "A natureza do século XIX é descontínua na medida mesma em que é viva"[19].

Nesta *vida* descontínua, o homem assume uma posição ambígua, de objeto do conhecimento e de sujeito que conhece. É, a um só tempo, observador e observado, criador e criatura. Se isto lhe traz angústia, leva-o, por outro lado, a uma nova liberdade no uso do sentido, uma liberdade de associação ou de atribuição de significados às palavras. Por isso que é este o momento da dissolução do sentido fixo de cada palavra. O romântico cria caminhos em si mesmo para a *expressão* imediata de seus conflitos e anseios.

Nesta busca de libertação de todos os cânones e modos fixos de representação, ele vai voltar aos tempos medievais e renascentistas, momento em que o homem ainda não havia se destacado completamente da natureza, em que a razão não era o único meio de conhecimento e não era necessário *representar* para conhecer e se expressar. Ele quer encontrar as origens pré-racionais e pré-civilizadas do Eu. É ainda Foucault que faz uma análise *a posteriori* do que acontecia:

> A vida, doravante voltada à história, se delineia sob a forma de animalidade. A besta, cuja grande ameaça ou estranheza radical tinham ficado suspensas e como que desarmadas no final da Idade Média ou pelo menos ao cabo do Renascimento, encontra no século XIX novos poderes fantásticos[20].

Bakhtin, o criador do gênero "realismo grotesco", evoca sob um outro ângulo esta "besta" de que fala Foucault. Para ele, o aspecto essencial do grotesco é a deformidade, o inacabamento. Este gênero vai ressuscitar no romantismo, mas com um novo sentido: expressar uma visão de mundo subjetiva e individual (muito distante da visão popular e carnavalesca do final da Idade Média) que se libera com uma força capaz de superar qualquer dogmatismo, qualquer caráter acabado e limitado. Bakhtin postula que os românticos só puderam descobrir o "indivíduo subjetivo, profundo, complexo e inesgotável", porque usaram o método grotesco para desestabilizar aquele mundo acabado do classicismo. Para ele, o romantismo grotesco

representou uma reação contra os cânones da época clássica e do século XVIII, responsáveis por tendências de uma seriedade unilateral e limitada: racionalismo sentencioso e estreito, autoritarismo do Estado e da lógica formal, aspiração ao perfeito, completo e unívoco, didatismo e utilitarismo dos filósofos iluministas, otimismo ingênuo ou banal, etc. O romantismo grotesco recusava tudo isso e apoiava-se principalmente em Shakespeare e Cervantes que foram redescobertos e à luz dos quais se interpretava o grotesco da Idade Média[21].

19. Idem, p. 288.
20. Idem, p. 292.
21. M. Bakhtin, op. cit, p. 33.

OS GRANDES MOMENTOS NA CONSTITUIÇÃO DA SUBJETIVIDADE...   15

O conceito de "bom selvagem" vem alimentar estas redescobertas. Seu autor é Rousseau, um representante fundamental deste novo pensar. Ele vai exaltar o "homem natural" que, em uma idade de ouro, viveu em harmonia com os outros homens e com seus sentimentos. O ponto de partida da doutrina de Rousseau é a interioridade, um voltar-se sobre si mesmo. Para ele, interioridade é sinônimo de sentimento e este é considerado superior à razão. Só através dos sentimentos é que as idéias e o mundo podem adquirir sentido; este sentimento interior é a natureza: "consultei a natureza, isto é, o sentimento interior"[22]. É assim que ele opõe natureza e cultura, criando a idéia do *bon sauvage* que influenciou o comportamento rebelde dos "gênios" do *Sturm und Drang*[23], contrários a todos os valores estabelecidos.

O homem do romantismo busca resgatar para si esta "naturalidade", a poesia nos mistérios da natureza, afirmando que o poeta deveria ser o mediador desta busca. Isto faz mais perceptível a sua cisão, ele quer, ao mesmo tempo, mergulhar na fonte de sua criatividade, que é a natureza em todos os seus reinos, e afastar-se dela para argumentar consigo mesmo, com seu Eu racional já incorporado à sua forma de olhar e pensar.

No romantismo o homem vai mais além nas suas conquistas da liberdade. Antes, no século das luzes, buscava-se a liberdade de pensar e agir, já no romantismo, o que se pretende, é a expressão direta da subjetividade; passa-se a almejar a liberdade para ser – uma forma afirmativa e vital de ser livre – buscando a autonomia e o auto-engendramento. Mas, se isto era uma conquista admirável do homem, era também uma armadilha para a sua própria identidade que poderia perder-se ou fragmentar-se na procura desarrazoada da "emoção verdadeira", que nunca era encontrada. Muitas vezes extrapolava todos os seus limites, chegando, inevitavelmente, à loucura ou à morte. Tal é o caso do jovem Werter de Goethe, que se mata por um amor impossível, levando ao suicídio muitos outros jovens da época em que a obra foi escrita.

Victor Hugo, no prefácio de *Cromwell,* obra que se tornou o manifesto fundamental da dramaturgia romântica, afirma que a poesia verdadeira encontra-se na harmonia dos contrários. O grotesco e o sublime completam-se mutuamente, sua unidade produz a beleza autêntica que o clássico puro é incapaz de atingir. Podemos perceber aí que ele, e todos os românticos, querem não só ir contra o classicismo, como têm a certeza de que podem ultrapassá-lo. É nesse sentido que Hugo, tomando Shakespeare como modelo, condena a obediência às unidades de tempo e de espaço e defende a unidade de conjunto. Ele

22. Citado por G. Bornheim, Filosofia do Romantismo, em J. Guinsburg (org.), *O Romantismo*, p. 81.

23. Traduzido literalmente como Tempestade e Ímpeto, este era o nome da obra de Klinger que serviu de cognome à primeira geração de românticos nas últimas décadas do século XVIII.

propõe no lugar da estética da "consonância", imposta pelos clássicos, uma estética da "dissonância", com a exposição de estados emocionais em franca oposição, exaltando assim a antítese entre personagens díspares desde a posição social até os sentimentos mais recônditos. O uso da antítese será a estratégia por excelência, não só de Victor Hugo, mas de boa parte dos autores românticos.

Bem antes dele, Herder, na Alemanha dos primeiros românticos, exaltava a obra de Shakespeare como o modelo de integridade que se opõe às unidades francesas; considera a sua obra como pertencendo a um gênero único que é a história, e com uma única inspiração unificadora, que Herder chama de sua alma. Goethe exaltou igualmente a obra de Shakespeare chamando-o de "historiador da humanidade", sendo que suas peças, muito além de qualquer unidade acadêmica, são verdadeiras "incorporações da natureza"[24]. Goethe opõe o clássico ao romântico por meio da oposição entre destino e vontade. Na tragédia antiga, um destino inalterável derrota a vontade humana; no drama moderno o foco passa a ser a vontade e a conseqüente liberdade de escolha do indivíduo.

Ainda na Alemanha, que foi o berço do movimento romântico, encontramos a obra de Friedrich Schiller que, em 1781, escreve *Os Bandoleiros*, o mais conhecido exemplo do teatro *Sturm und Drang*. Em seu prefácio ele admite que sacrificou as unidades e incluiu muitos incidentes para retratar seus personagens com mais honestidade e riqueza, dotando-os tanto de boas como de más qualidades. Schiller irá voltar ao estilo clássico mais tarde, mas neste momento, ele é todo ímpeto e se opõe àquele modelo na medida em que coloca o foco muito mais nos personagens do que no enredo e, como Goethe, representa uma sociedade não mais inalterável, mas sim sujeita a mudanças, já que depende da vontade humana.

O desejo de exaltação, pelo livre expressar das emoções, da vontade e da imaginação, e a busca da comunhão com a natureza e com o irracional, conduziram vários românticos de volta à religião. A religiosidade e a arte eram os veículos perfeitos para que eles se aproximassem do Absoluto e da almejada infinitude da consciência. A poetização da religião faz parte de um processo geral de poetização da vida.

Fichte afirma que o ego humano é uno com a essência metafísica do universo e, portanto, o mundo exterior pode ser tratado como um conceito mental, criado ou destruído pela vontade do homem. O eu absoluto, proposto por Fichte no plano metafísico, é adotado no plano histórico e isto leva à noção religiosa de uma "interioridade absoluta"[25]. Quando o poeta, investido de tal interioridade, se relaciona com

---

24. Apud M. Carlson, *Teorias do Teatro*, p. 167.

25. Foi Hegel quem cunhou esta expressão, caracterizando-a como o espírito do romantismo.

a natureza, ele intui a imanência do Ser espiritual difuso, "tornando-a também plena de divindade", como disse Chateaubriand em sua obra *Le génie du christianisme*.

Poetas como Novalis tinham uma atitude religiosa em relação aos sentimentos impossíveis de serem explicados pela representação: "Tenho por Sofchen religião – não amor. Amor absoluto, independente do coração, fundamentado em crença, é religião"[26]. Havia uma estreita ligação da poesia com o cristianismo. Ela se apropria da religião, tornando poéticos os evangelhos, como fez William Blake ou tornando-se, ela mesma, religiosa, marca da obra de Lamartine e Chateaubriand.

A lírica romântica possui também outros veios religiosos mais arcaicos em que predominam elementos mágicos, encantatórios e divinatórios vindos de muitas formas de misticismo. A idéia de imanência do Ser espiritual, que se incorpora e movimenta todas as coisas, resulta em um panteísmo mágico presente, não só na escrita romântica, como em autores pré-realistas e simbolistas[27]. A aspiração de infinito do Eu absoluto projeta-se no mundo que o cerca. O resultado é a idealização desta natureza associada à nostalgia de um estado de plenitude originária. Mas isto revela um igualmente infinito desejo insatisfeito, um esforço incessante para apreender aquilo que se desvanece. No romantismo a insatisfação com o real se transforma em transgressão literária.

Mas a transgressão romântica, embora não querendo se submeter às convenções ou prescrições sociais, não foi capaz de propor grandes rupturas no plano moral. Os dramas mostram casos de adultério, mas estes terminam sempre com a morte dos amantes. Na peça *Antony*, de Dumas, o amante assassina a mulher de seus sonhos antes que o marido entre no quarto, para preservar a sua honra de um crime para o qual não há perdão possível. Uma ruptura maior, aquela que viria a opor o homem a si mesmo, tomando decisões radicais para conhecer desejos que não sabia nomear, vai acontecer a partir das décadas de 1870 e 1980 com as peças de Ibsen e de outros grandes dramaturgos do final do século.

Na esfera política, o romantismo teve também as suas contradições. Por um lado, é conservador na medida em que busca o primitivo, o medieval, propondo formas arcaicas de organização social para resgatar a singularidade do homem. Por outro lado, é revolucionário ao querer construir a história do homem de seu tempo. As revoluções que atingiram toda a Europa desde 1789 até 1830 ficaram conhecidas como a Grande Onda Revolucionária Romântica contra o antigo regime.

---

26. Novalis, *Pólen*. p. 31.

27. Tal é o caso, como veremos mais adiante, das primeiras peças de Ibsen, como *Noite de São João*, em que a magia de elementos da natureza vai interferir na relação dos humanos.

Sua bandeira era a autodeterminação das nações, o nacionalismo em luta pelo despertar dos povos.

O romantismo que idealizava a natureza humana, e o seu poder transformador, foi derrotado em 1848 quando a França e todos os países que fizeram suas revoluções romântico-liberais foram enganados, cada um à sua maneira. França, Itália, Hungria, Alemanha, Áustria, entre outros, lutaram pela liberdade e, muitos deles, conseguiram vitórias aparentes, mas perderam tudo logo em seguida, devido a simples retomada pelos poderosos daquilo que haviam cedido. A desilusão foi profunda. A amargura, vinda desta desilusão, foi a semente do comportamento mais objetivo dos realistas. Não havia mais espaço para uma visão idealizada do mundo. Mas as rupturas estéticas, culturais e psicológicas do movimento romântico passaram a ser os novos elementos constituintes do homem moderno.

Depois da segunda metade do século XIX os valores fundamentais do ser humano, assim como suas obras, se transformam profundamente, não se referiam mais ao absoluto, ou ao universal, mas ao contingente e ao fragmentado. Até mesmo a forma com que as obras eram escritas não manteve a inteireza e transparência dos tempos clássicos e românticos, tornou-se também dilacerada como a consciência daquele que a concebeu.

O REALISMO

Neste novo tempo, a consciência dilacerada passa a ser não apenas um tormento, mas uma característica do homem da modernidade. Ele vai passar por uma transformação qualitativa: o que no romantismo era sentimento exacerbado e idealização do amor e do poder humanos, passa a ser um desejo premente de verdade e a busca da conjugação do sentimento com a racionalidade. Somam-se novas fontes de racionalidade e subjetividade às vertentes iluminista e romântica – a proposta de uma racionalidade cristalina na busca de conhecimento se encontra com o desejo de conhecer e ser fiel a seus próprios sentimentos.

Estamos usando o termo realismo para designar este período tão fértil em ambigüidades e camadas de significados, não como sinônimo do naturalismo, que visava a reprodução experimental da realidade, mas como a direção a uma verdade, um questionamento da verdade. O realismo que nos interessa não é o que se ocupa da criação do real no palco, mas sim da construção do real, da arte que torna visível e não a que reproduz o visível. O período que, segundo a maioria dos estudiosos, corresponde ao do realismo são as três últimas décadas do século XIX, justamente aquelas em que Ibsen tornou visível, por meio de vários estilos, a sua noção de realidade.

OS GRANDES MOMENTOS NA CONSTITUIÇÃO DA SUBJETIVIDADE... 19

Este foi um momento especialmente transformador da trajetória do ser humano que elaborava sua nova visão do mundo. Na última década do século XIX ele experimentou o desmoronamento da fé no cristianismo como o caminho para dar um sentido à vida. Nesse processo caíram também os fundamentos de sua moralidade e, o que é mais grave, inicia-se a crença de que a vida humana não tem qualquer propósito. No entanto, este indivíduo ainda não havia desacreditado da busca – como veio a acontecer no século XX, atravessado por várias formas de niilismo – ele estava criando um novo modo de ver o mundo, uma outra estrutura de pensamento e sentimento baseada na experiência pessoal. A excepcionalidade deste momento resulta em uma dramaturgia também especial, porque propõe uma nova linguagem e faz a transição de duas épocas.

Esta transição começa bem antes de 1870, a década considerada como início do realismo. Tendências de uma dramaturgia realista já vinham ocorrendo desde os anos 30. Büchner (1813-1837), um grande autor deslocado no tempo pela sua modernidade, em sua curtíssima existência, escreveu obras como *A Morte de Danton* e *Woyzeck* com uma crueza e objetividade inusitadas para sua época. Ele realiza uma revolucionária justaposição de cenas curtas e diálogos intempestivos, sem qualquer consideração preparatória. Faz com que seus personagens se atritem e se desgastem para em seguida surpreenderem em explosão de impotência face à incomunicabilidade humana. Muitas vezes as pessoas falam como que em delírios inconscientes, levando o espectador a um clima de vertigem.

Outro marco da mudança dos tempos foi Honoré de Balzac (1799-1850) que, em 1838 já declarava a inviabilidade da peça romântica.

O teatro já não é possível ser outra coisa senão verdadeiro, como meus romances vêm tentando ser. Porém, a criação da verdade não é dada a Hugo, cujo talento o impele para o lirismo, nem a Dumas, que passou por ele para não mais voltar; não pode ser outra vez o que já foi. Scribe acabou. Cumpre buscar novos talentos[28].

A Peça-Bem-Construída e a Escola do Bom Senso

Na França houve um *interegno* entre o romantismo e o realismo dos anos de 1870. A partir da década de 40 e 50 predominou um tipo de peça que se propunha a agradar sem chocar. O mais popular desses autores foi Eugene Scribe (1791-1861), um prolífico dramaturgo – escreveu mais de quatrocentas peças, entre as quais constam tragédias, comédias, vaudeviles e libretos de óperas leves – consolidando com elas um estilo que ficou conhecido como "peça-bem-construída". Este tipo de dramaturgia tinha uma estrutura bem traçada, constando de colocação, desenvolvimento, crise e solução de uma situação dramá-

28. Honoré de Balzac, *Correspondences*, apud M. Carlson, op. cit., p. 265.

tica tipicamente doméstica e plausível. Ela imperou nos palcos do teatro burguês durante quatro décadas. Seu maior sucesso foi *Adrianne Lecouvreur* (1849) que apresentava um personagem mais denso do que os caracteres unidimensionais da maioria de suas peças.

Outros nomes igualmente reconhecidos como escritores de peças-bem-construídas foram François Ponsard (1814-1867) e Émile Augier (1820-1887) que defendiam a volta dos valores tradicionais do drama francês, mas sem o rigor das tragédias clássicas. Seu estilo ficou conhecido como a "escola do bom senso", assim chamada porque refletia de forma razoável, sem as hipérboles românticas, os novos ideais da sociedade burguesa, o trabalho, o dinheiro e a honra pessoal. A razão e a moderação ocuparam o lugar da emoção em uma linguagem corriqueira que privilegiava, acima de tudo, o dever para com a família e a sociedade. A mais conhecida de suas peças é *O Genro do Sr. Poirier* (1854), que marca a proveitosa aliança da nobreza decadente com a burguesia *nouveau-riche*.

Dentre os muitos dramaturgos que proliferaram nesses tempos opulentos do reinado de Napoleão III, o estilo de Scribe manteve-se vivo em Victorien Sardou (1831-1908), autor de muitos sucessos como *As Patas da Mosca* (1860) e *A Tosca* (1887) que, mais tarde, Puccini transformou em ópera.

Assim como a novela um século antes, a peça-bem-construída teve uma aceitação monumental na França, foi uma febre que se tornou a sensação dos teatros de *boulevard* mais burgueses, chegando até a tradicional Commédie Française. Este sucesso devia-se ao fato de que tais peças não traziam qualquer elemento revolucionário ou inovador. Veremos, mais adiante, como esses autores influenciaram a obra de Ibsen, que fez sucesso pelo motivo oposto: traziam o novo que a sociedade precisava para afluir novamente ao teatro, com uma nova sede de existir a partir de seu mundo interior.

Fundamentos do Drama Realista na França

Na Alemanha, o outro pólo cultural importante da época, despontam novas propostas autorais não muito diferentes das peças-bem-construídas e da escola do bom senso francesas. Tais propostas apresentam-se como as primeiras teorias que fundamentaram o drama realista e foram igualmente importantes na influência que exerceram na obra de Ibsen. Friedrich Hebbel (1813-1863), em seu *Trabalho sobre o Drama,* de 1843, contesta a, então predominante, afirmação de Hegel de que "a filosofia substitui a arte por ser uma interpretação mais elevada da vida". Ao contrário, ele assegurava que "é o drama e não a filosofia que pode fazer a mediação entre a idéia e a condição do

OS GRANDES MOMENTOS NA CONSTITUIÇÃO DA SUBJETIVIDADE...   21

homem e do mundo. Para isso o drama deve refletir o processo histórico, tornar-se o espelho do dia e expressar o espírito em sua própria época, seja qual for o seu objeto real"[29].

Ele dá um nome para o drama que oferece ao público: "tragédia burguesa" que deve ter como substrato a família, a honra e a escolha entre o bem e o mal. Nesta escolha pessoal o herói da tragédia sofre as conseqüências do simples fato de ter se tornado um indivíduo. Isto não significa que o homem deseja destruir as instituições, mas sim restabelecê-las em bases menos contraditórias. Os personagens de Hebbel não são vítimas de forças cósmicas ou da classe opressora, eles lutam dentro de um contexto social que eles mesmos criaram. Sua obra mais famosa é *Maria Magdalena,* é considerada uma precursora do *novo drama* de Ibsen; é a primeira tragédia burguesa, porque consegue, justamente, estabelecer estas novas bases para a culpa trágica. A culpa não é só de um indivíduo, mas de toda a comunidade que *não* teve a coragem de se colocar.

No campo específico da teoria literária é importante a obra de Hermann Hettner (1821-1882). Em seu livro *O Drama Moderno*, de 1852, ele afirma que o drama do futuro só pode ser social e histórico, refletindo as necessidades sociais e emocionais de seu público. Mas acrescenta que, para os tempos atuais, o drama social burguês é mais apropriado do que o drama histórico, tal como ele foi tradicionalmente concebido. Ele identifica três tipos de tragédia: a tragédia da condição, em que o personagem se defronta com seu mundo e seu destino; a tragédia de paixão, em que o herói entra em conflito consigo mesmo; a tragédia de idéia, em que o conflito não é causado por fraqueza ou deficiência do personagem, mas por obrigações e ideais conflitantes. Duas décadas mais tarde, Ibsen leu e se impressionou com *O Drama Moderno,* de Hettner, e empenhou-se em colocar suas idéias em execução em algumas peças da fase inicial de sua obra.

Gustav Freytag (1816-1895) ficou famoso por estabelecer as bases da "estrutura piramidal" do drama eficaz. Esta consiste em cinco partes e três crises: introdução dos personagens, primeira crise, movimento ascendente e clímax (no vértice da pirâmide), segunda crise e movimento descendente e catástrofe. Seu livro tornou-se o manual padrão dos jovens dramaturgos até o final do século.

O pragmatismo exacerbado de Freytag foi contestado por Otto Ludwig (1813-1865). Ele assegura que a essência da tragédia moderna está no conflito emocional, uma contradição absoluta na própria natureza do herói. A isso ele chama de "realismo poético", uma síntese do idealismo e do naturalismo. Diferentemente da França, na Alemanha, o naturalismo, mesmo em seu começo, nunca se separou completamente do idealismo romântico e clássico.

29. Friedrich Hebbel, apud M. Carlson, op. cit., p. 246.

22   IBSEN E O NOVO SUJEITO DA MODERNIDADE

Em Londres, tal qual na França, houve a mesma proliferação fantástica de novos teatros e de um vasto repertório de peças-bem-construídas, lá conhecidas como *well made plays*. A diferença é que a ascensão social da burguesia inglesa consolidou-se um pouco mais tarde do que a francesa. A rainha Vitória, durante todo o seu reinado (1837-1901), compareceu e valorizou a atividade teatral convidando grande atores, como Charles Kean, para atuar no castelo de Windsor.

A grande sensação foi o empreendimento conjunto do dramaturgo T. W. Robertson (1829-1871) com o casal Bancroft, empresários e donos do teatro Prince of Walles, aberto em 1865, e que fez enorme sucesso por duas décadas. Ele escreveu uma série de peças, nomeando-as com uma só palavra: *Jogo, Progresso, Nascimento, Guerra* e, a mais conhecida, *Casta* (1867) que se tornou o protótipo das inúmeras comédias domésticas – *cup-and-saucer comedies* – que tomaram conta dos palcos londrinos quase até o final do século. Os tipos da classe média eram retratados em um cenário mais próximo do real, usando uma certa "psicologia" na concepção dos personagens, ainda que estes fossem um tanto artificiais. O estilo de Robertson, chamado muitas vezes de "dramas de sociedade" – *society dramas* – foi considerado modelo para muitos outros dramaturgos contemporâneos ou sucessores, como o próprio Bernard Shaw.

Arthur Pinero (1855-1934), o melhor autor de dramas de sociedade, estudou cuidadosamente a fórmula da peça-bem-construída e usou-a para conseguir uma admirável coleção de sucessos. Começou com farsas, mas logo percebeu que as pessoas preferiam dramas mais sentimentais. Associou a eles conteúdos sociais e caiu definitivamente no gosto do grande público. Entre eles destacam-se as peças *O Magistrado* (1885) e *A Segunda Mrs. Tankeray* (1891).

Positivismo e Naturalismo

Na segunda metade do século, a industrialização deu um salto brutal juntamente com a febre da construção de estradas de ferro por toda a Europa. A ciência se colocou a serviço do progresso e, para melhor atender à rapidez de suas demandas, vai adotar a divisão do trabalho científico no lugar do saber enciclopédico. É o momento da reorganização universitária, das sistematizações como as que Augusto Comte propunha. O saber científico renuncia ao seu universalismo medieval para abrir múltiplos laboratórios especializados em torno de grandes cientistas o que resultou em descobertas revolucionárias para a indústria. Isto explica a mentalidade pragmática e laica, e a objetividade científica que permeava a maioria das atividades humanas.

OS GRANDES MOMENTOS NA CONSTITUIÇÃO DA SUBJETIVIDADE... 23

Foi justamente em 1848, ano considerado como o fim oficial do romantismo, que Augusto Comte (1798-1857) fundou a Sociedade Positivista. Ela se propunha a restaurar um período "orgânico" e "estável" que repouse na ordem e na razão, contra os espíritos confusos que ainda se encontram em estados anteriores da evolução histórica[30]. Na era positivista o poder político deve se pautar pelo modelo proposto pela ciência, para retirar qualquer resquício do estado metafísico, em que mitos e crenças se misturavam a noções como a de liberdade. O conhecimento tem que ser, necessariamente, objetivo e neutro. Para Comte o saber científico tem como fim a previsão, por isso é fundamental "saber para poder". Estes princípios, direta ou indiretamente, pautaram o comportamento de todos os produtores e criadores de ciência e de cultura.

A arte deste momento também queria ser "científica". Ela quer ir ao encontro da verdade nua, sem os embelezamentos românticos, sem dissimulação de qualquer de seus aspectos, mesmo os mais desagradáveis. Em relação à pintura, o grande representante é Courbet. Ele quer superar, ao mesmo tempo, a abordagem clássica e romântica e propõe a abordagem direta da realidade, independente de qualquer linguagem poética como intermediária. Para fazer o seu quadro, *Os Britadores de Pedra*, utilizou dois trabalhadores que encontrou na estrada. Acreditava que o artista devia reger-se pela experiência direta, por isso levou-os a seu ateliê para servirem de modelo. Eles eram reproduzidos em todos os detalhes realistas, das roupas rasgadas às diversas ferramentas que usavam.

Esta ausência de idealização nem sempre é bem recebida pelo burguês, enriquecido e protegido em suas novas residências, que não quer ser chocado pela desagradável realidade. Ele oferece resistência às caricaturas de Daumier, à falta de pudor da *Olympia* de Manet. Sendo recusados nos salões oficiais, eles colocam seus cavaletes em plena rua para terem a chance de ser apreciados. Alguns anos mais tarde, e com um número bem maior de artistas, eles vão organizar o seu próprio salão, o Salon des Réfusés.

Mas o cientificismo na arte fica mais bem expresso na literatura e na dramaturgia. Autores como Taine e Zola estabeleceram as bases do movimento, redentor da verdade e da objetividade científicas, chamado naturalismo. Para Taine os fatos, sejam eles físicos ou morais, são mecânicos e seguem as leis de causa e efeito: "Há causas para a ambição, para a coragem, para a veracidade, tanto quanto para a digestão, a

---

30. A teoria dos três estados dessa evolução passa pela Era Teológica – da Antiguidade à Idade Média; pela Era Metafísica – do Renascimento até além da Revolução Francesa; chegando à Era Positiva que aponta para o futuro através do progresso.

musculação e para o calor animal. Vício e virtude são produtos como o vitríolo e o açúcar; todo fato complexo provém de fatos simples"[31].

Zola e os irmãos Goncourt querem aplicar à produção literária o método experimental das ciências naturais. O literato se tornaria um experimentalista, um observador de fenômenos e seus personagens seriam parte de seus experimentos na busca da verdade. A isenção pessoal do autor garante a certeza da objetividade científica, a verdade última e total. Para os naturalistas, as atividades subjetivas do espírito criador como a de duvidar, sentir, intuir pareciam perigos a serem evitados.

No entanto, muitas peças consideradas como tipicamente naturalistas, como *Senhorita Júlia* de Strindberg e *Os Espectros* de Ibsen, são obras de personagens ricos e densos, permitindo muitos níveis de leitura e não se sujeitando ao reducionismo de uma compreensão puramente experimentalista. Porém, estas peças eram vistas como naturalistas porque davam importância a algumas das condições consideradas determinantes por Zola e pelo fisiologista Claude Bernard. Para eles o meio físico e social da pessoa, bem como as condições materiais em que se desenvolveu, ao lado da hereditariedade, são absolutamente determinantes do caráter desse indivíduo. Tanto a peça de Strindberg como a de Ibsen lidam com esses fatores, mas não ignoram, como queria Claude Bernard, os comportamentos e disposições internas não explicáveis de maneira lógica e linear.

O naturalismo[32] buscava a verdade através de uma forma particular de empirismo, para apresentar uma "fatia da vida"[33] em vez de um enredo construído a partir de emoções pessoais. Na sua busca da experiência direta dos comportamentos humanos, Zola expunha os impulsos humanos seguidos dos que ele consideravam sua causa determinante. O exemplo mais cabal é a sua novela, transformada em teatro pelo próprio autor, *Thérese Raquin*, uma mulher que assassina o marido, em parceria com o amante, devido à uma concupiscência incontrolável.

---

31. R. Ellmann; C. Feildelson, *The Modern Tradition, Backgrounds of Modern Literature*, p. 256.

32. Estamos falando do naturalismo, tal como ele ficou conhecido com o passar do tempo, em sua quase identidade com o cientificismo. Há um naturalismo mais abrangente que acabou sendo considerado o movimento libertador das antigas fórmulas que cerceavam a imaginação. Ele representou o momento de confiança no potencial do homem livre para criar. Este lado renovador do naturalismo, tal como ele foi concebido pelos grandes encenadores, só foi reconhecido algumas décadas depois quando se verificou que ele havia transformado a dramaturgia e que suas inovações continuavam norteando o drama contemporâneo. Nesta visão revolucionária, o naturalismo é, muitas vezes, identificado com o realismo.

33. Esta expressão, atribuída à Zola, foi cunhada por um escritor menor da época, Jean Julien, e tornou-se a palavra-chave do naturalismo. Citado em J. Chotia, *André Antoine*.

OS GRANDES MOMENTOS NA CONSTITUIÇÃO DA SUBJETIVIDADE... 25

Na realidade, a concepção de naturalismo não foi a mesma nos vários países. Apenas na França ele foi tão estrito e pretensamente "científico". Na Alemanha temos Otto Brahm, fundador e diretor do teatro livre Frie Buhne, que fez um manifesto naturalista em 1890 proclamando a importância da verdade individual:

> A arte do nosso tempo abraça tudo o que vive [...] o mote desta nova arte, escrito em caracteres dourados pelos espíritos que nos lideram, é uma palavra: verdade; e verdade, verdade em todos os caminhos da vida, é o que nós mais ansiamos, não a verdade objetiva que escapa do conflito individual, mas a verdade individual livremente conquistada através das convicções mais profundas: a verdade do espírito independente, espírito que não tem nada a explicar ou esconder e que conhece apenas um adversário e arquiinimigo: a mentira em todas as suas formas[34].

Brahm nega o objetivo de imitar a natureza a qualquer custo e propõe que o artista faça "uma observação íntima da natureza" e apreenda "a verdade interior" ao invés de se mostrar simplesmente como um "observador arguto dos pormenores da vida diária"[35].

Na Suécia, outro famoso manifesto naturalista foi o de Strindberg, escrito em 1888, em que propõe um tratamento do tema de modo amplo, "nem exclusivamente fisiológico, nem psicológico". Ele reclama do "assassinato da alma", afirmando que não acredita em personagens simples nem em julgamentos sumários de autores, tais como: "este homem é estúpido, aquele é brutal, este é ciumento, aquele é mesquinho – são expressões que deveriam ser contestadas pelos naturalistas que conhecem a riqueza e complexidade da alma e sabem que o vício tem um lado do avesso muito semelhante à virtude"[36].

O MODERNISMO

O final do século XIX viveu uma extrema riqueza literária e cultural, foi o momento da transição para as muitas e diversificadas mudanças radicais que ocorreriam no início do século XX. A atitude "positivista" dos escritores naturalistas durou pouco; já na década de 1890 dramaturgos como Strindberg entregam-se a experiências de alquimia e misticismo; ele escreve *Inferno*, uma profissão de fé nas idéias de Swedemborg (1668-1772), um filósofo místico sueco que afirmava a existência de correspondências entre o mundo natural e o mundo espiritual. Também Ibsen, nos seus últimos anos de vida, dedicou-se ao estudo da teosofia, junto com sua mulher, adepta convicta das idéias de Madame Blavatsky. Era um momento em que ocorria a síntese do anseio de infinito dos românticos, da busca da verdade do

34. M. Esslim, *Reflections*, p. 16.
35. M. Carlson, op. cit., p. 258
36. A. Strindberg, Preface to Miss Julie, em Bernard Dukore, *Dramatic Theory and Criticism - Greeks to Grotowski*, p. 564.

26 IBSEN E O NOVO SUJEITO DA MODERNIDADE

naturalismo e da tentativa de expressar algo que estava se gestando e ainda não podia ser nomeado.

É natural que o momento de gestação das grandes revoluções que se anunciavam – que foi a da época de Ibsen – seja alimentado por muitos paradoxos: o homem ainda precisava de ideais para satisfazer seu desejo de absoluto, mas vivia as conseqüências do desencanto de 1848 com o fim de todos os sonhos libertários; o nacionalismo florescia e se fortalecia através das lutas para a formação de nações como a Itália e a Alemanha, mas o cosmopolitismo imperava nas grandes cidades como Paris e Berlim, onde foram morar artistas do mundo inteiro que se declaravam "cidadãos do mundo"; havia uma grande euforia pelas constantes descobertas científicas do homem e ao mesmo tempo uma sensação de angústia por ter consciência de sua pequenez no universo, onde ele seria apenas uma ínfima partícula.

Buscava-se, como preceito básico, colocar a verdade no que é objetivo e apreensível, mas, com a mesma força, crescia o desejo de compreender o mundo interior, subjetivo e inapreensível. Esta coleção de contradições era constitutiva daquele sujeito que, por um lado, se afirmava com mais segurança pelo seu discernimento em compreender e dominar o mundo e, por outro lado, se negava, duvidando de sua consistência, percebendo seus vazios e suas sombras. A consciência desta dupla cisão será o motivo de suas indagações e o ponto nevrálgico de sua criação.

Há quem considere que estas três últimas décadas já pertencem ao modernismo, apesar deste só se tornar mais característico no início do século XX. Justamente por abrigar tendências diferentes e coetâneas é que autores como Malcolm Bradbury, em seu livro *O Mundo Moderno*, fala de uma nova era, "o modernismo, o nome que veio a designar aquela transformação radical sofrida pelas formas, pelo espírito e pela natureza das artes entre a década de 1870 e o início da Segunda Guerra Mundial"[37]. Ele coloca Ibsen como o primeiro autor modernista e considera que a fase inicial do modernismo aconteceu na última década: "foi uma extraordinária mescla de futurista e niilista, de naturalista e simbolista, de romântico e clássico. Foi um louvor e uma denúncia de uma era tecnológica, [...] e, na maioria dos países, a década efervescente foi a de 1890"[38].

Nesta mescla de estilos que foi o modernismo caberiam todas as outras correntes que se interpenetraram neste período tão fértil, desde o realismo até o expressionismo. Vamos especificar mais dois destes "ismos" que tomaram um vulto considerável no final do século XIX e nas primeiras décadas do século XX.

37. M. Bradbury, *O Mundo Moderno, Dez Grandes Escritores*, p. 21.
38. M. Bradbury, J. McFarlane, *Modernismo, Guia Geral*, p. 33.

OS GRANDES MOMENTOS NA CONSTITUIÇÃO DA SUBJETIVIDADE... 27

Simbolismo e Expressionismo

Ao se constatar a impossibilidade de lidar com o subjetivo com a mesma precisão que se pode ter com o mundo objetivo, desencadeiam-se vários movimentos antinaturalistas e antipositivistas. Na literatura, critica-se com veemência a pobreza e a falta de poesia teatral com que são reproduzidos a existência vulgar e os problemas desinteressantes das classes mais baixas. Partindo da preocupação em ser absolutamente fiel à realidade e o mais natural possível, a linguagem empregada pelos naturalistas era considerada corriqueira e desprovida de qualquer beleza e teatralidade.

Brunetière, um dos grandes críticos literários da época, fez uma conferência que ficou famosa, a *Volta ao Idealismo*. Um de seus argumentos era que não se podia conceber o homem apenas como um prisioneiro de forças cegas e encerrado em um universo frio e sem Deus. Se considerado como um mero produto do ambiente e da hereditariedade, ele está condenado a afundar cada vez mais na vida sem sentido do materialismo burguês. Em seu *Études Critiques* de 1880, Brunetière negou à obra de Zola a qualidade de naturalista, dizendo que "o verdadeiro naturalismo deve descrever tudo da natureza, tanto o interior como o exterior, o invisível como o visível"[39].

Era a própria noção de ser humano que estava em questão. O homem não podia ser reduzido a um objeto de investigação científica. Filósofos como Bergson apontam que, na compreensão do mundo, é tão importante a razão quanto a intuição. E, desde meados da década de 1880, novas intuições estavam se afirmando na arte, o que acirrava as críticas ao naturalismo, na medida em que ele não permite uma apreensão imaginativa do mundo exterior.

Em meio à febril industrialização e à produção em massa, voltam a ser lembradas as idéias de Schopenhauer que desmistificam o esforço e a luta com as contingências de um mundo movido por uma vontade irracional que impele cegamente os homens para diante. Em sua obra máxima, *O Mundo como Vontade e Representação* (1818), ele coloca a realidade como ilusão, mera representação, e concebe o ser humano como o sofredor que pressente o mundo dos nômenos, mas só pode viver no mundo dos fenômenos ou das representações.

Esta base pessimista da filosofia de Schopenhauer encontrou campo fértil entre os simbolistas, que negavam a possibilidade do método científico ser suficiente para desvendar o real. Eles "desistem" da ação, e do mundo destituído de sentido, permanecendo em uma atitude, ao mesmo tempo, passiva e idealista. Não se interessam pelo aparente, o visível, pois sabem que a essência do universo está oculta e só pode ser referida pela sugestão e pelo símbolo. É a volta da

---

39. M. Carlson, op. cit., p. 279.

28 IBSEN E O NOVO SUJEITO DA MODERNIDADE

irracionalidade romântica, mas em um outro momento da história do homem ocidental. Enquanto que no romantismo o espiritual e o mundo eram fundidos na subjetividade do artista, no simbolismo todas as coisas do mundo estão permeadas pelo espiritual, sendo necessária a "vidência" do poeta para captá-lo.

Na década de 1880 o movimento simbolista se articula e toma vulto com a publicação, em 1886, do manifesto *Le Symbolisme* por Jean Moréas. Nas primeiras linhas o autor fala da "evolução cíclica" da arte e que "cada nova fase evolutiva da arte corresponde, exatamente, à decrepitude senil, ao inevitável fim da escola imediatamente anterior"[40]. Com uma visão mais distanciada e mais isenta, Jean Jacques Roubine nos faz lembrar que as duas estéticas, naturalismo e simbolismo, não se sucederam no tempo, ambas estavam em pleno vigor enquanto se antagonizavam:

> A recusa da estética naturalista, é bom lembrar, não é posterior ao auge dessa estética [o simbolismo]. Apenas alguns anos separam a fundação do Théatre-Libre (1887) do Théatre d'Art (1891) ou do Théatre de l'Oeuvre (1893) que viriam a ser os pólos da oposição simbolista. [...] O naturalismo define, delimita uma área, automaticamente é criado um *outro lado*, uma periferia que o naturalismo se recusava a ocupar, mas que outros artistas optavam por valorizar. Com os progressos tecnológicos o palco tornava-se um instrumento carregado de uma infinidade de recursos potenciais, dos quais o naturalismo explorava apenas uma pequena parte, aquela que permite reproduzir o mundo real. Restavam a verdade do sonho, a materialização do irreal, a representação da subjetividade[41].

Esta "representação da subjetividade" será realizada pelos grandes mestres da dramaturgia moderna, geralmente classificados simplificadamente como naturalistas: Ibsen, Strindberg e Tchékhov. Eles mostraram claramente em suas obras a angústia, as dúvidas e as ambigüidades que povoavam seu mundo subjetivo. Criaram personagens com dimensão interior que se expressavam pela ambivalência das palavras e pela ausência delas. Em tais momentos estes autores são chamados de simbolistas ou mesmo, expressionistas, como o foi Strindberg, devido à violência de suas metáforas e a forma radical como propunha "a materialização do irreal"[42]. O expressionismo, reconhecido como um movimento estético significativo, terá sua força maior na segunda década do século XX, na Alemanha, quando autores como Kaiser, Georg Trakl e Wedekind, se empenharam em criar um mundo visionário, em libertar o espírito – o *geist* de seu tempo – da camisa de força do realismo. De modo apaixonado e radical, eles desprezavam a linguagem e os valores da sociedade burguesa

---

40. J. Maréas, O Simbolismo, em Álvaro Cardoso Gomes, *A Estética Simbolista*, p. 71.

41. J. J. Roubine, *A Linguagem da Encenação Teatral*, p 27.

42. Idem, ibidem..

OS GRANDES MOMENTOS NA CONSTITUIÇÃO DA SUBJETIVIDADE... 29

e buscavam fazê-lo, muitas vezes, através do exagero e do grotesco. Porém, traços expressionistas podem ser encontrados desde Büchner, o dramaturgo excepcional que morreu em 1837. Ele foi precursor de todos os movimentos que eclodiram no final do século, e mesmo no próximo século. realismo, naturalismo, expressionismo e teatro do absurdo mesclam-se em obras como *Woyzeck* e *A Morte de Danton*.

Ainda no século XIX Strindberg escreve *No Caminho de Damasco* (1898, a 1ª parte, 1900, a 2ª parte), peça que ficou conhecida como "a célula matriz do expressionismo" ou o que Anatol Rosenfeld chama de "subjetivação radical da dramaturgia"[43]. A partir daí suas peças irão se tornar cada vez menos realistas, menos ligadas a um tempo e espaço concretos ou a uma sucessão linear de acontecimentos. É difícil discernir onde ele é simbolista, onde expressionista, na sua profusão de personagens que encarnam, igualmente, experiências, sonhos e anseios.

Não se trata de delimitar o tempo e o espaço de cada um desses "ismos" que se entremeiam nas últimas décadas do século XIX. Para os nossos propósitos é mais interessante notar que naquele momento a arte, especialmente a dramaturgia – através de diferentes linguagens estéticas – estava lidando com uma realidade mais ampla, começava-se a criar espaço para a realidade interior.

A SINGULARIDADE DA NOVA DRAMATURGIA

A nova dramaturgia que se estabelece a partir da década de 1870 é fundamentalmente realista, considerando aquela concepção de realismo já apontada, ou seja, a criação e não apenas a reprodução da realidade.

Apesar de descartar todo o idealismo dos românticos, o autor do realismo absorveu as conquistas que eles haviam realizado no terreno da subjetividade. Apropriou-se delas como a sua nova realidade psicológica. Já vimos que, no romantismo, o ser humano percebeu, em desespero, que o desejo de exprimir sua subjetividade de forma direta o conduzia à dissolução. No seu mergulho para dentro o romântico tentava fundir o signo com o seu referente[44]. Isto era a própria impossibilidade romântica, a tentativa de abolir a simbolização.

O que ocorre nas duas últimas décadas do século XIX é a irrupção de um ser humano mais livre, que deseja conhecer o mundo

43. A. Rosenfeld, Introdução, em A. Strindberg, *A Dança da Morte*, p. XII.

44. Nos termos da semiótica o signo representa um objeto, uma qualidade ou uma lei armazenada na programação lingüística de nosso cérebro. Portanto, o signo não pode ser a "coisa" que representa, o referente; ele precisa passar pelo interpretante, ou seja, por alguém que reconheça este signo (seja ele ícone, sinal ou símbolo) no seu repertório, na sua "programação lingüística". Explicação dada por L. Santaella, *O que é Semiótica*.

externo que fervilhava em transformações, bem como o seu mundo interno com seus quereres dissonantes. Ele apresentava uma possibilidade maior de simbolizar os afetos, de nomeá-los, ainda que este nome seja ambíguo. Voltava a representar para poder se comunicar, mas de forma muito diferente da representação cartesiana do século XVII.

Os românticos haviam realizado um vôo cego em direção ao interior; para tanto eles se dispuseram a abolir o modelo racionalista proposto por Descates e sair em busca dos sentimentos primeiros. A poesia de alguns deles, como Novalis, chegou perto desta subjetividade em estado puro que buscavam. Mas, no teatro, a ênfase acabou ficando na explosão dos sentimentos reprimidos, cabendo ao mundo social o papel de grande repressor, de vilão. A partir da década de 1870/1880 as pessoas começam a se dar conta de que não existe a divisão maniqueísta de herói e vilão. Os personagens têm mais densidade e, portanto, diferentes níveis de intenção, podendo chegar à polivalência. Percebem também que o mundo exterior não é o único a reprimir, há algozes ou espectros mais terríveis no mundo interno de cada um que impedem a escolha verdadeira.

O indivíduo que está emergindo desse mergulho romântico é o que não se deixou dissolver no contato com os fantasmas de sua mente. A duras penas aprendeu a lidar com eles ou, ao menos, a admitir sua existência. Foi pelo desenvolvimento de novas formas de subjetivação que este indivíduo pôde se apropriar de seus desvãos, reconhecendo suas sombras e impossibilidades ao invés de chafurdar em tormento. Esta nova subjetividade da época do realismo se configura nas bases instáveis de um mundo sem nenhuma verdade ou conceito primário, tudo é interpretação, possibilidade de significação, metáfora.

O romântico sofria por não poder fruir da totalidade de beleza que idealizou e projetou no outro; o homem do realismo sofre pela consciência de que não há totalidade ou unidade fundamental a ser alcançada; o que existe é a pluralidade, os diversos "seres" contraditórios que habitam seu psiquismo. E faz desta consciência sua própria linguagem.

Este homem tenta ser provedor de si mesmo em termos morais e religiosos, enquanto o romântico, como já vimos, reincorporava o cristianismo e misticismos à sua arte. Esta nova separação é dolorosa. Fica muito evidente em sua obra a dor de conviver com o vazio, a angústia para estabelecer valores morais desligados de sua fonte originária: a religião e suas prescrições[45].

---

45. Como veremos nos próximos capítulos, esta será a grande batalha de Ibsen. Ele e seus personagens lutaram obstinadamente para encontrar seus próprios valores, para ter direito à liberdade de construir suas crenças pessoais independentes das prescrições religiosas. Se, como já falamos, Ibsen chegou perto de algum tipo de misticismo, junto com sua mulher teosofista, este não veio para ser um novo provedor moral ou religioso, mas, pelo contrário, veio como criação sua, nascida na solidão de suas meditações, sem qualquer comportamento prescritivo.

OS GRANDES MOMENTOS NA CONSTITUIÇÃO DA SUBJETIVIDADE... 31

Antes o sujeito se colocava em primeiro plano através do papel de rebelde ou de gênio transgressor das convenções sociais; agora o indivíduo singular continua a ser valorizado, e muito, mas não por sua rebeldia ou por um ego absoluto, e sim pela capacidade de afirmar sua autonomia, de discriminar-se das convenções sociais, de suportar a solidão. Os realistas mantiveram a grande importância da subjetividade conquistada no romantismo, mas rejeitaram, com veemência, o idealismo das concepções românticas como impeditivos para perceber a vida real.

Em relação à estrutura do drama verificamos que foi abandonado completamente o verso, substituído por uma prosa mais próxima da linguagem cotidiana. Se no romantismo a ênfase já havia se transferido do enredo para o personagem, agora o drama aprofunda o mergulho na vida interior do indivíduo, na descrição minuciosa dos caracteres e de como ele se situa no ambiente à sua volta. Há um relato de Ibsen que deixa clara esta nova preocupação:

> Antes de escrever uma palavra, tenho que ficar voltas e voltas com o personagem na minha cabeça. Tenho que penetrar nas últimas dobras de sua alma. Eu sempre começo pelo indivíduo; o cenário, a totalidade da cena, tudo isso é considerado naturalmente e não me causa preocupação desde que eu esteja seguro sobre o indivíduo em cada aspecto de sua humanidade. Mas preciso ter em mente também sua aparência exterior: como ele pára e anda, como se comporta, como é o som de sua voz. Não deixo que ele vá embora enquanto seu destino não estiver completo[46].

Vimos que autores e personagens do romantismo experimentaram usar a sua vontade e seu livre-arbítrio em um mundo concebido como passível de mudança. Já o dramaturgo deste novo tempo vai exercitar uma liberdade bem mais complexa, a liberdade interior de descobrir novos caminhos fora e dentro de si e de conviver com a incerteza da vida. Ele empresta a sua liberdade ao personagem, ou à situação dramática, e deixa a vida acontecer. Em uma carta de 9 de abril de 1889 Tchékhov nos diz como ele trabalha com tal incerteza:

> Meu objetivo é matar dois coelhos com uma cajadada: representar a vida com veracidade e mostrar, ao mesmo tempo, até que ponto esta vida se afasta da norma. A norma ignora como qualquer um de nós ignora. Nós todos sabemos o que é uma conduta desonesta, mas não sabemos o que é a honestidade. Vou seguir a regra que está mais próxima do meu coração. Essa regra é a liberdade absoluta do homem, liberdade em relação à violência, aos preconceitos, à ignorância, ao diabo, liberdade ante as paixões, etc.[47].

Ao falar sobre as transformações nos momentos finais do Renascimento, destacamos a fantástica capacidade dos personagens

---

46. Citado por R. Gaskell, *Drama and Reality: The European Teathre since Ibsen,* p.28.

47. S. Angelides, *A. P. Tchekhov: Cartas para uma Poética,* p. 135.

de Shakespeare de se auto-observarem em cena e dar vida aos diálogos. É o que Lionel Abel chama de metateatro, o comportamento que transforma os personagens em dramaturgos pela sua capacidade de criar em plena cena, usando a consciência que têm de sua cisão interior[48].

No drama do final do século esta cisão vai se acentuar transformando-se no próprio caminho percorrido pelos protagonistas da ação. É o drama interno do personagem situado dentro do drama da peça. O dramaturgo deixa a fantasia acontecer através do próprio personagem e não dele, como autor. É o que acontece, por exemplo, em *Peer Gynt* em que não se percebe a defesa de qualquer tese do dramaturgo; ao contrário, é Peer quem comanda a ação movido por sua fantasia incansável; são as descobertas que ele faz, após cada um de seus revezes, que nos dão a idéia de quem ele é, ou gostaria de ser, e que determinam a atmosfera e o estilo da próxima cena.

É ainda esta excepcional peça de Ibsen, *Peer Gynt*, que marca a volta da plenitude shakespeareana. É o momento da retomada, pelo teatro, daquela vida múltipla e diversificada do período renascentista, em que podiam conviver, na mesma peça, todas as manifestações humanas, os altos vôos da imaginação e a mais fina poesia. Em um outro patamar de consciência, o homem do final do século XIX, se vê livre novamente para viver sua multiplicidade e entrar em contato com sua complexidade.

Outra mudança na dramaturgia, desde a segunda metade do século, é o tema abordado e como é abordado. Antes se falava da revolta do herói contra as convenções da sociedade burguesa. Agora, autores como Hebbel, um precursor de Ibsen na Alemanha, escrevem dramas que ocorrem dentro do próprio padrão de vida burguesa, como a sua *Maria Magdalena*, uma tragédia do conformismo, da falsa moral que ninguém ousa romper. Seus personagens lutam não contra inimigos opressores, mas *dentro* de um contexto social criado por eles mesmos: a necessidade de manter a aparência de respeitabilidade sem levar em conta o custo pessoal desta atitude. Como diz o próprio Hebbel "não há pior tirano do que o homem comum em seu círculo familiar"[49]. É justamente este filão da vida cotidiana que vai alimentar as peças realistas de Ibsen.

Em *Maria Magdalena*, de certa forma, todas as personagens são inocentes porque fazem apenas o que se costuma fazer; mas são ao mesmo tempo culpadas, precisamente por fazerem *apenas* aquilo que se costuma fazer[50]. É este elemento novo na forma de tratar o assunto

---

48. L. Abel, *Metateatro*.

49. Citado em F. H. Londré, *The History of World Theater - From the English Restoration to the Present*, p. 290.

50. A. Rosenfeld, *Teatro Moderno*, p. 54.

que deixa uma dúvida, uma inquietação indefinida no público. Ele atinge o espectador a partir da sua experiência interior, ao se emocionar com uma cena tão próxima de sua realidade imediata, e ao perceber que ela continua acontecendo dentro dele. A emoção também é nova, não leva à catarse, mas à elaboração psíquica.

É com esta mesma proposta dramatúrgica que Ibsen vai fazer sua trajetória, passando pelo heróico, épico, romântico, pelo burguês realista, naturalista e pelo que se chamou de simbolista, neo-romântico ou tragédias intimistas. Seja qual for a classificação que a crítica literária lhe atribua, nenhuma será suficiente para abranger e explicar o universo do artista e do homem angustiado que assiste a si mesmo e percebe, através de seus personagens, suas inconsistências e contradições, sem poder mudar sua sorte.

2. Ibsen e o Novo Drama

> *Eu olho para dentro de mim: ali é o campo de batalha*
> *onde sou ora vencedor ora vencido.*
>
> HENRIK IBSEN[1]

A VIDA DE IBSEN

A Noruega em que nasceu Ibsen era ainda um país pobre e provinciano. Foi só na década de 1960, quando se descobriu o petróleo no mar do Norte, que ela se tornou rica com uma rapidez incrível.

Este país teve a sua "idade de ouro" e prosperidade na Idade Média quando foi unificada e cristianizada. No reinado do rei Haakon IV (1217-1263) a Noruega tornou-se um grande Estado. No século seguinte ela se uniu à Dinamarca, perdendo sua independência política[2]. Foram 400 anos de dominação com a imposição do luteranismo e da língua dinamarquesa que terminaram em 1814, pouco antes do nascimento de Ibsen. A partir desta data o país buscou arduamente recuperar seu orgulho nacional com a valorização de sua língua e sua cultura. Ibsen foi um dos que lutou contra a obrigatoriedade da língua dinamarquesa quando

---

1. Carta à sua irmã Hedwig em 1869, em M. Rémusat. *Letres de Henrik Ibsen a ses amis*, p. 87.

2. No começo da carreira literária de Ibsen, quando suas obras tinham um caráter histórico, ele exaltou este período áureo da Noruega independente na figura do rei Haakon, retratado de forma muito positiva na peça *Os Pretendentes à Coroa*.

foi diretor do Teatro de Bergen, assim como lutou pela valorização dos temas referentes ao seu país e suas raízes culturais.

Nesta nova onda de nacionalismo começa uma nova "idade de ouro" com a projeção de figuras expressivas no mundo da arte. A partir da segunda metade do século XIX, nomes como Henrik Ibsen, Edvard Munch, Edvard Grieg e Knut Hamsum serão reconhecidos mundialmente como os grandes expoentes da dramaturgia, pintura, música e literatura modernas. Mas tais personalidades norueguesas só puderam desfrutar de seu sucesso nas últimas décadas do século quando o país alargou seus horizontes provincianos acolhendo as transformações oriundas de sua arte. Foi por isso que Ibsen decidiu passar 27 anos de sua vida fora da Noruega só voltando a ela quando seu trabalho recebeu todo o reconhecimento de que ele se achava merecedor.

Suas Origens

Henrik Ibsen nasceu em 20 de março de 1828 em Skien, uma pequena cidade marítima do sul da Noruega. Até os seis anos viveu com todo o conforto, pois seu pai, Knud Ibsen, era um rico comerciante. Henrik era o mais velho de cinco filhos e, de acordo com sua irmã Hedvig, não era dado a brincadeiras, preferia ler ou desenhar, ou brincar sozinho em seu teatro de bonecos. Gostava muito da mãe, mas teve problemas com a prodigalidade e a irresponsabilidade do pai. A considerável fortuna, herdada por sua mulher, ele a esbanjou em projetos grandiosos que não foi capaz de gerir. Muito provavelmente este pai foi retratado no palco por meio do perdulário Jon Gynt, pai de Peer Gynt, que deixou a mulher e o filho na miséria. Como esse, Knud Ibsen entrou na mais completa bancarrota no curto espaço de um ano. Entre 1834 e 1835 ele perde, uma a uma, todas as propriedades que vão a leilão para pagar as dívidas com os bancos.

Com sua falência, a família precisou se mudar para o campo onde o menino se recolhe ainda mais do mundo, sendo, muitas vezes, alvo de chacota e de pequenas agressões dos vizinhos da sua idade que o consideravam vaidoso e cheio de desdém pelos outros, atitudes que continuaram a ser atribuídas a ele ao longo de toda a sua vida. Em 1842, a família regressa para Skien onde ele estuda numa escola dirigida por teólogos e se torna um apaixonado leitor da Bíblia. Ali escreve seu primeiro ensaio conhecido, *Um Sonho*, em que um anjo lhe aparece para mostrar toda a realidade da vida e ele descobre que tudo é vaidade. Nessa obra de um adolescente de catorze anos já se vê claramente a preocupação maior do futuro artista, a crença de que existe uma verdade humana absoluta a ser descoberta.

Aos dezesseis anos vai para Grimstad onde é obrigado a exercer uma profissão que lhe rendesse dinheiro imediato. O desenho, de que ele tanto gostava, não cumpria esta função e ele foi trabalhar como ajudante de farmácia. É um período difícil, cheio de privações econômicas e humanas. Ele estudava à noite por conta própria e trabalhava período integral; teve que lutar contra as pressões do ambiente medíocre onde custou muito para criar vínculos humanos. O primeiro relacionamento afetivo que teve foi aos dezoito anos com Sophie, uma empregada da casa onde ele vivia, dez anos mais velha que ele e com uma história parecida, sua família também havia perdido todas as posses. Tornaram-se amantes e em outubro de 1846 ela deu à luz um filho pelo qual Ibsen nunca se interessou nem mencionou. Mas ela o obrigou judicialmente a manter esta criança por catorze anos. Apesar de amargurado com a experiência, ele cumpriu a sua parte, mas o tormento do filho ilegítimo haveria de aparecer em algumas de suas peças, especialmente *Peer Gynt*, em que a mulher-*troll* e sua cria não desejada impedem o herói de viver o grande amor de sua vida.

Prenúncios da Carreira

Foi nesses cinco anos na pequena cidade de Grimstad que Ibsen escreveu seus primeiros poemas. Nestes, mostra sua dificuldade em viver sem a antiga fé cristã, uma vez que havia optado pelo racionalismo de Voltaire. Seu lamento é lúcido: "a estrada da fé exige um olhar inocente que está escondido para mim"[3]. Mas ele sustenta a crença na Queda do Homem, justificada pelo incansável anseio humano de alcançar a plenitude perdida. Esta será uma das marcas que permeia toda a sua obra. Foi também nesta época que ele tomou parte em alguns movimentos político-sociais; o momento mais forte foi em 1848 quando aconteceram importantes revoluções na França, na Áustria e Hungria, na Itália e na Alemanha.

Ele começa a estudar para prestar exame na Faculdade de Medicina. Em seus estudos de latim entrou em contato com a obra de Cícero, Salústio, Ovidio e Horácio. O fruto direto desses estudos foi sua primeira peça, *Catilina,* escrita em 1849, onde aborda o conflito entre o querer e o poder na Roma antiga.

Recusada pelo teatro da cidade, Ibsen e um amigo, que acreditava na obra tanto quanto ele, resolvem imprimi-la por conta própria. Apesar de sua densidade e valor, mais tarde reconhecidos, o prejuízo foi total, não conseguiram vender nem encenar o texto. Além do fato de ele ser jovem e desconhecido, a Noruega era ainda uma nação incipiente recém-separada da Dinamarca onde não se admitia o teatro que não fosse dinamarquês, francês ou alemão.

Mas ele não se deixou abalar; disse que precisava escrever esta peça porque só o fazer artístico poderia suprir a imensa lacuna da perda de sua fé religiosa. Esta lacuna será povoada doravante pela

---

3. R. Ferguson, *Ibsen, a New Biography*, p. 21.

luta entre as forças opostas que o constituem. Em *Catilina* a oposição se faz entre duas mulheres: Aurélia, sua esposa, calma, amorosa e conciliadora, que o aconselha a se afastar do mundo político e Fúria, uma vestal que o incentiva a salvar Roma como o grande homem que é. Tal dualidade vai surgir em muitas de suas peças, sempre em pares de mulheres com caráteres opostos que se dilaceram num embate sem possibilidade de conciliação[4].

Em uma outra edição caseira de 1850 ele reuniu trinta poemas. Alguns tinham um espírito revolucionário político, mas a maioria falava de seu amor idealizado por uma mulher inatingível. Escreve também alguns ensaios em prosa que já dão idéia dos temas que irá abordar em suas peças. Entre eles estão "A Importância do Autoconhecimento" e "Da Importância de uma Nação Preservar a Língua e a História de seus Antepassados".

Presta o exame para medicina em Cristiânia, capital da Noruega, hoje Oslo. Não é aprovado e decide abandonar definitivamente os estudos para dedicar-se apenas a escrever. Ainda em 1850, lança sua segunda peça, *Túmulo de Gigantes*, drama em um ato contando as aventuras de antigos *vikings* no Mediterrâneo. Fala do ocaso dos valores *vikings* em um universo que se fez cristão.

Definição Profissional

Com esta peça ele consegue três dias de apresentação no teatro de Cristiânia e torna-se conhecido no meio intelectual e boêmio da cidade. Fez parte de um círculo de estudantes socialistas que discutia as idéias utópicas de Fourier e Proudhon e escreveu para um jornal operário e um semanário humorístico, onde satirizava os deputados noruegueses. Mas o teatro o interessava muito mais que a política; a maioria de seus artigos para as revistas em que colaborava era sobre o fazer teatral.

No ano seguinte, recebe um convite que será definidor de sua carreira. O violinista Olle Bull convida-o a assumir a direção artística do teatro de Bergen, o primeiro teatro propriamente norueguês que se propunha a falar em sua própria língua e não em dinamarquês como era a regra até então. E, justamente para incentivar a dramaturgia local, Ibsen deveria assumir o compromisso de escrever uma peça por ano e dirigir muitas outras. Foram seis anos de aprendizagem em todos os campos da arte dramática. De início, ele foi mandado por três meses para Copenhague, Berlim, Dresden e Hamburgo com o objetivo de observar práticas teatrais diversas. Além de assistir muitas montagens de Shakespeare e outros dramaturgos contemporâneos, ele trouxe em sua bagagem várias peças de autores franceses, ingleses e escandinavos para serem montadas em seu teatro.

---

4. Ver Anexo: Sinopses das Peças de Ibsen, p.147.

Neste período, em Bergen, Ibsen montou 145 peças, a maioria de autores franceses e quatro de sua autoria: *Noite de São João* em 1853, *Madame Inger de Ostraat* em 1855, *A Festa de Solhaug* em 1856 e *Olaf Lilien Kranz* em 1857. Quase todas, com exceção de *Madame Inger de Ostraat*, baseadas em cantigas e histórias do folclore norueguês.

Em 1857, ele volta à capital com um novo trabalho. É convidado para ser o diretor artístico do Teatro Norueguês de Cristiânia. Deixa Bergen onde reconhece que passou seis anos de aprendizagem encenando e escrevendo para teatro. Foram anos de solidão e recolhimento afetivo só quebrados quando conheceu Suzana Thoresen em janeiro de 1856. Ela era filha de uma famosa escritora, Magdalene Thoresen. Casa-se em junho de 1858 e vão morar em Cristiânia. Foi a grande companheira até o fim de sua vida. Tiveram um único filho, Sigurd, que nasceu no ano seguinte. Ibsen convidou Bjornson, seu amigo e dramaturgo de sucesso, para ser o padrinho de batismo da criança e para substituí-lo na direção do Teatro de Bergen.

O nome deste filho veio do mais heróico dos guerreiros concebidos por Ibsen. Em sua nova peça, *Os Guerreiros de Helgoland*, ele conta a história de Sigurd, o homem íntegro e corajoso disputado por duas mulheres de naturezas opostas, uma guerreira da estirpe dos *vikings*, outra cordata e afetiva. Esta peça ainda tem um caráter épico-nacional, mas ele já começa a delinear mais a vida interior dos personagens do que o cenário que os envolve. Ela estréia em novembro de 1858 com sucesso, no Teatro de Cristiânia.

Porém, sua administração no Teatro de Cristiânia não foi um sucesso. Além da dificuldade de comunicação e comando, Ibsen não atendeu ao desejo do comitê que o contratou; eles queriam continuar encenando os autores franceses de sucesso garantido, como Scribe, Augier e Sardou e não os autores nacionais e modernos que o diretor queria trazer. A companhia foi decaindo até chegar à bancarrota em 1862.

Por outro lado, ele também foi se saturando das sérias limitações do público e do teatro norueguês. Só eram bem recebidas farsas triviais, melodramas medíocres e peças pseudofolclóricas. O teatro da Noruega estava separado das grandes peças do passado: não havia traduções completas dos autores gregos, de Shakespeare e da maioria dos clássicos. A produção nacional reduzia-se, praticamente, a Bjornson, seu contemporâneo, seu amigo, mas também rival, empenhado em fazer reviver o passado patriótico dos *vikings* através de dramas românticos de apelos fáceis. Mas era Bjornson que ganhava, naquele momento, o aplauso geral.

Foi nesse momento que Ibsen entrou em crise com a dramaturgia e a atitude romântica que até então assumira. Percebeu a falsidade íntima daquele romantismo nacionalista, revoltou-se com o fato de o público aplaudir o patriotismo fácil, apenas verbal de Bjornson, não compreendendo sua tragédia histórica de estatura mítica. Viajou para a Alemanha e, pelo teatro que lá se fazia, viu o quanto era provinciano e ridiculamente ufanista o teatro de seu país. Parou de produzir para o palco, limitando sua atuação a artigos jornalísticos e à poesia. Durante os cinco anos em que ocupou o cargo de diretor, Ibsen não escreveu para teatro.

Em 1859 ele escreveu dois grandes poemas de caráter pessoal e meditativo: em seu poema *Na Galeria de Pinturas* fala da arte como o grande substituto da religião. Mas o que ficou mais famoso foi *Nas Alturas* onde nos apresenta o cerne de suas indagações através de um poeta que abandona tudo para vagar pelas alturas, como *Zaratustra* de Nietzsche, que o autor havia lido. O mundo lá de baixo não podia lhe oferecer a espiritualidade e o senso estético que encontrava nas alturas. Mas, mesmo permanecendo lá, ele se dilacera entre sentir-se o sábio que se compraz com a solidão e o desesperado que odeia seu alheamento. Este tema vai aparecer em muitas de suas peças sempre que houver um protagonista querendo se encontrar consigo mesmo.

Nessa época leu Kierkegaard e, influenciado por ele, resolveu que o mais importante é a consciência de si. Passou a valorizar-se mais como indivíduo do que como patriota. Apesar disso, alguns anos mais tarde, em 1864, quando a Prússia e a Dinamarca entraram em guerra, Ibsen protestou e lutou de todas as formas para que a Noruega mostrasse solidariedade à Dinamarca ao invés de conservar-se na neutralidade que ele considerava vergonhosa e que levou o país vizinho à derrota. Caindo a Dinamarca, o romantismo escandinavo parecia sem sentido e Ibsen sentiu romper dentro de si a crença na unidade entre o pensamento e a ação.

Seu campo de batalha, a partir daquele momento, seria o seu próprio espírito. Foi quando escreveu seu famoso pensamento: "vida significa lutar contra os fantasmas no próprio cérebro e coração; poesia significa julgar-se a si próprio"[5]. A partir de então ele abandona o conceito romântico de poesia em favor de uma nova certeza, a do seu dever íntimo de julgar a realidade. Em 1862 escreve sua primeira peça focada no presente, sobre a sociedade de sua época: *A Comédia do Amor*. Ali se contrapõem o amor ideal e o amor burguês. Com ela começa sua arrancada contra as mentiras sociais, denunciando a hipocrisia do casamento baseado no amor de conveniência.

A peça é fruto de muitas discussões sobre a viabilidade ou não do amor, já que o personagem central considera o verdadeiro amor incompatível com a praticidade doméstica que caracteriza o casamento. Os versos mordazes e o conteúdo demolidor fizeram com que autor e peça fossem tremendamente rejeitados pelo público. Ibsen ficou no ostracismo e na miséria, perdendo até a "pensão de poeta" concedida

---

5. Prefácio, *Casa de Bonecas*, p. X.

pelo parlamento norueguês a seu colega Bjornson entre outros. Entra em profunda crise colocando em questão sua vocação literária.

Na tentativa de enfrentar a crise, Ibsen pede à universidade uma bolsa de estudos para coletar temas folclóricos no interior da Noruega. Em 1862, viaja, durante todo o mês de junho, de barco, de trem e a pé, recolhendo quase oitenta contos folclóricos. Queria imprimir a todos para fazer algum dinheiro, mas talvez por serem muitos deles já bastante conhecidos, acabou publicando só três em uma revista local. Sua situação financeira se torna cada vez mais difícil. As dívidas contraídas desde o início do casamento resultaram em uma série de processos movidos pelos credores. Seu amigo Bjornson o ajudou bastante, mas a situação só começa a melhorar quando seu trabalho é realmente apreciado pelo público.

Os Primeiros Sucessos

Em 1864 escreve *Os Pretendentes da Coroa*, um texto histórico que já vinha sendo gerado desde 1858. Apresenta um belo estudo psicológico de dois reis que disputam o trono da Noruega no século XIII, a idade de ouro do rei Haakon. Este rei é bem-sucedido pelo fato de acreditar em si mesmo e de saber exercer sua vontade pessoal. Seu oponente duvida de si mesmo, permanecendo na superfície de seu Eu cheio de mágoas e inveja. Este foco no caráter dos reis tornou a peça atemporal. Foi seu primeiro grande sucesso. A força e o tormento de seus personagens chegou a provocar comparações com o fascínio de um Macbeth ou um Hamlet. Foi o próprio Ibsen que dirigiu a montagem ocorrida em janeiro de 1864.

Mas o sucesso não conseguiu impedir a vontade de abandonar seu país. Ele havia desistido de sua pátria e, com os recursos de seu grande sucesso, viabiliza sua partida para a Itália. Três meses depois, vai para Roma onde permanece por quatro anos. Mas seu auto-exílio se estenderia por um período de 27 anos. Só voltaria à Noruega quando seus conterrâneos, além do mundo inteiro, passassem a considerá-lo o maior dramaturgo de seu tempo. Depois dos quatro primeiros anos em Roma e arredores, passou os próximos dez anos na Alemanha, em Dresden e Munique, voltando à Itália ainda algumas vezes. Antes de regressar definitivamente à sua pátria, em 1891, visitou alguns países com os quais sentia afinidade como a Dinamarca, a Alemanha e a própria Noruega.

Sua temporada em Roma foi o período mais fértil de sua vida. Ao cabo desses anos Ibsen seria rico e famoso. Escreve as duas peças fundamentais de sua carreira: *Brand* (1866) e *Peer Gynt* (1867). Ambas, cada uma à sua maneira, constituem o evangelho do individualismo ibseniano, sendo indispensáveis para a compreensão da totalidade de sua arte e o funcionamento de sua mente.

42   IBSEN E O NOVO SUJEITO DA MODERNIDADE

As duas peças tiveram ótima aceitação do público e da crítica, especialmente *Brand* que impressionou os países do norte com a tenacidade de seu protagonista. Tratava-se da peregrinação de um pastor em busca de uma conexão absolutamente verdadeira, e sem qualquer concessão, com o seu Deus. Ele escolhe a mais inóspita das paróquias para fazer seu apostolado; o frio excessivo leva à morte seu filho e sua mulher, mas ele, inquebrantável, não cede. O arrebatador sucesso da obra deveu-se, em parte, ao amigo Bjornson que o recomendou enfaticamente a Hegel, seu editor em Copenhage. Hegel seria, a partir daquele momento, o responsável pela impressão, supervisão e aconselhamento de toda a obra de Ibsen. Além dos lucros das várias edições de *Brand,* a sua situação financeira melhora devido a uma pensão vitalícia outorgada a ele pelo governo de seu país. Depois de tantos anos de penúria e impedimentos, ele passou a ter tranqüilidade para criar.

Peer Gynt dividiu as opiniões; alguns acharam que contar as aventuras fantásticas de um jovem sem princípios, que fazia todas as concessões para se sair bem, resultou em uma obra vulgar, sem lógica e sem poesia. A maior parte da crítica escandinava havia elogiado a peça, mas foi na Dinamarca que o conceituado crítico Clemens Petersen escreveu um comentário demolidor em seu jornal. Afirmou que aquilo não podia ser poesia, porque não tinha um ideal, e que o autor escorregava com tal liberdade entre a realidade e a fantasia que chegava a ser ofensivo.

Ibsen rebateu as críticas afirmando com toda segurança a grandeza de sua obra: "se minha peça não é poesia, então ela será no dia em que a definição de poesia for mudada, na Noruega, para conformá-la à minha obra"[6]. E isto realmente aconteceu. Bem mais tarde, *Peer Gynt* passou a ser considerado o maior poema dramático desde o *Quixote* de Cervantes. Era uma obra de grande fôlego, com cinco atos de proezas e aventuras vividas por um personagem extremamente rico e poético em seus descaminhos na busca de si mesmo. Dois anos depois deste desgosto enorme as coisas mudaram radicalmente: Petersen caiu em total descrédito do público após seu envolvimento em um escândalo que o obrigou a emigrar para a América. O novo crítico dinamarquês passa a ser Geog Brandes cuja influência atravessou toda a Europa. E sua crítica exaltava a obra de Ibsen.

Apesar de não se deixar abater por qualquer crítica, Ibsen queria que suas peças chegassem ao público. Para ele era essencial que elas fossem encenadas, que seu trabalho fosse efetivamente reconhecido e tivesse penetração nas mentes e corações de seu tempo. Foi com tal propósito que ele tomou uma decisão que iria mudar não só o seu teatro, como a produção dramática que lhe sucedeu. *Peer Gynt* foi sua

---

6. M. Rémusat, op.cit., p. 59-60.

última peça em verso. Ele queria ser mais facilmente compreendido e, por isso, passou a escrever somente em prosa.

Ao invés dos arroubos, sem contornos definidos, do imaginário romântico, tratava-se agora de alcançar uma sobriedade da imaginação baseada na capacidade de *ver* e de extrair situações paradigmáticas da vida social contemporânea. Mesmo escrevendo em prosa, Ibsen continuou um poeta, no sentido em que ele mesmo definiu: "o poeta é o homem que *vê*"[7].

Em 1868, Roma deixou de ser um bom lugar para a família Ibsen. Aumentavam os tumultos causados pelo movimento de unificação da Itália liderados por Garibaldi. Em viagem a passeio para a Alemanha e Suécia gostam especialmente de Dresden onde decidem se estabelecer. A mudança de Ibsen para a Alemanha representava uma nova e frutífera relação com a cultura germânica que já absorvera da França os princípios da estética realista e naturalista, bem como todas as novas tendências e inovações científicas. Deixou para trás suas idéias nacionalistas, já não acreditava nos ideais sociopolíticos, queria se dirigir agora ao próprio homem. Embora suas peças fossem sempre publicadas na Noruega, o teatro alemão é que seria a base de seu reconhecimento internacional.

Foi lá que ele começou sua defesa do individualismo e a busca da emancipação do liberalismo conciliatório e sua concepção limitada de liberdade. Uma intensa vida interior levou-o a valorizar o autoconhecimento que deveria se realizar no nível subjetivo. Em uma carta a Brandes ele deixa muito clara esta ruptura que se realizava através de sua percepção do mundo:

> Até agora temos vivido graças às migalhas que caíam sobre a mesa revolucionária do século passado. Este alimento nós já ruminamos até nos fartar. Nos conceitos velhos devemos infiltrar conteúdo novo e interpretá-los de outra maneira. Liberdade, igualdade, fraternidade já não são hoje o que foram nos dias da piedosa guilhotina. Isto é o que os políticos não querem compreender e por isso os odeio. Esta gente aspira a revoluções externas e, às vezes, a revoluções políticas, mas isso é tudo bobagem. O transcendental é a revolução no espírito humano[8].

Em sua estada na Suécia, onde foi condecorado pelo rei com medalhas que gostava sempre de exibir, recebeu carta de sua irmã Hedvige, comunicando-lhe que sua mãe estava muito doente. Mas não quis ir à Noruega e muito menos a Skien, sua cidade natal. Ele estava imerso em sua nova abordagem dramatúrgica: empenhava-se em retratar o mundo contemporâneo.

Em 1869, escreve a peça que inaugura a sua fase de prosa realista, *A Aliança da Mocidade*, uma comédia de entretenimento, leve e

---

7. R. Ferguson, op. cit, p. 141.
8. M. Rémusat, op.cit., p. 116.

mordaz ao estilo de Scribe ou Sardou, uma sátira ao comportamento dos políticos. Ela foi violentamente vaiada pelos liberais, apesar de os conservadores também terem se sentido ridicularizados nos vários personagens que buscam sua participação na política de forma oportunista e sem o menor escrúpulo. Mas, apesar ou por causa de toda a polêmica, esta foi a peça mais popular de Ibsen no Teatro de Cristiânia até o final do século. Foi encenada muitas vezes, pois seus diálogos naturais e fluentes agradavam ao público, apesar de ser uma peça que o próprio autor considerava prosaica. Ainda não tinha se configurado a estrutura densa que viria a caracterizar as suas obras posteriores.

Mas, nesta peça, Ibsen ainda não havia consolidado a nova postura de olhar para o seu tempo. Voltou, ainda uma vez, aos seus estudos históricos, não para falar do passado, mas para realizar uma grande indagação filosófica que se tornava cada vez mais premente em seu espírito. O primeiro esboço da peça *Imperador e Galileu* foi feito em 1864 e, desde então, ela vinha sendo construída em camadas sucessivas e diferentes umas das outras. Começou como um drama histórico e, para realizá-lo, Ibsen estudou profundamente a vida e a época do imperador Juliano, realizando uma reconstrução brilhante e fiel do século IV. Mas ele queria muito mais que isso. Através deste imperador que se opôs ao cristianismo, Ibsen queria perguntar se seria possível um terceiro caminho para a humanidade que não fosse nem o cristianismo nem o paganismo. *Imperador e Galileu* foi publicada somente em 1875.

São dez atos em que o autor professa suas mais profundas crenças e dúvidas sobre o querer e o fazer no ser humano. O imperador Juliano, assessorado por um sábio místico, Maximus, tenta compreender sua missão neste mundo. Considerando a religião cristã despótica e sombria, ele adota o politeísmo pagão em que a natureza humana pode florescer livremente. Mas, querendo impor este paganismo pela força, ele apenas consolida o cristianismo e não consegue chegar ao que Maximus chamava de *terceiro império*: um imperador no reino do espírito e um deus no reino da carne, a síntese à qual deve chegar a humanidade. Juliano não consegue cumprir a sua missão porque, ao invés de servir à causa do progresso, ele serviu ao seu próprio interesse pessoal. Tal como Peer Gynt, Rubek, Borkman e tantos outros de seus personagens, seu sonho não foi além de sua própria pessoa. É o que lhe diz Maximus, no final, "tudo não é senão ilusão e vaidade; querer é ser obrigado a querer".

Depois de completar este *tour de force,* para tentar a síntese de seu pensamento moral e filosófico, Ibsen é convidado para ir à sua pátria receber a Comenda de Santo Olavo por ocasião da coroação do novo rei da União Suécia-Noruega. Passa três meses em Cristiânia, mas não se anima a ir visitar seu pai e sua irmã em Skien. Ele temia as revelações e reclamações que aquele poderia fazer. Somente quando, já de volta a Dresden, passa pelo desgosto de perder a cunhada, que vivia com eles, é que ele sensibiliza-se o suficiente para escrever ao pai. Depois de 25 anos sem qualquer contato, manda-lhe uma carta. Mas, pela resposta do pai, vê-se que este não entendeu a linguagem formal de seu filho e nada mais aconteceu entre eles.

Sentindo-se isolado em Dresden, Ibsen muda-se para Munique em 1875. Nesta capital artística da Europa ele se interessa cada vez mais pelo mundo e pela realidade exterior. Continua sua vida metódica e recolhida, escreve menos, mas lê muitos jornais todos os dias no Café Maximiliano, reedita algumas peças antigas e organiza uma edição de suas poesias completas. Cada vez mais a sociedade e o Estado constituíam uma situação aversiva para ele. A guerra franco-prussiana de 1870, com seu violento chauvinismo, só fez aumentar a convicção de que o Estado devia ser combatido em favor do indivíduo. A corrupção das instituições sociais era um assunto que, desde então, ele passou a pesquisar com cuidado nos jornais de seu país. Decide se ocupar dos problemas da vida moderna, estava pronto para iniciar sua aventura realista.

Bjornson, antecipando-se a Ibsen, já havia escrito um "drama realista" de muito sucesso chamado *Uma Falência*. Ibsen resolve ir além de seu rival em *Os Pilares da Sociedade*, uma peça com uma visão mais ousada do tema da falência. Nela o drama social corria paralelo ao drama pessoal e isso arrebatou o público de seu tempo. Os conflitos internos do personagem se sobrepõem aos externos e determinam a sua mudança. É a "revolução do espírito", a causa maior do autor. Torna-se claro que, a partir daquele momento, é das escolhas internas que ele quer falar.

O Auge da Carreira

Segundo a maior parte dos críticos, foi a publicação de *Os Pilares da Sociedade* em 1877 que marcou o início da fase realista. Uma nova objetividade surgiu em sua escrita em função de seu novo olhar. Queria mostrar como os homens viviam na crescente industrialização das cidades, como Cristiânia que ele acabara de visitar. Interessavalhe explorar o "reinado do capitalismo" de que falava Marx no seu recente livro *O Capital*. Outra contribuição para este novo olhar foi o convite do Duque Saxe-Meininger recebido por Ibsen para ir a Berlim assistir aos espetáculos, concebidos em uma linguagem mais "realista", de sua companhia de atores. Este diretor inovava a encenação com uma nova estética em que o importante não era mais a convenção teatral, mas a verdade colocada na interpretação e nos cenários.

Os Pilares da Sociedade ainda não apresenta o brilhantismo das próximas peças, pois ainda tinha um quê de didatismo e moralismo ao

46 IBSEN E O NOVO SUJEITO DA MODERNIDADE

desenhar os vícios e as virtudes da comunidade. Mas foi um grande sucesso, principalmente na Alemanha, conquistando novos discípulos como Otto Brahm. Este foi o fundador do Freie Buhne, o teatro livre que, ao lado do teatro de Antoine em Paris, iria surgir logo mais, revolucionando a encenação dos palcos europeus.

Nela o autor denuncia a corrupção e a mentira como as bases sobre as quais se assenta a sociedade. Aborda problemas trabalhistas, sociais e econômicos, mas o mais tocante é a ação final do protagonista, o cônsul Bernick, quando se permite olhar para dentro de si mesmo e se retratar perante toda a sociedade que o glorificava. A peça causou protestos na Dinamarca e aclamações na Alemanha pelos mesmos motivos: porque mostrava o conflito entre a atitude hipócrita, que vigorava na sociedade do seu tempo, e a nova moralidade esclarecida que pode começar a ter espaço.

Em 1878 a família Ibsen volta a morar em Roma, onde o filho, Sigurd, iria estudar Direito. Ibsen torna-se amigo próximo de Brandes, o crítico teatral mais considerado da época Em suas conversas este viu o quanto o dramaturgo se preocupava com a posição da mulher e do homem na sociedade e lhe sugeriu aprofundar as características de Selma, uma personagem secundária de *A Liga da Juventude* escrita dez anos antes. Tratava-se de uma esposa que reclama ao marido o fato de ele não a considerar digna de participar de seus problemas, tratando-a "como uma boneca com quem se deveria brincar e não tratar de dificuldades".

Em sua próxima peça, *Casa de Bonecas*, publicada em 1879, ele vai desenvolver este tema e se consagrar como o dramaturgo que revolucionou o drama moderno. *Casa de Bonecas* foi uma revolução não só pelo tema, que questionava radicalmente o casamento aparentemente feliz, mas também pela forma dramática como foi construída. A trama se desenvolve mostrando não só a progressão dos acontecimentos na vida de Nora, como também a trajetória interna de seu espírito; seu discurso vai se modificando à medida em que ela amadurece e tem que tomar providências fundamentais para a sua existência.

Ibsen cresce imensamente como autor; a história da peça foi retirada de fatos da vida real, mas sua dimensão foi muito além da crônica ou da denúncia social, ele fala da necessidade de emancipação do ser humano, especialmente o ser humano mulher que toma consciência "dos deveres que tem para consigo mesma"[9], acima e além dos deveres de mãe e esposa.

Esta era uma convicção sua: a civilização não poderia ser livre enquanto metade do gênero humano permanecia submetida à uma servidão legal. Interessou-se particularmente pelas mulheres, não por ser feminista, rótulo que rejeitou várias vezes, mas por acreditar que

---

9. Frase de Nora na última cena da peça.

a civilização só poderia ser salva pelas mulheres. Elas estavam mais afastadas do mundo das negociatas e venalidades e podiam dar aos homens uma visão mais humana e moral de suas atitudes. Foi o que fez Lona Hessel, na peça anterior, ao mostrar ao cônsul Bernick que todas as suas mentiras não lhe traziam felicidade e que era possível interromper a seqüência viciosa de falcatruas em que ele se meteu.

A história de Nora foi o primeiro grande devassamento da intimidade familiar no teatro. No ano seguinte ficou em cartaz durante meses em vários palcos da Escandinávia e Alemanha, com enorme sucesso e excelente rendimento para o autor. Mas o fato de Nora largar o marido, e especialmente os filhos, foi chocante demais para algumas platéias. Em vista de tantos pedidos, Ibsen chegou a escrever um outro final em que ela olha as crianças dormindo e fica impossibilitada de deixá-las. Ele mesmo considerava isso "um bárbaro ato de violência", mas resolveu permiti-lo em algumas cidades da Alemanha onde as atrizes se recusavam a viver o cruel final.

No ano seguinte, Suzana e o filho vão para Cristiânia onde acreditava que Sigurd precisava resgatar suas raízes depois de tantas mudanças de país. Mas Ibsen continuou revezando suas estadas entre a Itália e a Alemanha nos anos que se seguiram. Passa cinco meses em Sorrento escrevendo sua próxima peça, *Os Espectros*, impressa em dezembro de 1881. Esta era a época que Ibsen usualmente se organizava para lançar os seus livros a tempo de aproveitar "o bom momento" do mercado de natal.

Desta vez a discussão e a indignação do público foram ainda maiores. Ibsen retratou, através da desgraça da Sra. Alvin, o que poderia ter acontecido com Nora se esta tivesse voltado ao lar, como queria o público. A hereditariedade, assunto em voga na época, não é o tema central do autor, é apenas um meio para falar dos espectros e tormentos que rondam e pesam nos indivíduos por aceitarem, sem analisar, as idéias e valores que não lhes pertencem, por assumirem os preconceitos e repressões da sociedade em detrimento de seus anseios mais profundos.

Mas a forma como ele abordou esses temas resultou muito aversiva. A grande maioria dos críticos rejeitou a obra, com exceção de Brandes e de seu amigo Bjornson, com quem ele não falava há muitos anos, mas que era sincero quando se tratava de reconhecer seu talento. *Os Espectros* tornou-se a mais polêmica de suas peças, quase ninguém a comprou na Noruega. Ibsen foi acusado de levar para o palco casos patológicos escabrosos e de mau gosto. Foi proibida durante alguns anos, mas quando foi liberada pela censura e pela consciência culpada da burguesia da época, foi a mais encenada de todas as suas obras.

Essa rejeição de seu país natal o magoou bastante. Ele ficou muito sozinho nessa disputa em que quase todos ficaram contra ele. Mas, em sua próxima peça, vai mostrar que "o homem mais forte é o homem que está só". Colocou-se imediatamente a escrever *Um Inimigo do Povo*, o homem que está com a razão, mas que fica sozinho contra toda a cidade. No final de 1882 a peça é publicada e logo assimilada pelo público. Mais uma vez Ibsen ataca a mentira e a corrupção, mostrando como os cidadãos são manipulados pela imprensa e pelo poder político, que não quer perder seus ganhos com os banhos das termas contaminadas, motivo de atração de muitos turistas.

Essa peça fecha o ciclo da sua produção realista com um enredo simplificado entre um homem bom que se contrapõe a outros maus. Fecha também um período de rancores, ressentimentos e críticas implacáveis aos homens mesquinhos e medíocres. Em cartas à sua esposa e a Brandes pode-se notar sua maior tolerância e disposição de aceitar as pessoas como elas são. Reaproxima-se de seu amigo Bjornson depois de um afastamento de mais de vinte anos. Talvez tenha contribuído para este distanciamento unilateral a humilhação de ter recebido dele ajuda financeira e profissional nos momentos de maior penúria e frustração, ou ainda o despeito por vê-lo se antecipando e tendo sucesso nas produções teatrais. Naquele momento de sua vida Ibsen podia exercitar a consideração, ou talvez, a compaixão. O que não significa que mais tarde ele não voltasse a ser intransigente, inclusive com esse amigo.

Isto tudo vai se refletir na história que começa a escrever. *O Pato Selvagem* fala de pessoas que não têm estofo para suportar a verdade da vida. Ao contrário da peça anterior, os personagens desta nada têm de definidamente bom ou mau. São apenas frágeis, mas dignos de compaixão e simpatia. A partir daí, vai aprofundar ainda mais o seu mergulho na alma humana e, como ele declara: "sou mais poeta e menos filósofo social do que as pessoas normalmente imaginam. Minha tarefa é retratar seres humanos"[10].

Através de *O Pato Selvagem*, escrita em 1884, Ibsen vai contestar suas próprias asserções anteriores. Se o Dr. Stockman, de *Um Inimigo do Povo*, era o defensor incondicional da verdade e afirmava que "os que vivem na mentira devem ser exterminados como vermes"[11], em sua nova obra, um outro médico, o Dr. Relling, contestava: "retire do homem mediano as suas ilusões de vida e estará retirando, com o mesmo golpe, a sua felicidade"[12]. Ele revela um mundo onde pessoas comuns constroem suas fantasias para poderem continuar lidando com a realidade. Gregers, que tem como única preocupação "a exigência ideal", a busca da verdade, vai causar uma série de desgraças em uma família que não pode encarar a tal verdade. Todos perdem com este idealismo cego e mesquinho.

10. R. Ferguson, op. cit., p. 234.
11. *Teatro Completo*, p. 1377.
12. Idem, p. 1473.

Impresso no final de 1884, *O Pato Selvagem* resultou em um grande sucesso de vendas e, logo em seguida, de audiência. Apesar do final trágico, é uma das obras mais humanas, delicadas e bem-humoradas entre as peças modernas de Ibsen. Seus diálogos tornam-se mais fluentes e, ao mesmo tempo, mais densos. Ele mesmo reconhece, em carta ao editor Hegel, que sua forma de compor mudou a partir desta obra.

Em 1885, depois de passar dez anos sem ir ao seu país, Ibsen vai para Cristiânia e desfruta seu mar por quatro meses. Ele sabia que não queria voltar a viver lá, mas confessa que o mais difícil era não ter "uma casa com vista para o mar e o fiorde". Nesta temporada recebeu várias homenagens de trabalhadores e estudantes para os quais fez discursos desconcertantes por defender idéias contraditórias. Pregava a necessidade de cada indivíduo exercer seus direitos inalienáveis, mas negava à democracia essa garantia, defendendo um governo que exalte a aristocracia; não a aristocracia do sangue e do dinheiro, mas "a aristocracia do caráter, da vontade, da mente"[13]. Disse ainda que considerava as mulheres e os trabalhadores como as suas esperanças para uma nova sociedade, porque eles ainda não tinham se corrompido pelo sistema político.

Voltando a Munique ele se põe a escrever uma peça em que não há mais nada do estilo visionário social de três anos atrás. A mulher perde a aura das peças anteriores onde tinha poder para libertar o espírito dos homens dos comportamentos convencionados pela sociedade. Por outro lado, resolve adotar um tom místico na sua escrita, em que cavalos brancos misteriosos anunciam a morte se aproximando; e ele justifica: "o elemento místico está cada vez mais se tornando moda na literatura". *Rosmersholm*, de 1886, é a tragédia de Rosmer e Rebeca. Eles poderiam ter se unido como seres livres e verdadeiros para consigo mesmos, mas têm que enfrentar a culpa de terem trilhado caminhos duvidosos para conquistar a almejada liberdade.

Rebeca apresenta uma ambigüidade de caráter própria do novo olhar de Ibsen para a mulher. Ela é uma livre pensadora, mas cometeu atos escusos para conseguir seus objetivos mais elevados; não tem princípios religiosos, mas tem a inteireza e a coragem de sacrificar sua própria vida por um valor que considera fundamental. Contrariamente ao que se pensava na época, Ibsen advoga que o livre pensador tem sua própria moralidade. O homem também apresenta suas ambivalências: Rosmer, como um livre pensador, deveria ser aberto para aceitar o passado duvidoso de Rebeca, mas não se permite viver com ela "por algo que se partiu dentro dele".

Em *A Dama do Mar*, de 1888, nos encontramos com outra mulher enigmática, Éllida Wangel. Ela vive no meio de uma família con-

---

13. R. Ferguson, op cit., p. 308.

vencional, em uma pequena cidade costeira onde até o mar é parado. Logo percebemos sua total insatisfação com aquela vida tão pequena, apesar de um marido que a ama. Deseja a aventura do mar aberto. Espera a chegada do marinheiro misterioso que jurou que um dia voltaria para levá-la de volta para o grande oceano. Ela teme e deseja este retorno de forma doentia. Apesar de todo o simbolismo e ambigüidade da história, é a primeira vez que o autor vai afirmar a possibilidade de um casamento verdadeiro: marido e mulher conseguem ficar juntos, porque existe entre eles "liberdade com responsabilidade".

A peça não foi muito bem recebida. Alguns a consideraram romântica e irreal, outros mística ou até moralista. Mas duas décadas mais tarde ela faria um enorme sucesso na interpretação de Eleonora Duse, que levou para o mundo todo, em suas *tournés*, uma leitura delicada de *A Dama do Mar*.

Mas de todas as mulheres de Ibsen, a mais terrível, mais complexa e mais bem construída é Hedda Gabler, a personagem da peça de mesmo nome. Nesta obra de 1890, o autor mergulha ainda mais fundo no mundo interior da mulher e nos põe diante do inexplicável, de comportamentos que não podem ser classificados com um único conceito. Ela é má? Egoísta? Desadaptada social? Certamente é tudo isso e muito mais. Ela acontece num momento de transição importante em que as famílias burguesas, tornando-se mais ricas, podem liberar suas filhas do trabalho doméstico e dar-lhes possibilidade de luxo e de ócio. Estas novas mulheres têm que buscar sua nova identidade, como Nora buscou.

Ibsen certamente estava falando das transformações que via ocorrer no mundo ao seu redor, mas não menos importante eram os sentimentos pessoais que ele guardava no mais profundo de sua alma. Para escrever esta obra, foi passar alguns meses no Tirol onde se envolveu afetivamente com duas jovens, ainda que de forma platônica. Pelos diários das moças pode-se depreender que ele gostaria de ter tido uma aproximação física, mas sua natureza e sua covardia confessa não o permitiram. Hedda vai encarnar este ser que se perverteu por não poder realizar seus desejos mais primitivos. Ao criá-la o autor lidava, ao mesmo tempo, com o seu pequeno mundo burguês: metódico, rotineiro e cheio de impedimentos para atitudes mais ousadas e lidava com o mundo dos outros burgueses: os acomodados e dessensibilizados da sociedade da época. Diferentemente deles, Ibsen soube transformar sua "covardia" em uma admirável obra de arte.

Hedda Gabler, filha do general Gabler, foi criada com os valores masculinos do pai. As suas grandes aspirações não se organizam em projetos ou desejos explícitos, ficam pairando em seu espírito aristocrático. Ela então se torna dura e cruel especialmente com as pessoas por quem sente a maior atração. Depois de queimar os manuscritos da obra de um ex-namorado, convence-o a se suicidar e termina se

IBSEN E O NOVO DRAMA

matando também quando vê que não deixou espaço para si mesma, pois destruiu todas as pontes pelas quais passou.

Juntamente com a aprovação geral desta peça, ocorreu o enorme sucesso de *Os Espectros*, encenada pelo Théatre Libre de Antoine em maio de 1890, fazendo um *tour* de mais de duzentas performances pela França. E, logo em seguida, Antoine encantou o público com a apresentação de *O Pato Selvagem*. Na Inglaterra o nome de Ibsen também era incensado por Bernard Shaw que escreveu um livro sobre o seu modo de trabalhar, *A Quintessência do Ibsenismo*.

O Retorno e a Glória

Em 1891 decide finalmente voltar à Noruega. Vai morar em Cristiânia, atual Oslo. Foi uma época ao mesmo tempo gratificante – porque voltou à sua terra cercado de todas as homenagens e com uma ótima situação econômica – e frustrante, pois estava velho e, no seu eterno hábito de julgar-se a si mesmo, sentia-se fracassado pela falta de ousadia em sua vida pessoal. Na época em que morava em Roma escreveu uma carta à sua sogra, expressando grande alegria por não estar mais na Noruega, um país sem ousadia, sem a loucura dos que lutam para realizar uma idéia, um sonho. Se alguma sabedoria existe em seu país "é a sabedoria de seu temperamento morno que acomoda os espíritos na impossibilidade de cometer uma generosa loucura"[14]. Já instalado em seu país, ele ameaçou algumas vezes ir embora, mas lá ficou até o fim de sua vida.

Depois de seu retorno, Ibsen teve ainda a oportunidade de conhecer mais uma mulher bem mais jovem que ele, Hildur Andersen, que se apaixonou tanto quanto ele, mas isto nada mudou seu cotidiano metódico e acostumado ao trabalho árduo e disciplinado, e a um casamento que já se transformara em uma boa amizade. Em suas quatro últimas peças, os personagens centrais serão homens que se frustraram com os rumos que tomaram as suas vidas, com a constatação de que não *viveram* os seus reais desejos.

Solness, o Construtor é o mais famoso destes personagens. Nesta peça o autor deixa aparecer todo o seu encantamento por aquela jovem. O primeiro exemplar ele manda para ela, apontando-a como a inspiradora maior. Escrita em 1892, é a história de um arquiteto que se percebe velho, na iminência de ser superado por seus assistentes. Hilda Wangel, uma jovem cheia de energia em busca de raras e grandes emoções, chega à casa de Solness e o desafia a subir na torre que construiu. Ele se empolga com a moça e com o sonho de altura e isto o precipita para a morte.

---

14. M. Rémusat, op. cit., p. 26.

Neste mesmo ano, Sigurd casa-se com a filha de Bjørnson, contra a vontade de Ibsen, que não comparece ao casamento. Em 1893, nasce seu neto. Ele se recolhe completamente para escrever *O Pequeno Eyolf* que é publicado em 1894. Era uma peça intimista, cheia de ação interior e diálogos densos e, por isso, não muito fácil de ser assimilada pelo público, que necessitava de uma concentração com a qual não estava habituado. Rita e Allmers, depois de perderem o filho aleijado, que era um transtorno em suas vidas, quase sucumbem pela culpa, como Rosmer ou Solness. Mas acabam resolvendo cuidar das crianças carentes do bairro e isso faz nascer uma esperança de sentido para suas vidas. Escolhem o desespero resignado, transferem seus desejos e seus medos para outras esferas da vida. A história do casal emocionou muito as mulheres que, cada vez mais, eram a maioria em suas platéias.

Sua rotina diária e de produção bienal continuava a mesma através dos anos. Trabalhava o mesmo número de horas todos os dias, lia jornal no Café por uma hora e publicava uma peça nova a cada dois anos.

No final do ano de 1896 chega ao público a penúltima peça de Ibsen, *John Gabriel Borkman*, a história de um homem velho e vencido pela vida que, no fim, foi mais forte que suas fantasias. Borkman é um dos maiores personagens masculinos do autor. Tem os sonhos mais grandiosos e, na mesma proporção e intensidade, é despojado de tudo. Queria ser rico e poderoso o suficiente para "tornar os homens mais felizes", mas a sua obstinação acaba por destruí-lo. Como todas as outras peças de Ibsen, os personagens estão presos ao passado. Há sempre um momento, distante no tempo, em que alguém foi duro, praticou uma violência consigo mesmo ou outrem. Em suas obras Ibsen dá uma segunda chance para estas pessoas se reabilitarem. Às vezes conseguem, como em *Os Pilares da Sociedade*, muitas outras vezes *não*, como em *John Gabriel Borkman* e tantos outros que soçobraram em meio a seus sonhos desumanizados.

Antes de escrever sua última peça, Ibsen foi amplamente homenageado em seu aniversário de setenta anos. No dia 20 de março de 1898 a cidade inteira transformou-se em festa. Até os navios se embandeiraram. Em todos os teatros foram remontadas suas peças e cada um dos personagens femininos foi desfilando pelas ruas, oferecendo flores ao seu criador. Entre as muitas homenagens prestadas, ele teve que receber uma delegação de mulheres feministas, a "União das Mulheres". Mas ele recusou suas homenagens negando sua adesão a qualquer ponto de vista social ou político, dizendo: "eu sou mais um escritor do que um filósofo social. Eu nem mesmo sei qual é a questão social das mulheres. É como mães que elas podem ajudar a resolver os problemas humanos"[15].

---

15. R. Ferguson, op cit., p. 416.

No ano seguinte, 1899, ele fica mais uma vez sozinho em sua casa enquanto Suzana viaja com o filho. É neste recolhimento que ele concebe a última de suas peças, *Quando Nós Mortos Despertarmos*, aparentemente inspirado em sua mulher. Trata-se do final da vida de um escultor famoso que reencontra a mulher que foi modelo de suas melhores obras. Ela o amou a ponto de dar-lhe a essência de sua vida e ele percebe que nunca se entregou à ela, à pessoa que também amou. Percebem que já não pertencem ao mundo dos vivos, que seu amor não vivido é sem volta. Só lhes resta morrer juntos para despertarem para uma outra vida.

Rubek havia preferido se casar com uma mulher banal e sem poesia, que acaba deixando-o para trás para ficar com um homem vulgar. Esta antinomia ideal/vida pessoal refere-se à cisão do próprio autor. Ela aparece de forma cada vez mais explícita nas suas últimas três peças. Solness, Borkmam e Rubek são homens falidos e condenados a morrer pela sua incapacidade de conciliar arte e vida, de unir seus anseios pessoais aos seus desejos idealizados, por terem escolhido o alto, o grande, e não serem capazes de experimentar a felicidade ao lado de quem eles amaram. Pelas cartas que mandava à sua esposa vemos que Ibsen sentia algum remorso por ter se afastado muitas vezes dela para ficar com Wildur. Entende que ela foi a verdadeira musa de sua arte, a grande companheira que se anulou para que ele brilhasse.

Ele chamou esta peça de "epílogo", mas talvez não era à sua morte que se referia. Chegou a declarar que ela encerrava um ciclo e que agora retomaria um outro lado de sua vida. Nunca saberemos o que estava germinando em seu espírito, pois nos anos de 1901 e 1902 ele sofreu uma seqüência de três derrames que o deixou paralisado para o resto da vida. Morreu em 23 de maio de 1906 e foi enterrado com todas as honras de um grande artista. Deixou como legado suas 25 peças e o esboço poético de um novo sujeito no mundo moderno.

A DRAMATURGIA DE IBSEN

> *O mais importante é conseguir chegar à sinceridade, à verdade absoluta em relação a si mesmo; é obedecer ao comando de nossa natureza individual para sermos nós mesmos e nada mais que nós mesmos.*
>
> Henrik Ibsen[16]

A obra de Ibsen possui uma inegável unidade. Em todas as suas peças os personagens estão em busca de si mesmos, enquanto sujeitos autônomos e fiéis às suas próprias características. Querem seguir aquilo que chamam de "sua vocação", ou ao "chamado da vida" dentro deles. Isso torna arriscado fazer classificações e dar nomes diferentes

16. Apud M. Rémusat, op. cit., p. 103.

sentido se referir-se não a estilos literários diversos, mas a momentos consecutivos da busca, empreendida por Ibsen, para encontrar uma linguagem dramática adequada aos seus propósitos estéticos.

A maior parte dos críticos e estudiosos de Ibsen divide sua carreira em três fases de naturezas distintas: peças históricas ou românticas; peças realistas ou naturalistas; e peças simbolistas ou neo-românticas. É uma divisão, até certo ponto, legítima uma vez que sua escrita vai realmente mudando com o passar do tempo. O clima mágico, épico e romântico do início vai se transformando em um estudo realista do comportamento humano, em antagonismo com os valores decadentes da sociedade; este estudo se individualiza e se aprofunda, cada vez mais, em busca dos aspectos imponderáveis ou simbólicos, de algo que não pôde ser dito.

Mas Ibsen sempre rejeitou rótulos para suas obras, especialmente quando estes a enquadram em gêneros literários fechados. Em uma carta de 1880, ele explica a um diretor que encenava *Casa de Bonecas* em Viena:

> O senhor é de opinião que a peça, por causa de seu desfecho, não pertence ao gênero dramático, propriamente dito. Será que o senhor, realmente, atribui tanta importância às classificações? De minha parte, acredito que o gênero dramático é dócil e se dobra às conveniências literárias[17].

Sem qualquer pretensão de classificar sua obra em estilos, ou de atribuir as transformações na sua dramaturgia à obediência aos cânones de escolas literárias diferentes, vamos propor uma divisão baseada nas formas dramáticas e no foco de interesse do autor. Em cada uma das quatro "fases" que destacamos, sua escrita vai se definindo de modo a poder abordar, com a forma mais adequada, o tema em questão.

1ª Fase – Peças de Juventude – Ensaio de Formas

As formas dramáticas usadas variam da saga de caráter épico heróico, passando pelas tragédias noturnas, peças de intriga mais leves, dramas históricos, comédias românticas e satíricas. Muitas histórias eram permeadas por temas folclóricos e canções populares da Noruega. Outras, de caráter histórico nacional, visavam enaltecer os tempos gloriosos de seu país. Neste momento de sua escrita o autor ainda faz uso de solilóquios e apartes como dispositivos para revelar o pensamento do personagem ou fatos anteriores ao momento presente. Sua estrutura baseia-se em tramas complicadas, marcadas por reviravoltas que causam impressão, e em personagens pouco elaborados, ainda presos às convenções do melodrama ou das peças-bem-construídas.

17. Idem, p. 203.

IBSEN E O NOVO DRAMA 55

Esta fase vai de 1849, quando publicou sua primeira obra, *Catilina*, até 1864, quando se desilude com seu país e com o teatro de seu tempo, indo morar na Itália. As nove peças deste período mostram uma produção de qualidade variável. Chegou a escrever dois grandes dramas como *Os Guerreiros de Helgoland* e *Os Pretendentes à Coroa*, com sucesso de público, ao lado de histórias românticas e cheias de magia, como *Noite de São João* e *Olaf Lilienkrans*, que resultaram em encenações pouco apreciadas.

2ª Fase – Poemas Épicos Dramáticos

Ibsen entra em profunda crise com o teatro e desiste completamente da forma anterior. Escreve dois poemas dramáticos não voltados para o palco: *Brand* (1866) e *Peer Gynt* (1867). Neste momento aquela dimensão grandiosa, que o autor ia buscar em heróis míticos ou em seres "irreais", encontra sua grandeza em um único ser, Brand. Nesta peça aparece o homem, não mais como representação de um ser especial em função de um momento histórico, mas como um indivíduo efetivo, uma figura excepcional que se opõe sozinho ao mundo e aos outros homens.

Na seqüência de Brand, outro grande homem vem valorizar e contrapor o indivíduo ao grupo e à sociedade: é Peer Gynt, aquele que resolveu se tornar o imperador de si mesmo. Sua grandeza é o avesso da que vemos em Brand. Sem qualquer princípio moral, ele passa por mil aventuras fantásticas na tentativa de viver e ser ele mesmo, sempre. Nesta época Ibsen já havia abandonado seus ideais políticos e sociais de 1848, que inflamaram Catilina, seu primeiro herói. Após *Brand* e *Peer Gynt*, fica claro e definitivo que sua bandeira passa a ser o indivíduo.

Com certeza este indivíduo já estava presente na primeira fase. Ali o autor valorizava os personagens que confiavam em seus impulsos e sua vocação – é o caso da certeza sobre o seu destino mostrada pelo rei Haakon de *Os Pretendentes à Coroa*, oposta à incerteza de seu rival – e torna trágicos ou derrotados aqueles que não foram fiéis a seus próprios apelos – é o caso de Sigurd, de *Os Guerreiros de Helgoland*, que desistiu da mulher que amava, cuja natureza era semelhante à sua.

Mas, a partir de *Brand*, emerge um indivíduo isolado e absoluto que, para realizar sua vocação, se contrapõe a todos os outros por não aceitar qualquer tipo de limitação. Ele não tem a preocupação de ser real e sim a de representar uma nova idéia de homem: o indivíduo da sociedade liberal cujo valor maior é poder exercitar sua vontade pessoal de forma livre. Ele veio para ficar; é o marco de uma nova era.

Esta valorização do indivíduo por Ibsen é explicitada na carta, datada de fevereiro de 1871, ao amigo e renomado crítico literário, Brandes, onde ele exalta o homem que se isola do Estado, "o indivíduo e não o cidadão; o Estado é uma maldição para o indivíduo. Combater a idéia de Estado, representar a iniciativa individual e sua ligação com a ordem psíquica como a condição essencial a qualquer associação, este é o começo de uma liberdade que vale muito"[18]. Não lhe interessava mais falar dos momentos gloriosos de seu país e sim da grande aventura do homem em busca da verdade sobre si mesmo.

A outra obra grandiosa desta fase é *Imperador e Galileu* (1875)[19]. É a história de Juliano, o apóstata. Seu reinado acontece sobre o mundo romano, mas ele busca se instalar, sobretudo, no seu mundo interior. Quer fundar o terceiro império, uma nova via, um novo homem, para além do paganismo e do cristianismo.

Este novo homem, que irrompe com tanta força em sua obra, é o indivíduo, agora destacado do todo, buscando viver sua verdade e sua completude. Este sujeito ficará no centro de todas as suas peças e será explorado em níveis de abordagem cada vez mais complexos e densos. Mas ele só adquiriu esse novo status, porque o autor havia chegado a uma nova forma dramática capaz de expressar "as coisas vividas dentro de mim e não de observações feitas no mundo exterior"[20].

3ª Fase – Dramas Realistas

Ibsen abandona o verso e o tempo passado, porque quer lidar com o homem comum. Através de uma nova forma dramática, ele coloca os personagens discutindo seus valores e desejos. Estes ficam evidentes na própria ação dramática, não sendo mais necessários os solilóquios, os apartes e os personagens explicativos que fazem discursos para explicar o pensamento do autor sobre o assunto. Nos dramas realistas Ibsen propõe aos homens de seu tempo os seus mais caros princípios: a importância de que cada ser humano consiga ser verdadeiro consigo mesmo, que conquiste a liberdade interna e externa para perceber e viver de acordo com suas próprias idéias e sentimentos.

Esta fase de sua trajetória vai de 1877 a 1882. É o momento das peças conhecidas como realistas/naturalistas: *Os Pilares da Sociedade* (1877), *Casa de Bonecas* (1879), *Os Espectros* (1881), *Um Inimigo do Povo* (1882)[21].

18. Idem, p. 118.

19. Apesar de *Imperador Galileu* não ter sido escrita em versos, como *Brand* e *Peer Gynt*, nós a incluimos nesta fase por pertencer à mesma categoria de peças épicas, grandiosas e de difícil encenação

20. M. Rémusat, op. cit., p. 102.

21. Há uma peça que ficou fora deste bloco das realistas apesar de ser uma primeira abordagem desta nova atitude de retratar o mundo contemporâneo. É *A Liga da Juventude*, escrita em 1869. O próprio autor não a considerava madura para figurar entre as suas grandes obras do realismo.

IBSEN E O NOVO DRAMA

4ª Fase – Dramas Interiores

Ibsen desiste de propor a verdade e a liberdade aos homens. Elas continuam a ser os grandes valores do autor, mas ele admite que a mentira pode ser vital para os seres mais frágeis e a liberdade pode assustar a muitos. Sua forma dramática passa a valorizar a estrutura mais aberta das frases e a ambigüidade ou inconclusão das palavras. Avançando cada vez mais pelo mundo interior, ele passa a perscrutar como os indivíduos negam ou desistem de seus desejos, ou os transformam em sonhos.

Esta fase vai de 1884, quando escreveu *O Pato Selvagem* – uma peça com uma nova densidade de significados – até 1899, data de seu último trabalho. Ela compreende: *O Pato Selvagem* (1884), *Rosmersholm* (1886), *A Dama do Mar* (1888), *Hedda Gabler* (1890), *Solness, o Construtor* (1892), *O Pequeno Eyolf* (1894), *John Gabriel Borkman* (1896), *Quando Nós Mortos Despertarmos* (1899)[22].

A ESTRUTURA DO NOVO DRAMA

Para muitos críticos da época – entre eles, Bernard Shaw – Ibsen inaugurou um "novo drama", ou novo teatro, que exigia do encenador, dos atores e do público um olhar diferente do que vinha exercitando até então. Não havia mais um final conclusivo, como nos *vaudevilles* e peças-bem-construídas, o que implicava uma reflexão interna que realizasse a síntese que o autor não fez. Shaw compara esta mudança, do *vaudeville* para o novo drama, com a passagem de um jogo de boliche para um jogo de xadrez.

Ibsen viveu e produziu o tempo suficiente para realizar em sua própria obra, esta mudança. Em suas primeiras peças, ele partiu da técnica bem-sucedida empregada pelos autores cujos textos foram montados por ele quando foi diretor dos dois grandes teatros da Noruega. Mas evoluiu, ao longo dos quinze anos iniciais de sua carreira, para uma nova estrutura dramática que, por meio de diálogos vivos e "reais", passou a envolver o espectador de uma forma pessoal, levando-o a rever suas crenças e valores íntimos.

Bernard Shaw, em seu livro *The Quintessence of Ibsenism* (1891), aponta os elementos novos introduzidos por Ibsen na dramaturgia moderna. Segundo ele, a grande inovação foi a *discussão*. Shaw explica que "antes nós tínhamos, no que se chamava de peça-bem-construída, uma exposição no primeiro ato, a situação no segundo e o desfecho no terceiro. Agora temos exposição, situação e *discussão*"[23]. Ele coloca como paradigma deste novo modelo *Casa de Bonecas* (1879),

---

22. Ver Anexo: Sinopses das Peças de Ibsen, p. 147.
23. G. B. Shaw, Quintessence of Ibsenism, *Major Critical Essays*, p. 160.

onde Nora e seu marido Helmer, após o desencanto de sua relação, discutem o que foi seu casamento e, nessa conversa, Nora mostra a si mesma e ao público o quanto cresceu, deixando de ser uma boneca. Essa discussão é o ponto nevrálgico da peça e fez escola em toda a Europa e América, sendo adotada pelos muitos dramaturgos que se entusiasmaram com o chamado *new drama*.

Na primeira fase de sua carreira, quando o público precisava de todas as informações necessárias para decodificar "adequadamente" um texto, a estrutura das peças foi concebida ainda seguindo algumas convenções das *pièces bien faites*. Assim, ele passou pelo drama romântico, histórico e mágico-poético. Mas desde sempre havia em suas obras um tema que as diferenciava de todas as outras peças de intriga da época: a procura da perfeição e da integridade, a grandeza de caráter, seja em um soberano impecável, ou em um manipulador das fraquezas alheias.

Sendo um grande admirador de Shakespeare, criou cenas de especial grandeza, como a da morte do terrível bispo Nícolas, de *Os Pretendentes da Coroa,* um herdeiro de Ricardo III ou de Macbeth. Durante mais de vinte páginas de agonia esse ser diabólico continua exercendo seu poder maligno, negando aos dois reis, pretendentes à coroa, a carta que tudo esclareceria. Ele morre gozando o último de seus atos destruidores: a queima da carta. Em meio às maquinações infernais de sua agonia, ele vai dando ordens para que aumentem o número de pessoas que cantam e rezam por sua alma, para que tragam seu báculo e todas as suas vestes e jóias para enfrentar a morte; já quase sem forças faz, ele próprio, seu grande discurso funerário, onde brada ao mundo seu ódio:

tenho oitenta anos e ainda tenho desejos de matar homens e possuir mulheres formosas, mas isto teve o mesmo resultado da batalha, só vontade e desejo, pois eu era impotente de nascimento [...] o dom do desejo em ebulição e, no entanto, inválido. Assim, pois, fui sacerdote [...] Eu, um sacerdote [...] sim o céu me havia criado para uma missão eclesiástica. Mas os de lá de cima exigem de mim, um semi-homem, o mesmo que podem exigir daquele que recebeu a faculdade plena para a sua missão na vida. [...] E aqui estou, estendido no meu leito de morte, louco de terror pelo meu castigo e minha condenação. Mas não cometi nenhum crime, foi contra mim que se cometeu uma injustiça. Eu sou o acusador![24].

Nesta primeira fase, Ibsen usou também alguns clichês característicos do drama renascentista. Temas como a taça envenenada ou a mãe que reencontra o filho adulto a partir de um medalhão em seu pescoço, foram usadas neste período em *A Festa de Solhaug* e *Madame Inger de Ostraat*. Mas nessas peças os tipos humanos não chegavam a ser tão simplificados como naquelas, dirigidas ao grande

24. *Teatro Completo*, p. 580.

IBSEN E O NOVO DRAMA

público, onde a dinâmica da intriga exigia uma donzela inocente, ou um marido ciumento, ou um pai muito severo.

Ibsen vivia no seu tempo e tinha uma forma muito livre e pessoal de compreender a realidade. Seus personagens, desde o início, já apresentavam conflito interno e dúvidas que não caberiam nos tipos unidimensionais das peças-bem-construídas. O que estava acontecendo era que as convenções dramáticas correspondentes àquela forma de sentimento do teatro clássico e romântico – tão útil à dramaturgia durante séculos – já não vinham correspondendo às características do novo homem do século XIX. No entanto, elas continuavam a ser usadas, mas apenas em seu aspecto técnico, porque os motivos e comportamentos expressados, o sentimento que realmente as sustentava, eram de uma natureza muito mais complexa e qualitativamente diferente.

Para os indivíduos do século XIX, que tinham um modo de perceber e de agir mais pessoal e buscavam a emancipação de sua vontade, era necessária uma forma dramática que lhes exigisse maior elaboração interior. O novo homem burguês tinha uma nova concepção de destino e responsabilidade. Esta havia sido muito mais ampla no *Ancien Régime,* onde a pessoa era responsável não só pelos atos praticados livremente, mas também pelos que recaíam sobre ela.

Ao intimar um indivíduo para um duelo, por exemplo, não importava se ele havia tido a intenção de ofender; o que se considerava é se ele trouxera ou não danos à imagem pública do outro, que procura reparar sua honra no duelo. No entanto, não havia culpa, apenas humilhação e reparação. Isto significa que naquele homem não acontecia a interiorização moral de suas ações. O valor não estava na intenção de um ato, o que contava para o nobre não era a pessoa, na sua intimidade, mas a máscara que ela assumia. Assim, o valor supremo do aristocrata, a honra, era um bem, algo tangível que lhe podiam roubar, tal como um cavalo ou outra coisa qualquer[25].

O homem que emergiu do período das revoluções define-se como personalidade a partir de sentimentos e práticas fundados na sua responsabilidade pessoal. Ele se deu o direito da individuação, de só responder por aquilo que é seu, recusando-se a sofrer pelo que lhe é imposto por valores éticos que não escolheu. Em compensação ele passa a sofrer pela culpa de fazer escolhas que, inevitavelmente, vão deixar de lado muitos de seus desejos ou vão realizar desejos difíceis de serem assumidos como realmente seus. Esta nova noção de responsabilidade pessoal é uma característica dominante na constituição do sujeito moderno.

As peças de Ibsen buscam, justamente, acentuar esta possibilidade de escolha, esta intencionalidade das ações individuais, como um dever do homem para consigo mesmo, uma necessidade vital de ouvir

---

25. R. J. Ribeiro, *A Última Razão dos Reis*, p. 24.

60 IBSEN E O NOVO SUJEITO DA MODERNIDADE

e seguir os próprios desejos. O dilema do autor, em suas primeiras obras, era justamente o de realizar este nível de experiência interior, esse sentimento tão claro para ele mesmo, mas que ainda não encontrava uma forma de expressão dramática adequada.

O elemento "discussão", que Bernard Shaw afirma ter começado somente a partir de *Casa de Bonecas,* já vinha tentando encontrar espaço desde sua primeira peça, *Catilina,* onde a esposa, no momento perto da morte do herói, chama-o para meditar sobre o que foi a sua vida. A discussão acontecia, mas não provocava mudanças nos seus interlocutores – que é justamente a mudança de *Casa de Bonecas,* onde Nora aprende a existir por si mesma – porque a discussão não era parte da estrutura da peça, enquanto ação dramática. Ibsen ainda estava preso às convenções da peça de intriga, usando efeitos e estratégias que continuavam se revelando muito eficientes com o grande público.

Como vimos, foi quando deixou de se preocupar com os efeitos dramáticos, que ele conseguiu expressar seus sentimentos. Ele se encontra com o indivíduo único e inteiro nesses dois seres "impossíveis" – Brand e Peer Gynt – conseguindo entrar no campo complexo e imponderável dos valores absolutos. Trata dos chamamentos a que não se pode escapar, tema recorrente em toda a sua obra. A partir desse momento de encontro com a "essência do eu" – apesar de não ter cunho realista – ocorre uma transformação em seus personagens subseqüentes; seus comportamentos evidenciavam lutas internas que eram discutidas dentro da própria ação dramática.

Esta é a característica fundamental que vai nortear o novo drama ibseniano. Ela fica explicitada com muita clareza nas peças da sua fase realista, onde todas as questões pessoais e sociais que atingem o espectador são suscitadas apenas por meio da ação dramática. Não há discurso, apenas diálogo vivo. Uma das mudanças mais evidentes em sua dramaturgia é a incorporação dos monólogos e do aparte à própria trama da peça, dentro dos seus diálogos. Até então, como explica Décio de Almeida Prado, os mecanismos usados pelos dramaturgos para realizar "este trabalho de prospecção interior, foram três: o confidente, o aparte e o monólogo"[26]. Para que o público acompanhasse as intenções dos personagens, os autores criavam um desdobramento, ou um *alter ego* do herói – geralmente um criado ou um grande amigo – para quem ele podia: "confessar inclusive o inconfessável. Já no aparte o confidente somos nós [...] o que se tornou menos aceitável no naturalismo, pela teoria da quarta parede, onde tanto os atores como o dramaturgo devem proceder como se não houvesse público"[27].

26. D. A. Prado, A Personagem no Teatro, em A. Cândido et alli, *A Personagem de Ficção,* p.89
27. Idem, ibidem.

IBSEN E O NOVO DRAMA

O monólogo, ou solilóquio, que vinha sendo usado desde a tragédia grega, alcançou seu ponto alto com Shakespeare e, mais especialmente, com os autores do classicismo francês. No drama realista já não havia lugar, seja para o confidente, para o aparte, ou para o monólogo. O autor precisava encontrar um meio de expor suas idéias sem se colocar em cena. Nas peças de tese, que caracterizaram o começo do realismo, os dramaturgos contornaram esta dificuldade criando, como já vimos, o personagem do *raisonneur*. Décio de Almeida Prado, ao explicar a presença espúria desta figura no teatro realista, fala da mudança qualitativa realizada por Ibsen:

a peça de tese reintroduziu sub-repticiamente o autor sob as vestes do *raisonneur*, pessoa incumbida de ter sempre razão ou de explicar as razões da peça, criação essencialmente híbrida, inautêntica, porque não passava de um servil emissário do autor. Ibsen solucionou o impasse permitindo simplesmente que as personagens compreendessem e discutissem com lucidez os próprios problemas [...] Nora e Ellmer, na última cena de *Casa de Bonecas*, confrontam as suas respectivas versões sobre o que sucedera; comentam-se mutuamente e, é desse confronto que nós, espectadores, acabamos por tirar as nossas conclusões. Estava criada a peça de idéias, porta larga por onde passaram e continuam a passar inúmeros autores, desde Bernard Shaw até Jean-Paul Sartre[28].

Ibsen, a partir da segunda fase de seu trabalho, conseguiu dispensar aqueles recursos[29]. Mais especialmente na fase das peças realistas fez com que o próprio encadeamento das falas fosse desenrolando a trama com todas as suas intenções explícitas ou implícitas. Tudo passa a estar contido nos diálogos, ou melhor, na ação dramática que pode incluir também o silêncio. Ele mesmo declara sua satisfação ao ver que já não usava mais tais recursos estilísticos. Em uma carta a Jorge Brandes, crítico literário e seu amigo, ele responde a uma crítica à peça *Os Pretendentes da Coroa*,

você tem razão quanto às reclamações sobre as réplicas insuficientemente trabalhadas, onde é o autor quem fala [...] Espero com ansiedade seu julgamento sobre minha nova obra[30]. Ela foi escrita em prosa; por conseqüência ela é fortemente carregada de realismo. Cuidei de sua forma e fiz um enorme esforço para evitar qualquer monólogo ou qualquer réplica à parte[31].

Sua primeira incursão bem-sucedida no terreno do realismo foi com *Pilares da Sociedade*. Mas ela ainda conserva algumas das características das peças de intriga: um enredo muito complicado, cheio de reviravoltas, uma crítica irônica e simplificada dos poderes que susten-

---

28. Idem, p. 95.
29. Os recursos são apenas os três primeiros apontados por Décio de Almeida Prado. O *raisonneur* nunca esteve presente nas obras de Ibsen.
30. A peça mencionada é *A Liga da Juventude*, escrita em 1869.
31. M. Rémusat, op. cit., p. 83.

tam uma comunidade, chegando a um postulado final que mostra seu didatismo: "a verdade e a liberdade é que são os pilares da sociedade".

Mas a partir de *Casa de Bonecas*, apesar de manter a estrutura básica da peça de intriga, Ibsen introduz situações e imagens que perturbam ou emocionam o espectador, levando-o a níveis mais profundos de significação. É o caso da tarantela dançada desesperadamente por Nora. É nesse momento que se concentra todo o tormento que essa mulher vinha passando nos últimos três dias. Há também uma evasão da atitude naturalista quando imagens são apenas sugeridas, tal como o celeiro de *O Pato Selvagem*, que guarda animais silvestres e muitas quinquilharias. Lá acontecem vivências emocionais muito significativas para cada membro da família. Mas o celeiro é apenas vislumbrado pelo público o que não o impede de acompanhar e se emocionar com todas as vivências ouvidas, descritas ou pressentidas. Ali, cada um vai usar sua fantasia a seu modo, revelando ao espectador os traços mais sutis de seu caráter.

A grande mudança em relação às peças-bem-construídas é que não se trata mais de justapor ou concatenar fatos para tornar a intriga atrativa; trata-se de revelar formas de relacionamento que subjazem às ações executadas, permitindo ao público fazer parte da atmosfera que se respira naquela família, mesmo que não consiga colocar isso em palavras.

Outra nuance que diferencia o drama ibseniano é que ele, por mais realista que seja, nunca é apenas uma denúncia de um problema social. Há sempre uma outra forma de olhar, colocada em um outro plano da realidade. Se o assunto é a falta de liberdade das pessoas massacradas pelas convenções sociais, o autor vai criar situações em que somos levados a ver "o outro lado" da questão, ou a dimensão maior em que ela se insere.

Tomando este exemplo da liberdade, veremos como ele cria personagens falsamente liberais – como o cônsul Bernick, de *Os Pilares da Sociedade*, Helmer, o marido de Nora, da *Casa de Bonecas,* ou o pastor Manders, de *Os Espectros* – que defendem aquele valor, mas não percebem a violência que exercem contra a dignidade de seus familiares. Eles foram condicionados pela hipocrisia social e ditam normas de conduta, socialmente aceitas, que ceifam anseios genuínos de suas companheiras. Por meio de diálogos que não abordam diretamente a questão, fica claro que eles são muito menos livres do que suas reprimidas esposas que, a partir de um determinado momento, percebem a sua alienação. Para o autor, a denúncia da hipocrisia dominante não é um fim em si mesma, é um veículo para falar da liberdade pessoal como condição para se fazer escolhas verdadeiras.

Nos dramas íntimos da última fase, Ibsen, sem qualquer preocupação de verossimilhança, introduz personagens subjetivos. É o caso da mulher dos ratos em *O Pequeno Eyolf,* que entra na casa da criança para levar consigo os bichos que incomodam. Esta figura, extraída do folclore, surge na vida dos pais da criança, encarnando o desejo de se livrar do pequeno aleijado. Com isso o autor instaura um clima de mágico fatalismo sem deixar de perscrutar, em profundidade, os tormentos psíquicos dos personagens. Não se pode chamar tal estilo de simbolista nem de realista. É, antes, o resultado de uma longa trajetória do artista na sua relação com o material dramático; é o momento da liberdade de estruturá-lo da forma que melhor lhe convém para transmitir uma experiência significativa.

No final de sua obra, especialmente em *Quando Nós Mortos Despertarmos*, não há quase mais nada das convenções teatrais das peças de intriga. A sucessão de acontecimentos bem encadeados e de personagens bem definidos, que antes era o fundamental, dá lugar a um drama quase sem ação e sem personagens individualizados. A ação se passa mais na mente dos seres do que nos fatos que eles provocam; e esses seres não são pessoas reais do mundo cotidiano, mas símbolos da visão poética do autor.

A POESIA NA OBRA DE IBSEN

Ibsen é, antes de tudo, poeta. Com ou sem versos, suas obras contêm a poética do autor na sua busca árdua em fazer de cada peça uma experiência sensível e racional. No começo de sua trajetória há uma grandeza nos gestos de heróis quase míticos, há o traçado delicado dos personagens mágicos e folclóricos de sua imaginação, ou a intensidade de caráter de figuras históricas. Na sua fase mais próxima do realismo, o sentimento poético nos chega através da própria ação dramática.

As primeiras peças de sua carreira se passavam em tempos remotos da história da Noruega, eram grandiosas e românticas na medida em que seus personagens viviam emoções e situações idealizadas. Outras se baseavam nos cantos populares da Noruega, uma vez que Ibsen se encantava com essa poesia, considerando-a uma fonte que podia alimentar o teatro[32]. Era um entusiasta do passado escandinavo, especialmente seu lado pagão, por isso construiu peças em versos, com personagens e eventos lendários e épicos. Com tom elevado e, muitas vezes, nostálgico, ele cantou a grandeza de espírito dos heróis da história de seu país, grandeza que ele acreditava faltar aos homens de seu tempo. A primeira foi *Catilina,* cuja primeira fala já dá a dimensão de seu idealismo exaltado e do chamado inapelável da vocação: "Devo fazê-lo, devo fazê-lo! Assim me ordena uma voz do fundo de minha alma, e eu a obedecerei! Tenho força e ousadia para realizar algo su-

---

32. Ibsen chegou mesmo a publicar um tratado sobre este assunto em 1857 intitulado *Do Canto Heróico e de sua Importância para a Poesia*, citado por August Ehrhard, em seu livro *Henrik Ibsen et le Théatre Contemporain.*

perior, algo que esteja acima desta vida [...] Não é medo o que sinto. O fim que me proponho é o impossível!"[33].

A peça seguinte, *Túmulo do Guerreiro*, fala de Branca, uma moça presa no tempo e no espaço que é libertada por um príncipe guerreiro. Branca é a própria sensibilidade poética do autor que vê o mundo "com o olhar da alma"; é com essa que ela pergunta: "Será que os humanos necessitam ver e ouvir tudo com seus sentidos externos? Não tem a alma ouvidos para escutar e ver o que está distante?"[34].

Na peça *A Noite de São João*, de 1853, Ibsen introduz a figura do duende, Nixo, como a criatura de um mundo mais antigo que o dos personagens que mentem e se enganam. Nixo coloca uma seiva de ervas no ponche para que as pessoas não olhem as aparências, mas sim "a força interior que governa o foro íntimo da alma"[35].

Em *Madame Inger de Ostraat,* de 1855, ele mostra, ainda mais claramente, o quanto valorizava o antigo, o que vinha dos tempos heróicos. Desta época vem o ditado, "só o cavalheiro é homem"; foi um tempo de grandeza que se foi, restando apenas "um elmo vazio, uma espada cega, um escudo sem punho..."[36].

É por este espírito exaltado, por este sentimento poético, em busca de tempos quase míticos e de momentos "verdadeiros", que esta primeira fase da obra de Ibsen foi considerada romântica. A transição para um outro momento de sua trajetória deu-se com *Os Pretendentes à Coroa,* peça ainda histórica, na medida em que evoca a Noruega do século XIII, mas explorando mais o perfil psicológico dos dois reis que disputam o reinado, sendo vencedor aquele que tem a vontade forte de um rei, aquele que acredita e é fiel ao chamado do destino dentro de si mesmo.

Mas é com *Peer Gynt* que a poesia chega a seu ápice. Ibsen sabia disso e não admitia contestação:

> É preciso que a idéia de poesia, tal como existe na Noruega, se dobre à forma deste livro. Nada é imutável no domínio da Idéia. [...] *Peer Gynt* é a antítese de *Brand*. Muitos o consideram como meu melhor trabalho. Ele foi escrito sem preocupação com a forma; seu tom é selvagem. Foi preciso que eu fosse para longe de meu país para ousar fazê-lo tal como o fiz[37].

São inúmeros os exemplos de passagens poéticas que podem ser levantadas desta obra sem par na história da dramaturgia mundial. A mais conhecida é a cena em que Peer embala a mãe em seu leito de morte, com as mesmas fantasias que ela o havia embalado na

33. *Teatro Completo*, p. 145.
34. Idem p. 194.
35. Idem, p. 222.
36. Idem, p. 255.
37. M. Rémusat, op. cit., p. 59 e 142.

infância. Ele monta em sua pequena cama, como num trenó, e saem "viajando" pelas montanhas até chegar no palácio de Soria-Moria.

> Peer: [...] no palácio de Soria-Moria onde o rei e o príncipe celebram uma festa. Descanse que eu te levarei até lá através dos campos desertos.
> Aase: Mas querido Peer, eu fui convidada?
> Peer: Sim, fomos os dois convidados. Vamos cavalo, vamos! [...] Agora estamos cruzando um fiord.
> Aase: Tenho medo! Que zumbido é este que suspira de maneira tão forte e tão estranha?
> Peer: São os abetos, mãe, que sussurram na planície! Fique tranqüila.
> Aase: Alguma coisa está brilhando e cintilando lá longe. De onde vem essa luz?
> Peer: Das portas e janelas do palácio. Está havendo um baile. Podes ouvir?
> Aase: Sim.
> Peer: São Pedro está do lado de fora e te convida a entrar para tomar o seu vinho mais doce...

Quando eles finalmente "chegam", Peer olha para trás e vê que ela acabara de morrer docemente. Ele a encomenda para a vizinha e parte para o exterior em busca de poder e aventuras temerárias. Mas quem presenciou esta cena viu a poesia sutil de sua alma e tende a compreender a redenção final que ele consegue no abraço de Solveig. Peer Gynt é um poeta redimido por sua força poética.

Somente no último ato ele volta à Noruega para se defrontar com a sua realidade pessoal; para encontrar-se consigo mesmo. Nesse momento, surge uma série de personagens fantásticos, cada um poeticamente construído para se contrapor e iluminar a busca cega de Peer pelo seu "eu gynteano"; eles vão direto ao ponto com frases tais como: "estou à procura do lugar onde nascem os sonhos", dita pelo "estranho passageiro" do navio; ou a frase do fundidor de botões que ameaça com graça e beleza destruir sua preciosa identidade: "Assim, amigo, você tem que ser fundido de novo. É um costume tão antigo quanto a invenção da serpente e continuamos com ele para evitar o desperdício; é o que fazemos com os botões que nascem com defeito".

Imperador e Galileu, ainda que não escrita em versos, tem a poesia apaixonada de um imperador que sonha com um novo destino para a humanidade. A nova religião buscada por Juliano destina-se a ressuscitar a beleza antiga, alegre e luminosa dos deuses pagãos que se opõem à crueza escura e triste dos santos cristãos. Este rei é um poeta sonhador e joga com as idéias filosóficas como se fossem a matéria do seu sonho místico. Máximo, seu mestre lhe diz: "o reino do grande mistério tem suas raízes abaixo do Édem e do Gólgota".

Depois de *Peer Gynt*, Ibsen abandona o verso e o passado, voltando-se para o presente. Ao decidir-se definitivamente pela prosa, ele estava vendo o que o mundo precisava naquele momento e no futuro: "passei a olhar o verso como errado [...] o verso tem sido prejudicial à arte dramática. É improvável que o verso seja empregado no drama do futuro; os objetivos do dramaturgo do futuro são, certamente, incompatíveis com ele"[38].

Mas se ele abandona o verso, não abandona a poesia. Ibsen não desiste de procurar "o local onde nascem os sonhos". Vai continuar buscando a verdade interior do ser humano com uma nova intensidade, não só pela estrutura coesa das peças de maturidade, como também por sua capacidade de transformar situações cotidianas em metáforas e símbolos de algo significativo que transcende a situação vivida.

A poesia vai brotar da própria ação dramática. Não é mais o discurso ou a palavra cuidadosamente escolhida que é responsável pela beleza da obra, mas as soluções cênicas, as atitudes dos personagens frente às situações e adversidades que a vida lhes propõe. Há uma fala especialmente bela, pelo momento em que é proferida, que é a da Sra. Alvin em *Os Espectros,* quando vê que tudo se repete e percebe a inutilidade de todos os seus cuidados para poupar o filho, e a si mesma, da devassidão do pai:

> Quando vi Regina e Oswald ali na saleta me pareceu ver espectros diante de mim. No fundo creio que somos todos espectros, pastor Manders. Não herdamos de nossos pais só o sangue de nossas veias, herdamos também todo tipo de idéias e crenças decadentes. Não estão vivas em nós, mas existem e não podemos nos livrar delas. Até quando leio um jornal vejo surgir espectros por entre as linhas. Imagino que povoam todo o país e deve haver tantos quantos são os grãos de areia! E todos nós temos um medo miserável da luz![39].

A poesia desta peça é a sua ação dramática. É a própria luta entre a luz e as sombras que se passa no interior da alma de uma mulher. Essa fala da Sra. Alvin é especialmente tocante por ser o coroamento de uma seqüência de outras falas igualmente plenas de sentimento e de luta interna. Ibsen trabalha sua poesia da maneira como, anos mais tarde, Jean Cocteau iria declarar sobre seu modo de trabalhar: "a ação de minha peça é em imagens [...] tento substituir a poesia 'no teatro' pela poesia 'do teatro'. [...] As cenas estão integradas como as palavras de um poema"[40].

A partir de *Os Espectros,* Ibsen chegou a mais completa harmonia entre intenção e forma. Seu estilo de abordagem dos problemas sociais, considerado por muitos como tipicamente naturalista, se mescla com um estilo reservado, aquele que não aborda diretamente os motivos e os anseios humanos que determinariam seus comportamentos. Há dimensões da realidade muito maiores do que as passíveis de observação, nas atitudes dos personagens. Essas dimensões nos são sugeridas por frases que vêm de uma outra ordem de sensibilidade, a

---

38. R. Gilman, *The Making of Modern Drama*, p. 62.
39. *Teatro Completo*, p. 1332.
40. Citado por F. Fergusson, *Evolução e Sentido do Teatro*, p. 163.

ordem da poesia, como a fala final de Oswald, morrendo ao lado da mãe: "Mãe, me dê o Sol!". Ou a candura da fala de Edvige, tentando explicar o imenso amor que tem por um estranho pato selvagem: "e, além disso, dá-se uma coisa extraordinária com o pato selvagem: ninguém conhece ele e ninguém sabe de onde ele veio" (terceiro ato de *O Pato Selvagem*).

Há também situações fantásticas que irrompem no mundo aparentemente cotidiano e banal de um acomodado médico de província ou de um velho construtor quase aposentado. Um novo clima se estabelece no ambiente, levando o espectador a uma nova fruição estética, dá uma resposta imediata ao convite do autor para que se deixe surpreender pelos elementos de quase magia da cena. É o caso do repentino medo, aparentemente irreal, de Éllida, a *Dama do Mar*. Ela instaura um clima de tensão ao contar ao marido suas alucinações com os olhos de um marinheiro em quem teria colocado todas as suas fantasias juvenis sobre a força oculta do oceano, ou de seu desejo oceânico: "quando esse terror se apoderou de mim eu vi Johnston vivo na minha frente. Ele nunca me olha. Está presente e é tudo. [...] Como você explica aquele mistério, o mistério dos olhos da criança? Você nunca chegou a ver os olhos da criança mudarem de cor segundo as variações do fiord! Ah, eu vi o que você não podia ver" (segundo ato de *A Dama do Mar*).

Em *Solness, o Construtor* há também uma aparição quase mágica. De forma enigmática e intempestiva, uma jovem transbordante de vitalidade chega na casa do construtor que tem medo da juventude. Imediatamente somos levados a crer que tudo pode acontecer. Não há qualquer frase que cause suspense ou encantamento, no entanto, o público, juntamente com Solness, vai sentir todo o encanto que esta moça vai usar para envolvê-lo, vai viver o suspense sobre o desfecho trágico dos atos que o velho construtor se vê induzido a praticar. Essas sensações são vividas exclusivamente através dos diálogos plenos de intensidade dramática. Essa é a poesia impregnada por toda a obra de Ibsen.

SUBTEXTO E ABERTURA PARA O INDETERMINADO

Recusando-se a reproduzir a vulgaridade da vida comum, como faziam as *pièces bien faites*, e negando-se, igualmente, a embelezá-las idealmente, como faziam os românticos, Ibsen encontrou uma terceira via. Não abdicou do seu desejo de transcendência, mas ao invés de buscá-lo nas abstrações do idealismo – como fez na primeira fase de sua obra – ele penetrou nas frestas do realismo, na abertura deixada por uma frase não conclusiva ou por um comportamento ambíguo.

O diálogo de suas peças era, ao mesmo tempo, rico e econômico. Em termos cênicos uma fala bem colocada podia fazer avançar a ação, revelar o personagem, sugerir uma atmosfera, ou explorar uma idéia. É o que acontece em *A Dama do Mar* quando Éllida, na sua primeira entrada em cena, responde ao marido, que lhe pergunta se a água do mar estava fria: "Fria? Nem um pouco! Ela nunca é fria aqui. É sempre morna e parada. Hah, a água dos fiordes é uma água doente"[41]. Nesta peça não há explicação racional para a permanente insatisfação da Dama do Mar e esta fala, que realmente sugere o estado de espírito de Éllida, desencadeia um clima geral de constrangimento, que vai durar toda a cena, além de mostrar a relação difícil entre os cônjuges.

A indeterminação, a abertura para o inexplicável, era intencional, era um "método escolhido" pelo autor. Em uma carta dirigida a um professor alemão ele faz absoluta questão que não chamem de marinheiro o personagem misterioso (que povoa o imaginário de Éllida) denominado pelo autor de *o estrangeiro*. Ibsen insiste que mesmo que se tenha mencionado, durante a peça, que tal figura trabalhava no mar, na cena final "ele aparece vestido como um turista, não como um homem que trabalha. Ninguém deve saber o que ele é, tampouco quem ele é, ou como ele se chama. Esta incertitude é, justamente, o ponto crucial do método escolhido por mim para esta ocasião"[42].

Um dos pontos que marcou o estilo de Ibsen foi a confrontação de personagens em uma situação limite, o que resulta em um relacionamento intenso e penetrante. Dele geralmente emerge um indivíduo novo, na medida em que desenvolve um novo olhar sobre si mesmo como um ser em relação com outro. Se este outro tiver sido um bom interlocutor, se lhe permitir tomar distanciamento de si mesmo, este indivíduo será capaz de se ver em sua necessidade de alteridade, de tomar consciência de seus medos ao invés de se deixar levar por eles. É o que atesta Éllida ao concluir uma perturbadora conversa com seu marido: "Nada me ameaça do exterior. O pavor, Wangel, vem de outro lugar. Ele tem uma origem mais profunda. O que há de mais apavorante nesta força que me atrai é que ela vem de mim mesma. Nada podes contra isso!"[43].

Todo discurso e ação tinham atrás de si outros rudimentos de discursos e de pequenas ações que fazem parte da "psicologia" do personagem – da sua subjetividade – da concepção que o autor tem dele. Isto era um convite à imaginação criativa do intérprete, um mundo vivo e pleno de ações que corria paralelo a cada uma das frases da peça. Elas podem jogar luz sobre o que o personagem fala e, ao mesmo tempo, sugerir o que ele não ousou falar. Esta densidade enriquece tremendamente o drama moderno, ela deixa entrever *o subtexto* das réplicas e das ações cênicas, o mais precioso instrumento de criação para o ator.

---

41. *Seis Dramas*, p. 411.
42. *Speeches and New Letters*, p. 112.
43. *Seis Dramas*, p. 462.

IBSEN E O NOVO DRAMA 69

Ibsen colocou o diálogo realista em um novo padrão pelo uso que fez do subtexto. Em sua carpintaria teatral havia um texto explícito, mas por meio dele, um texto sub-reptício que o dotava de outros possíveis significados. Para tanto, era necessária uma nova interpretação do ator que também estava se transformando naquele momento, como veremos mais adiante.

As palavras usadas em todas as suas peças, mais especialmente naquelas que situamos na quarta fase, não têm apenas um significado e não remetem a apenas uma situação determinante. Na linguagem poética, e Ibsen era um poeta, a palavra é imagem, e imagem que se multiplica no psiquismo do público, porque lhe dá permissão de criar outras tantas. Isto deixa claro que ele foi muito além da proposta básica do naturalismo, isto é, observar uma situação e detectar suas possíveis causas sociais, econômicas ou biológicas. Ele nunca se ocupou em entender o porquê de certos comportamentos; seu trabalho é o de um mergulhador que vai jogando luz nos seres que tem à sua frente, em seus movimentos e posturas. Mas faz isso com tal intuição que, por vezes, ilumina seus motivos, suas dúvidas e seus vazios.

Um exemplo é *Hedda Gabler,* na famosa cena em que ela queima o único manuscrito da obra de Lovborg, no final do terceiro ato. Ibsen já havia mostrado que ela não amava o marido e que havia tido um "caso" com Lovborg no passado. Este, agora estava sendo apoiado por Thea na confecção do trabalho. Logo, Hedda fez isto somente por ciúmes. Esta é a conclusão mais rápida e lógica. Mas o autor vai além dessa causalidade primária, ele já vinha mostrando, por meio de comentários passageiros e requintes de malícia, que Hedda não conhece outra alegria senão o jogo de poder mesclado de crueldade. É uma pessoa incapaz de criar ou trocar, seja o que for, com os outros. Há algo de inexplicável, de impalpável, no comportamento desta mulher, nesta maneira, só sua, de lidar com a vida. Ela joga no fogo a obra de Lovborg seja por inveja, por impotência, por desprezo ou por ódio, da mesma forma como terminou com a sua própria vida.

Diante de tal variedade de enfoques pode-se dizer que isto que muitos chamaram de "o naturalismo de Ibsen" era a fachada de um interior rico em possibilidades de significação e de conteúdos imponderáveis, ou mesmo mágicos. Esta abertura para o que não é explícito acontece através da estrutura da cena. Mais do que nunca forma e significado se identificam. A própria estrutura da cena contém o não-dito, as elisões, as condensações, a idéia por trás da idéia; isto significa a possibilidade de criar muitos subtextos.

Ibsen sente que algo lhe escapa, quando quer falar das "revoluções que acontecem no espírito humano", e decide não falar mas insinuar ou deixar em aberto para que o espectador complete com sua própria fala interior. Essa foi a grande inovação do seu drama, que

70 IBSEN E O NOVO SUJEITO DA MODERNIDADE

ele certamente não inventou sozinho, pois uma nova subjetividade permeava as artes e a cultura daquele fim de século[44].

Segundo a classificação proposta no início deste capítulo, foi *O Pato Selvagem* que marcou a passagem para a quarta fase da trajetória de Ibsen, a das peças de intimidade, onde ele concebe uma nova maneira de abordar o lado mais sutil da realidade. A presença do animal ferido não tem explicação direta para nenhum dos comportamentos apresentados pelos personagens e, no entanto, ele representa as diferentes fragilidades de cada um deles.

Depois de *O Pato Selvagem* o drama vai se tornar ainda mais impermeável ao princípio da causalidade. Ele vai acontecer, cada vez mais, dentro da mente dos personagens. Ibsen vai falar da felicidade impossível de Rebeca e Rosmer, por motivos tão íntimos e complexos que não podem ser verbalizados; Éllida, *A Dama do Mar*, vai resolver o impasse de seus sentimentos contraditórios na presença do marido, mas decide sozinha com seus medos, como acomodar, em sua psique, o fantasma de seu passado; *Hedda Gabler* mata-se em cena, depois de criar e destruir um mundo de fantasias de poder, surpreendendo a todos que não podem imaginar o que está se passando em sua mente; *Solness, O Construtor* precipita-se para a morte por um medo que não conseguiu partilhar com ninguém. É, mais que nunca, no interior da psique dos protagonistas que se passa o drama familiar de *O Pequeno Eyolf*, a tragédia do não-dito[45], e *John Gabriel Borkman*, "o lobo solitário" que passa a peça inteira andando, em círculos, isolado, em seu quarto atormentando-se com seus sonhos de grandeza e, finalmente, com Rubek, de *Quando Nós Mortos Despertarmos*, que não consegue estabelecer uma relação pessoal com ninguém, a não ser no momento de desistir da vida.

O EFEITO DESORGANIZADOR DE SUAS PEÇAS

Grande parte dos personagens não apresenta uma resolução e uma definição precisa de seu caráter. Eles não têm apenas uma dimensão ou uma intenção, mas muitas; por isso, torna-se impossível julgar seus comportamentos como certos ou errados, porque o parâmetro não é o das regras socialmente estabelecidas e aceitas, mas justamente o contrário, da possibilidade de contestá-las e do indivíduo perceber e afirmar sua vontade pessoal.

Mesmo em tipos bem delineados e rígidos como *Brand,* é difícil determinar se ele era um herói – que arrisca tudo para servir ao seu

---

44. Tchékhov foi o mestre da ação interior e, certamente, não por obra de Ibsen, apesar de ter ficado famoso uma década mais tarde que Ibsen. No próximo capítulo será abordada especificamente esta sincronia de subjetividades nas diversas artes.

45. Voltaremos a falar com mais detalhes desta e de outras peças no capítulo que trata do "novo sujeito" na obra de Ibsen.

Deus – ou um vilão – que deixa morrer seu filho e sua mulher para servir loucamente a um ideal. Em *Casa de Bonecas* é tão inevitável quanto inútil a pergunta: afinal Nora, a boneca que abandona o lar, é uma esposa extremosa, por ter se arriscado para salvar a vida do marido, ou uma leviana que falsifica assinaturas de forma inescrupulosa? Estas perguntas ficam sem resposta, porque os personagens são maiores do que qualquer conceituação. Ibsen não busca um julgamento moral, suas indagações referem-se à possibilidade (ou, muitas vezes, à impossibilidade) de um indivíduo construir seu próprio destino.

Suas peças são freqüentemente chamadas de "dramas de idéias", e autores como Bernard Shaw lhe atribuem a criação deste gênero[46]. Sua inovação foi a de desenvolver amplamente o conflito de idéias, tornando-o agudamente crítico e não mais reformatório como se vinha fazendo até então. Ao dar mais importância para o questionamento de valores e idéias do que para o enredo, ele estava enfatizando a grande característica e especificidade do teatro, ou seja, o conflito.

O conflito em teatro sempre existiu, mas em Ibsen ele se torna menos óbvio, com menor definição e, por isso, mais polêmico. Nunca houve tanta discussão dentro e fora do palco sobre os valores básicos da cultura como casamento, papéis sociais, desejos pessoais, os limites da verdade, o ético e o estético como balizadores de atitudes e muitos outros. As últimas décadas do século XIX constituíram um momento de grande ebulição artística e cultural, generalizando-se o hábito da discussão, porém podemos encontrar explicações para estas polêmicas na própria estrutura dramática das peças de Ibsen.

Essas infindáveis discussões nos cafés e nas salas de visita da época foram instigadas pelo efeito desorganizador de suas peças, da forma como os acontecimentos se sucedem, fazendo o público organizar seus juízos em uma determinada direção e, ao mesmo tempo, focando a situação do ponto de vista das motivações mais genuínas do personagem. Além dos casos de Nora e Brand, já citados, podemos lembrar também de *John Gabriel Borkman*. Ele deu desfalque, foi preso, traiu a mulher que amava; tudo isso nos leva a considerá-lo um perigoso "mau caráter". No entanto, a paixão pelo seu sonho de construir um império, e dar trabalho digno para milhares de pessoas, torna impossível não admirar a obstinação e a grandeza desse homem. Personagens como Catilina, Solness e Rubek nos despertam sentimentos contraditórios semelhantes.

Há também reviravoltas na atitude dos caracteres que levam a uma reversão de julgamento do público pela tomada de consciência de outros fatores implicados na ação. Isto acontece, ainda que

---

46. Certamente houve outros antes dele como Friedrich Hebbel que, em 1844, na já mencionada Maria Magdalena, colocava a ênfase não no entrecho, mas no conflito entre velhas e novas idéias.

de forma um pouco didática, em *Os Pilares da Sociedade* onde o cônsul Bernick é o cidadão mais respeitado da cidade e, justamente quando todos os atos que ele vinha praticando são aclamados em praça pública, o espectador se depara com um outro cônsul, devastado pelo arrependimento das ações criminosas de que é acusado por sua cunhada. Retrata-se no final e não ficamos sabendo como os cidadãos vão reagir no dia seguinte. A platéia do teatro tem que reorganizar seus valores e seu modo de julgar, podendo aceitar ou repudiar a retratação do líder.

Tais reviravoltas acontecem também em *Casa de Bonecas*, quando a encantadora "cotovia", esposa e mãe exemplar, torna-se uma mulher fria e decidida que abandona marido e filhos; em *Um Inimigo do Povo*, onde o médico mais considerado da cidade passa a ser agredido por todo o seu povo ao querer divulgar o estado de poluição em que se encontravam as nascentes.

Este efeito desorganizador dos juízos do público obriga-o a repensar os conceitos que havia formado até aquele momento da peça e o torna, eventualmente, capaz de reconstruí-los em novas bases. É a técnica da discussão explorada em vários campos: no conteúdo das falas, na própria estrutura da peça e, conseqüentemente, na maneira de representá-las.

O "DRAMA PSICOLÓGICO"

A classificação das peças de Ibsen na categoria de "drama psicológico" é certamente uma visão limitadora da complexidade de sua obra. Ela é tão psicológica, quanto filosófica, política, etc. O termo "psicológico" foi usado para caracterizar as transformações decorrentes do novo drama realista. Como já vimos, anteriormente, as peças da Escola do Bom Senso retratavam o mundo burguês tal como ele era, ou queria ser, com seus valores rigidamente estabelecidos. Isto correspondia a uma interpretação igualmente rígida e unívoca.

Ibsen quebra esta postura ao introduzir o fator imponderável. Cria personagens com um novo tipo de angústia que não pode se expressar por ações lineares com causas e conseqüências claras. Isto pressupõe uma psique, uma zona não revelada das motivações humanas, uma densidade da intenção que não pode ser expressa em simples gestos ou palavras.

O realismo moderno, a partir de Ibsen, implica um drama com várias camadas de significação. O desempenho do ator busca muito mais do que realizar uma exposição, ou uma representação, dos acontecimentos do mundo, ele se propõe a expor os movimentos do psiquismo humano nos seus embates com os fatos da vida. E isto vai resultar, naturalmente, em uma nova forma de representação que é, na verdade, uma "presentação", porque o ator oferece a sua presença real, sua própria pessoa, com sua interioridade, vivendo um personagem.

Não se pode negar que é no mundo interior, que podemos chamar de mente, alma, ou psique, que acontece grande parte do conflito dramático. Naquele momento o ser humano começava a perceber que o mundo interno é igualmente intrincado e múltiplo como é o externo. Porém seus acontecimentos não são regidos pelas mesmas leis e percursos. O drama moderno vai criar novas fórmulas para percorrer estes novos meandros.

Enquanto Ibsen, no final do século XIX, escrevia as peças de sua última fase, Freud avançava do estudo da histeria para o estudo do inconsciente, por meio da interpretação dos sonhos. Sua mais interessante descoberta é que, nesta dimensão do humano, nada é linear ou causal. Os acontecimentos do sonho, assim como os do inconsciente, podem ser fruto de diversos fatores como: a condensação de vários significados em uma única imagem; o deslocamento de um conteúdo para outra imagem cujo significado é menos ameaçador para o Ego; a repressão deste acontecimento que pode ou não voltar à tona depois de muito tempo.

É neste sentido que o drama de Ibsen é psicológico. Ele deixa vir à tona "os espectros", os conteúdos rechaçados para fora do campo da consciência que voltam através de outros mediadores. A peça *Os Espectros* oferece um exemplo concreto desta situação: o filho, que foi afastado da família para não entrar em contato com o comportamento devasso do pai, volta ao lar, após a morte deste, e apresenta todos as distorções mórbidas e comportamentais "herdadas" de seu pai. É o retorno do reprimido.

Toda a obra de Ibsen é povoada por personagens atormentados por algo que os faz rever sua postura de vida, a reencontrar-se com o passado que tentaram negar. Muitas vezes esse "algo" tem a forma de duendes ou *trolls*, que se apossam, literalmente, de Peer Gynt ou, misteriosamente, de Éllida, *A Dama do Mar*. São as pulsões ou forças inconscientes, apontadas mais tarde por Freud, que provocam comportamentos nem sempre desejados pelo sujeito. A idéia da existência de fatores alheios à consciência, fundamentada pela teoria freudiana no início do século XX, já começava a fazer parte da subjetividade dos cidadãos daquele final de século.

Ibsen intuiu com grande clareza a idéia de forças inconscientes. Em *Solness, o Construtor*, elas são perfeitamente explicitadas:

> Há feitiçarias em nós e é preciso prestar-se a elas, quer se queira, quer não... é preciso! Oh, Hilda, há pelo mundo uma tal quantidade de demônios que não vemos! Alguns bons, outros maus. Demônios de cabelos louros, demônios de cabelos pretos. Se pelo menos a gente soubesse de que demônios depende, então seria fácil entender-se com eles.

Hilda responde, ensaiando sua crença na vontade consciente: "ou se tivéssemos uma consciência sã e forte. Se ousássemos tudo o que

74 IBSEN E O NOVO SUJEITO DA MODERNIDADE

queremos...". Mas Solness sabe que o seu tormento é o tormento e a impotência da condição humana: "Eu creio que, sob esse ponto de vista, a maioria das pessoas é tão inválida quanto eu!"[47].

Este mergulho de Ibsen no mundo das potências interiores é gradativo. Nas peças da fase realista sua preocupação era que as pessoas fossem fiéis aos seus desejos, aos apelos interiores de seu ser consciente. É o caso de Nora, que seguiu finalmente esses apelos e deixou o lar para encontrar-se consigo mesma. O tema se repete, de forma negativa, com a Sra. Alvin, que não deixou o lar quando sentiu o desejo e pagou este erro com a vida do filho. Ela teve consciência do que queria e não se permitiu realizar isso.

Porém, conforme caminhamos para as peças da última fase, encontramos personagens que não têm absolutamente consciência do que realmente querem. Entre eles estão Hjalmar Ekdal, um simples fotógrafo que se imaginava um grande inventor, e seu pai que acreditava que o sótão, com todos os seus animais de caça, tornava presente o poder da floresta. O espectador pode apreender todas as frustrações que os levaram a este mundo de fantasia, mas eles mesmos não podem tomar consciência de seu fracasso, e seu desejo verdadeiro permanecerá oculto para eles próprios.

Em sua última peça, *Quando Nós Mortos Despertarmos*, já não podemos mais falar em personagens com dissociações deste tipo. Eles são seres abstratos, não mais psicológicos porque sua psique não tem uma lógica. São estados de alma que tomaram corpo. O autor penetra fundo no mundo interior e cria tipos como Rubek e Irene que encarnam o medo de amar, a vaidade, o despeito e o vazio. Eles se relacionam, mas não se encontram, não pode haver encontro porque estão mortos. Eles existem enquanto representação daquilo que mataram dentro deles.

Podemos dizer que os dramas de Ibsen são, entre outras coisas, psicológicos na medida em que trabalham com a introspecção. Mas isto não serve para classificar sua obra da mesma forma como, na era pós-Freud, chamou-se de psicológico o teatro de Tenessee Williams ou Eugene O' Neill. Mas, sem dúvida, Ibsen concebia seus temas a partir de sua própria experiência interior, única e subjetiva. E afirmava: "Minha criação poética é o resultado de meus estados de espírito e de minhas crises morais. Nunca escrevi algo porque, como se diz, encontrei um bom assunto"[48].

SIGNIFICADOS E SENTIDOS

O que percebemos na trajetória de Ibsen é que, à medida que ele avança, suas peças vão se tornando mais densas em possibilidades de

47. *Seis Dramas*, p. 542.
48. M. Rémusat, op. cit., p. 106.

significação. Em *Solness, o Construtor* os personagens são delineados de maneira realista, mas por serem mediadores das intuições do autor e condensando em seu comportamento desejos diversos e conflitantes, eles não se comportam como seres unidimensionais, capazes de se pautar pela lógica e pelo bom senso. Hilda Wangel é tanto diabólica como deliciosamente sonhadora. Solness é, ao mesmo tempo, covarde, invejoso e audacioso para enfrentar seus medos. A demanda de Hilda para que ele suba em sua torre é cruel, mas é desejável, vai salvá-lo e condená-lo a um só tempo.

Não há mais a oposição de forças bem delimitadas das primeiras obras, mas a imbricação de desejos e comportamentos muitas vezes contraditórios entre si. A partir desta peça, Ibsen vai dar menos importância à composição de uma história linear do que à sua necessidade de se expressar liricamente. Pela primeira vez o autor não "volta" ao passado para explicar o estado de espírito de Solness. Ele não quer mais buscar as possíveis "causas" de seus comportamentos, está mais interessado no "sentido" dos medos que o paralisam. Ibsen sabe que só por meio da poesia é possível chegar ao âmago do humano e tudo que é humano, é pleno de intenções, significações e sentidos.

A sua dramaturgia, como que acompanhando o *pathos* de uma nova era – em que o reducionismo do pensamento positivista começa a repartir o espaço com a percepção da complexidade – propõe ao espectador várias possibilidades de formação de significado. Seu trabalho acontece de dentro para fora, ele cria a partir dos movimentos de seu espírito e, por isso, não pode concebê-los apenas através de uma linguagem discursiva. Para deixar espaço para o não discursivo ele nunca é conclusivo sobre a motivação de comportamentos de seus personagens.

Ao invés de buscar as causas, ele deixa pistas por onde podemos levantar hipóteses e estas pistas são apenas as atitudes que os personagens tomam frente a certas situações, nunca uma fala conclusiva que leve a um desfecho obrigatório. O desenrolar da ação dramática tem um final que evidencia os valores do autor, mas ele não explica os vários tipos de sentimentos que determinaram a atitude do personagem.

O autor vai mostrando psiquicamente a pessoa, de tal forma que o que ela fala passa a ter outros sentidos. Isto acontece com Solness em uma das passagens em que ele mistura seu desejo com a realidade, criando para tanto, uma progressão de raciocínios autoconvincentes. Para terminar com a sua angústia ele precisa passar a acreditar em Hilda Wangel; ela insiste que ele a tomou nos braços e a beijou quando ela tinha treze anos. Ele começa na incredulidade:

Tudo isso que você falou deve ser algo que você sonhou. [*ela faz um movimento de impaciência; Solness fala como se uma idéia tivesse lhe ocorrido de re-*

76 IBSEN E O NOVO SUJEITO DA MODERNIDADE

pente] A menos que! Espere um momento! Há algo mais profundo nisto. Eu devo ter *pensado* tudo isso. Eu devo ter *querido* isso. Ter *desejado* isso. Devo ter *precisado* disso. Então, não seria esta a explicação? [*Hilda permanece calada e Solness fala impacientemente*] Está bem, dane-se tudo o mais, então eu *fiz* isso, suponho![49]

Esta passagem esclarece, em parte, o motivo que levou Solness a "entrar" tantas vezes nos desejos exigentes de Hilda. O final, se considerado através da lógica, pode parecer sem sentido. Como um homem deixa-se convencer a subir na torre sabendo de sua vertigem de altura? Mas tendo visto como ele fazia seus desejos os desejos dela, passa a fazer sentido o limite extremo a que ele se deixou levar. Ou, pode também fazer sentido, imaginar Hilda como uma projeção dos desejos de Solness, uma dissociação do que ele queria e do que temia. De alguma forma, é uma parte dele que o comanda em direção a um desejo ambivalente.

A experiência estética é, por si, desorganizadora dos conteúdos simbólicos do espectador e, assim sendo, ela possibilita a criação de novas organizações psíquicas e de novos significados. Mas a vivência estética do público de Ibsen ia além das muitas possibilidades de significação de uma palavra ou frase. Pela sua densidade e pelo seu conteúdo poético, muitas vezes, ela não se deixava capturar pelo pensamento e o espectador apreendia apenas um *sentido*, uma intensidade ainda sem nome que poderia vir a ser nomeada ao se mesclar com outros conteúdos e processos psíquicos.

O *sentido* é uma elaboração da subjetividade. O significado de uma palavra ou frase, mesmo sendo múltiplo, reporta-se ao código e à situação em que se insere; para transmiti-lo e para que seja apreendido é preciso levar em consideração seu código e suas circunstâncias. Mas para transmitir ou compreender o *sentido* de uma frase é preciso referir-se a si mesmo, falar ou usar sua experiência interior antes de qualquer formação de conceitos.

O termo "sentido" foi definido de forma semelhante por vários autores, uma vez que todos eles deixam sempre em aberto a possibilidade de uma definição última. Para Deleuze o sentido é algo que não é nem palavra nem corpo, nem representação visível, nem representação racional; o sentido é o expresso da proposição que não se reduz à proposição. Ou seja, é a pura expressividade[50].

Umberto Eco, ao falar do universo do sentido como o incessante processo de correlação entre significante e significado, coloca-o como algo maior que o próprio significado, na medida em que o abrange. "A relação entre um símbolo e seus significados pode mudar, crescer, deformar-se; o símbolo permanece constante e o significado torna-se

---

49. *The Master Builder and other Plays*, p. 149.
50. Comentário retirado da tese de Miriam Chnaiderman, Corpo e Alma na Psicanálise e no Teatro, 1994, p. 17.

mais rico ou mais pobre. Esse processo dinâmico contínuo será chamado de sentido"[51].

É também trabalhando com o sentido que a nova subjetividade do drama de Ibsen representa uma inovação dramatúrgica. Há momentos em que não se pode atribuir qualquer significado específico, no nível intelectual, a um enunciado de suas peças, mas ele pode fazer sentido dentro do universo de comportamentos do personagem mesclado ao universo de experiências afetivas do espectador.

Na peça *Rosmersholm*, por exemplo, quando Rebeca afirma: "Em Rosmersholm as pessoas não esquecem facilmente os mortos", a empregada responde: "Quanto a isso, senhorita, eu acho melhor dizer que são os mortos que não se esquecem facilmente de Rosmersholm"[52]. Esta resposta, logo no início da peça, vai passar quase desapercebida do público, a não ser por um sentimento de desconforto interior. Mas, de alguma forma, ela vai fazer parte do repertório de experiências de cada um sobre o desenrolar da trama. E no final da peça, quando se esclarecem os atos homicidas e suicidas de Rebeca, a frase vai fazer sentido para o espectador, ainda que sem um significado explícito.

A dramaturgia de Ibsen leva o público a trabalhar com o sentido oculto no todo da peça, ou seja, com um nível mais subjetivo, mais abrangente que o nível do significado. A sua escrita – especialmente a da última fase – não só deixou de lado as regras estabelecidas da "boa construção" de uma peça, como também foi além do próprio código da linguagem ao sugerir estados emocionais que não podem ser decodificados com base no repertório de significados estabelecidos pela língua e pelas regras conhecidas de sintaxe.

Ao construir seus diálogos de forma inconclusiva, deixando palavras soltas ou usando termos que não vão diretamente ao ponto nevrálgico da questão, Ibsen permite que seus leitores, ou espectadores, compreendam a situação da forma como sua elaboração subjetiva for capaz de concluir. Pelo uso da sugestão, em peças como *Rosmersholm*, há fatos que podem, perfeitamente, passar desapercebidos pela reticência com que são narrados. Quando Rebeca afirma não poder aceitar o casamento com Rosmer, e ele não entende o porquê (uma vez que ele já a perdoara pelo crime que ela acabara de confessar: o de ter induzido a mulher dele ao suicídio), a explicação dela é vaga e imprecisa:

> Rebeca: É preciso que você saiba, Rosmer, tenho um passado...
> Rosmer: Alguma coisa mais além do que já me disse?
> Rebeca: Sim, alguma coisa mais e de outra espécie.
> Rosmer: É singular, Rebeca, imagine que por vezes tive esse pressentimento.

---

51. U. Eco, *A Estrutura Ausente*, p. 23.
52. *Seis Dramas*, p. 318.

Esta cena se passa no quarto ato. No segundo ato Rebeca havia comentado que seu pai era adotivo e que ela cuidou dele doente nos últimos anos de sua vida. Mais adiante o reitor Kroll, durante uma conversa difícil, lhe revela que o Sr. West era, na realidade, seu pai e ela fica muito perturbada, mas ninguém entende o porquê desta perturbação. Não temos qualquer outra informação sobre a relação dos dois e, no entanto, depreende-se, como Rosmer parece ter depreendido, que eles foram amantes, que ela cometeu o "terrível crime" do incesto. Apesar da ambigüidade e da imprecisão dos diálogos, Freud foi um dos que entendeu e analisou esta situação.

Em 1916, em seu artigo "Arruinados pelo Êxito", Freud faz um estudo detalhado do comportamento de Rebeca West:

> Ibsen deixa claro, por pequenos toques de magistral sutileza, que Rebeca na realidade não está dizendo mentiras, mas nunca é inteiramente honesta [...] por isso é-nos permitido supor que sua explicação de sua renúncia expõe um motivo apenas para ocultar outro. [...] Mesmo após a confissão dela, Rosmer, na última conversa entre os dois que encerra a peça, mais uma vez lhe suplica que seja sua esposa. Perdoa-lhe o crime que ela cometeu em nome do amor que sentia por ele [...] 'É impossível pois você deve saber, Rosmer, que eu tenho um ... um passado'. Rosmer recusa-se a ouvir o que quer que seja sobre esse passado. Podemos adivinhar o que foi, embora tudo o que se refira a ele na peça seja, por assim dizer, subterrâneo e tenha de ser construído a partir de indícios e fragmentos. Não obstante, trata-se de indícios inseridos com tal arte que é impossível não compreendê-los [...] Agora, porém, compreendemos, naturalmente, que este passado lhe deve ter parecido o obstáculo mais grave à união dos dois – o crime mais grave. Depois de saber que fora amante de seu próprio pai ela se entrega inteiramente a seu, já então superdominador, sentimento de culpa. Faz a Rosmer e a Kroll a confissão que a estigmatiza como assassina; rejeita para sempre a felicidade para a qual preparou o caminho pelo crime, e se prepara para partir. Mas o verdadeiro motivo de seu sentimento de culpa, que faz com que ela seja destroçada pelo êxito, permanece em segredo[53].

São esses motivos "subterrâneos" que vão fazer sentido para o espectador, no momento da elaboração subjetiva daquilo que não é dito, dos fragmentos e indícios contidos nas entrelinhas do conteúdo explícito. Isto que permanece oculto será também um rico material para o ator; aquilo que não é claramente explicitado no texto passa a ser a ação interior do intérprete e o subtexto de suas falas. Seu trabalho será o de penetrar as diversas camadas de significado e sentido que dão densidade ao personagem.

O USO DOS SÍMBOLOS

Para muitos críticos, as peças mais visionárias que Ibsen produz a partir de *Solness, o Construtor* são simbolistas. O conde Prozor, contemporâneo do autor, escreveu um prefácio a esta peça onde afirma categoricamente: "Solness é o próprio poeta. Hilda é a mocidade e é também a imaginação, perigosas de serem ouvidas. A Sra. Solness é

---

53. S. Freud, *Obras Completas*, vol. XIV, p. 368.

o passado com suas tristezas e puerilidades. O velho Brovik é a rotina que Solness destruiu"[54].

Hoje percebemos que todas essas afirmações são parciais e arbitrárias. E o próprio autor sempre rejeitou esta classificação. Ele dizia que toda arte usa símbolos e que não se deve procurar ver símbolos em todas as metáforas, porque isto faz desaparecer a poesia da obra.

Certamente o símbolo está sempre presente nas peças de Ibsen, mas não no sentido de decifração, de um significado específico para as imagens que surgem, mas sim ao que elas se referem. Em *Casa de Bonecas*, a caixa de correspondência representa o mundo exterior com sua realidade e suas leis cruéis. É o uso que se faz desta caixa que a torna quase um elemento vivo na cena e o fato de sua chave estar no poder do marido. Nesse sentido ela é um símbolo, representa a força maior que Nora, o inelutável. Mas a peça não é simbolista.

A torre que Solness constrói, mas não consegue escalar, pode ser considerada um símbolo, ou uma alegoria do desejo das alturas, tão presente na obra de Ibsen e, no caso do arquiteto, a incapacidade de se apropriar do que é seu, de fazer uso daquilo que lutou para conseguir. Mas isso tudo são ilações que fazemos a partir da própria história, dos diversos pequenos detalhes que juntamos para tirar nossas conclusões. Podemos falar em símbolo, mas não especificamente em simbolismo porque o autor não segue qualquer orientação estética ou estilística para construir suas metáforas.

Edmund Wilson, o exaltador do simbolismo, relaciona todos os autores desta escola em seu famoso livro *Axel's Castle*. Mas ele não considera Ibsen digno de figurar em seu "castelo", apesar de reconhecer que "nas últimas peças de Ibsen, os *trolls* e os fantasmas de seus primeiros poemas dramáticos, começam a se infiltrar pelas salas-de-estar dos burgueses; o naturalista foi compelido a rachar o seu próprio molde"[55].

Para Wilson uma obra simbolista prima por uma indefinição, ela é vaga e espiritual. Seu principal traço é a evocação, a sugestão que nunca nomeia e sim incita a imaginação. Os simbolistas querem que suas imagens cheguem na abstração das notas musicais da música. Mas nem todo simbolismo consegue se apresentar com este nível de indefinição; na prática teatral o que vemos é a busca poderosa dos sentimentos, a um só tempo, fortes e impalpáveis.

Um exemplo dessa transformação pela prática ocorreu no Théâtre de l'Oeuvre, fundado em 1893 por Lugné-Poe e Mauclair. Eles teorizaram sobre um teatro simbolista estático e abstrato, mas o próprio

---

54 *Seis Dramas*, p. 485.
55. *Axel's Castle*, p.10.

80 IBSEN E O NOVO SUJEITO DA MODERNIDADE

trabalho foi exigindo mais vitalidade e acabou por apresentar montagens cheias de vida; ambos se afastaram de suas posturas teóricas, pois seu objetivo declarado era

fazer uso de nossa juventude não mais para justificar experimentos, mas para viver através da nossa obra de um modo violento e passional... onde se pode encontrar não apenas obras-primas do Simbolismo, como *Rosmersholm* e *Solness, o Construtor* de Ibsen, mas também dramas sociais como *O Inimigo do Povo*, também de Ibsen[56].

Não se pode negar que Ibsen agradou a alguns simbolistas. Não só Mauclair, um teórico do Simbolismo, mas também seu maior representante, Maeterlinck, usou Ibsen para ilustrar suas idéias sobre o assunto. Para defender o drama estático ele afirma que esta não é uma idéia nova; cita *Prometeu, As Suplicantes* e *Édipo em Colona* como dramas onde a vida interior não se revela por meio das ações, mas da palavra. Mas nelas há dois tipos de diálogo:

um necessário à ação e outro que parece supérfluo. Mas examine-o atentamente e verá que é o único que a alma escuta profundamente, pois é somente ali que o espírito fala. Ibsen é um mestre neste diálogo de segundo grau, e a estranheza da conversação em um drama como *Solness, o Construtor*, vem da tentativa de mesclar ambos os diálogos em uma única conversação[57].

Mas isto que Maeterlinck aponta, "a estranheza da conversação", é muito mais aquilo que temos chamado de indefinição ou ambigüidade, o que é enunciado, mas não explicado na escrita de Ibsen, justamente o seu diferencial em relação ao naturalismo zolaísta. Certamente as peças de Ibsen não tinham aquele propósito de ficar no abstrato, como os simbolistas, mas tinham a sugestão e a indeterminação valorizada por eles.

A única peça em que podemos encontrar, mais claramente, um elemento que simboliza algo presente na cena é *O Pato Selvagem;* o pássaro que vive no sótão "há tanto tempo, que já esqueceu sua vida selvagem natural". Esta é a situação em que se encontra toda a família que abrigou esse pato. Foram espoliados pelo velho Werle e vivem, agora, da mesada que este lhes dá. A relação do animal ferido, que se conformou em viver trancado, é tão transparente que até o jovem Gregers, em suas conversas com Hjalmar, lhe diz: "você tem muito do pato selvagem na sua pessoa".

Também são animais feridos: Gina, a esposa de Hjalmar que faz o seu trabalho e o do marido para sustentar a família, depois de ter sido seduzida pelo velho Werle. A pobre Hedvige, que adora o seu pato e dispõe-se a sacrificá-lo para provar seu amor ao pai, mas no último momento prefere matar a si própria. O pai de Hjalmar, um

56. Citado por Marvin Carlson, *Teorias do Teatro*, p. 284.
57. Idem, p. 288.

velho caçador que foi arruinado por Werle e que, agora, caça os bichos em seu próprio sótão acreditando ser a floresta. A presença do pato selvagem revela cada um dos personagens de uma forma que os diálogos não poderiam revelar. Ele os simboliza em um outro plano do discurso que não é o dos diálogos.

OS GRANDES TEMAS DE IBSEN

Ao longo de toda a sua obra há alguns temas que se repetem. Alguns deles de forma quase idêntica, outros se transfiguram em temas afins ou mais densos e complexos.

Aqui torna-se fundamental falar da importância de Kierkegaard (1813-1855) na obra de Ibsen. Tal influência foi negada pelo nosso autor, apesar de reconhecer que leu, mas não entendeu o filósofo dinamarquês. É claro que Ibsen pensava por conta própria e que a busca do mundo interior era partilhada por vários autores da época. Mas as idéias de Kierkegaard parecem ter corroborado para organizar aquilo que o autor de *Brand* vivia e queria expressar.

Tal como Ibsen, a visão de mundo de Kierkegaard oscilava entre o Absoluto e a subjetividade. Se, por um lado, aceitava o sistema hegeliano da evolução contínua de tudo em direção a uma autoconsciência e ao espírito Absoluto, por outro lado, acreditava que o autoconhecimento só podia ser alcançado no nível subjetivo. Para ele o indivíduo é mais importante que o Absoluto. O fundamental é a escolha de cada pessoa na forma de viver a sua vida. Essas formas são apenas duas: a estética e a ética. A encarnação perfeita desses dois estilos de ser são *Peer Gynt* e *Brand*[58].

O indivíduo que vive da maneira estética é o que optou pelo mundo exterior; não tem o controle de sua existência. É levado pelo prazer e pelo momento. Nada nele é necessário. Tudo é contingente e acidental. Esta é a escolha de Peer Gynt. Ele pautou sua existência pela busca do prazer e do acidental e chega, inevitavelmente, no final de sua vida, ao desespero kierkegaardiano. Já o pastor Brand fez a escolha ética. O indivíduo que vive a vida ética está voltado para o mundo interior, para sua vocação e sua vontade mais verdadeira: cria a si mesmo com sua opção e sua vontade. A única alternativa ao desespero humano é a autocriação por opção consciente, pela busca do autoconhecimento que persiga um "eu ideal"[59]. Na visão do filósofo, o indivíduo ético transcende o acidental, chegando ao necessário e ao universal.

Os personagens de Ibsen, com graus diferentes de obstinação e motivação, vão se dividir entre estes dois modelos de Absoluto e contingente. Há os que sabem e exercitam o que querem, mas há também

---

58. Ver Anexo: Sinopses das Peças de Ibsen, p. 147.
59. S. Kierkegaard, *For Self-examination – Judge for Yourself.*

os que se deixam levar pelo mundo exterior. Nas primeiras peças fica clara a preferência do autor pelos mais determinados. Mas ao longo de sua carreira os tipos vão se tornando mais complexos e o mundo exterior se mescla ao interior, tornando difícil uma definição clara das escolhas "estéticas" ou "éticas".

Vocação: a Natureza do Chamado e a sua Realização

Atender aos apelos de sua natureza, seguir o destino ou a vocação que lhe compete, é um tema recorrente em muitas das peças de Ibsen. A primeira em que ele é claramente determinante é *Os Pretendentes à Coroa*. Haakon, o rei que assume naturalmente o poder, tem certeza de que é feito "da matéria com que se fazem os reis" – esta é a tradução literal do título em norueguês –, sente o apelo interior para fazê-lo e sabe que pode. Enquanto Skule, o outro pretendente, não tinha esta clareza, duvidava sempre, seu desejo de chegar lá não vinha da vocação, mas do orgulho, da inveja, da sede de poder.

Brand é a tragédia do homem que sente e se entrega absolutamente à sua vocação, mas como essa foi concebida de forma ideal e absoluta – seu lema é "ou tudo, ou nada" – ele se depara com a contingência da vida e é derrotado por ela. Ele sente que recebeu a ordem de uma instância superior, mas tem que se haver com a fraqueza e a pequenez do ser humano. Vai até o fim desta busca fervorosa, mas ela é o próprio impasse da condição humana: é, ao mesmo tempo, um imperativo e um desperdício, é necessária e sem sentido.

Peer Gynt, que gasta toda a vida para encontrar, ou ser fiel, ao seu eu verdadeiro, acaba percebendo que a realização deste eu está na resposta dada ao apelo interior, ao chamado que pede uma realização. Ele enganou-se o tempo todo sobre a natureza deste apelo, colocando-o no mundo das sensações; só quando está na iminência de desintegrar-se enquanto identidade, ele consegue ouvir e seguir o verdadeiro chamado de seu coração, a voz de Solveig dentro de si. Nesta obra é bem clara a identidade dos termos vocação e si mesmo. O fundidor de botões, do final da peça, tem ordens de buscá-lo para ser refundido, "porque ofereceu resistência ao seu destino". Em outras traduções é "ofereceu resistência ao seu si mesmo". Peer Gynt é o primeiro personagem de Ibsen que nos leva a descobrir que, para aquele sujeito que estava se gerando, o seu destino é ser ele mesmo.

Juliano, de *Imperador e Galileu*, sente também este apelo concretizado nas profecias de Máximus. Este coloca a ênfase toda na vontade que Juliano precisa exercer para chegar a ser imperador de um novo reino. "O poder para isso está no querer". "Querer o quê?" "O que você deve querer". Mas este querer se transforma dentro dele, ele passa a querer o mundo para si, pretendendo tornar-se, ao mesmo tempo, seu Deus e seu imperador. Ele é outra vítima do erro humano ao tentar decifrar a natureza do chamado. A vocação que sentia era forte como a de Brand, mas o exercício do poder não foi compatível com a grandiosidade da missão que se propôs. No final da peça, presenciamos o cruel desencanto do sábio Máximus – "o portador do oráculo e do chamado" – olhando para o imperador morto em um desespero semelhante ao de Macbeth:

> Vosso deus é um deus pródigo, Galileu, gasta muitas almas... para que vale o viver? Tudo é acaso e sorte... querer é ter que querer. Todos os signos me enganaram, todos os presságios me falavam com duas línguas, de modo que vislumbrei em ti o conciliador entre os dois reinos[60].

A cada nova obra, Ibsen vai desvendando os meandros e engodos da vontade, e a idéia de obedecer a uma vocação passa a se dar no mundo interior do indivíduo, torna-se a compreensão e a realização de seus desejos. A partir de meados de sua carreira cada personagem vai se deparar com a vontade íntima que o move, vai experimentar embates de desejos contraditórios ou mal compreendidos e, o mais terrível, terá que arcar sozinho com as conseqüências de suas escolhas. Este é o drama do novo sujeito da modernidade desenhado por Ibsen.

Ideal: Culto e Condenação

Ibsen criou vários personagens que passaram a vida movidos por um ideal. O mais radical é Brand que morre ao seu encalço; Greger Werle, em O Pato Selvagem é o "cobrador do ideal", que causa morte e desolação na casa daquele que considerava seu grande amigo; o pai de Eyolf se recolhe nos altos montes para escrever o livro sobre "a responsabilidade humana" que nunca existirá. O final de todos eles nunca é glorioso, o que nos leva a pensar, acertadamente, que o autor condena o idealismo como o grande empecilho para que o indivíduo encare sua verdade pessoal.

Olhando de um outro prisma, observamos que Ibsen tem uma nostalgia de Deus. Em seus versos encontramos a dor que sente pela ausência do antigo Deus de sua infância, negado precipitadamente por uma atitude analítica: "a estrada da fé exige um olhar inocente que está escondido para mim". Muitos de seus personagens expõem o desamparo humano proveniente da perda da fé em um deus pai continente de toda a fragilidade humana. O culto dos valores absolutos, como verdade e liberdade, tão presente em sua escrita, acaba ocupando a função dos ideais religiosos. São valores românticos, sim, porque Ibsen nunca descartou totalmente alguns traços do romantismo de seu início de carreira. Depois ele optou pela realidade atual e lutou pelo desmascaramento das hipocrisias, mas as armas que usou nesta luta

60. Teatro Completo, p. 1152.

84   IBSEN E O NOVO SUJEITO DA MODERNIDADE

foram seus conceitos, muitas vezes absolutos, de Verdade, Inteireza, Responsabilidade etc.

Até o final de sua obra Ibsen trabalhou com personagens divididos entre a arte e a vida, o sonho e a realidade. Muitos deles exigiam o impossível, sonhavam com castelos no ar e reinos a serem conquistados. Para o autor estes anseios de absoluto são inerentes ao ser humano e têm direito a ocupar o mesmo espaço que as contingências da realidade cotidiana. Para concluir a questão, deixamos aqui suas próprias palavras:

> Já foi dito sobre mim, em diferentes ocasiões, que sou pessimista. E o sou, na medida em que não acredito na eternidade dos ideais humanos. Mas sou também um otimista, na medida em que acredito firmemente na capacidade de procriação e desenvolvimento dos ideais[61].

Mulheres: as Mediadoras e as Destruidoras

Na obra de Ibsen, a presença feminina é forte, seja positiva ou negativamente. Ele é conhecido por ter valorizado a mulher, deixando-a questionar seus valores e descobrir novos caminhos para si própria, enquanto ser individual, e também para seus companheiros que se tornaram mais conscientes por meio dela. Em uma conferência à Liga Feminina ele afirmou acreditar que a civilização só poderia ser salva pelas mulheres. Elas estavam mais afastadas do mundo das negociatas e venalidades, podendo dar aos homens uma visão mais humana e moral de suas atitudes.

Mas isto não quer dizer que ele idealizava as mulheres ou que tivesse uma postura política a favor de sua emancipação. Ele sempre negou ser feminista, estava apenas preocupado com o destino da metade da humanidade que não era livre para elaborar seus valores e usá-los na educação dos filhos.

Essa consciência do autor leva-o, naturalmente, a considerar o outro lado da questão, o poder destruidor que tem essa metade da humanidade oprimida. Assim ele concebeu muitas mulheres que bloqueiam as saídas para a vida venturosa. Muitas delas não souberam como se questionar e se perderam em comportamentos que, hoje, chamaríamos de neuróticos.

Em suas peças há, pelo menos, seis mulheres-Hilda – na mitologia escandinava Hilda significa demônio. Em *Catilina*, Fúria é uma vestal que ama e odeia a Catilina, persegue-a de todas as formas até matá-la. Em *Olaf Lilienkraus*, encontramos Anfihild, uma menina dos bosques que, ao se ver rejeitada por Olaf e sua mãe, ateia fogo em sua casa, destruindo-a completamente. Na peça *Os Guerreiros de*

---

61. R. Ferguson, *Henrik Ibsen, a New Biograph*, p. 327.

Helgoland, Hjordis é uma valquíria belicosa e rancorosa que se casa com o homem que não ama e despreza-o de todas as formas. Exige a morte de seu irmão e, sempre infeliz por não ter se casado com Sigurd, mata o seu amado e a si mesma no final.

Em *Peer Gynt* há a "mulher verde", uma *troll* que se casa com ele no seu reino, mas que depois o persegue e o impede de ser feliz com Solveig. Hedda Gabler é o protótipo da mulher endemoniada, ela destruiu a vida de vários ao seu redor e a sua própria quando já não tinha mais com que se divertir. *Solness, o Construtor* traz à cena a jovem Hilda Wangel – a mulher-Hilda por excelência – que seduz o velho arquiteto, convencendo-o a saltar para a morte.

Mas existem também as mulheres lúcidas e mediadoras da "salvação" de seus amados. É o caso de Solveig que, mesmo abandonada por Peer Gynt, espera-o durante toda a vida para recebê-lo no final, perdoá-lo e ajudá-lo a reconhecer a si mesmo. Lona Hessel é outra mulher generosa que, mesmo tendo sido preterida, convence, com provas de amor e confiança, o corrupto cônsul Bernick a se retratar no final de *Os Pilares da Sociedade*. Nora, a esposa de Helmer em *Casa de Bonecas*, torna-se uma mulher lúcida no final e pode ajudar seu marido a ficar mais consciente, mesmo que seja através da dor de ficar só. Théa é a amorosa jovem sempre disposta a ajudar o seu amado Lovborg a se regenerar da bebida e escrever o livro de sua vida; nem mesmo a poderosa Hedda Gabler consegue aniquilar a bondade desta moça que se transforma, mais uma vez, em "salvadora" do precioso livro, no final da peça.

Nêmesis: a Expiação do Passado

O passado é quase um personagem nas peças de Ibsen. Ele é quem traz à cena os fatos que explicam a situação presente. A forma como as pessoas lidam com o tempo passado é que vai determinar o comportamento que passarão a exibir. Dos erros do passado sempre chega a *nêmesis*, a justiça distributiva que obriga o indivíduo a enfrentar e expiar a culpa. Os personagens reiteram sempre que não escapamos incólumes de nada que fizermos contra a nossa natureza ou a outrem.

Os Espectros é a peça de Ibsen em que o passado é o ator principal. A Sra. Alvin não consegue escapar da *nêmesis*, do retorno vingativo dos erros cometidos contra si mesma no passado. Ela não seguiu seu próprio desejo de abandonar um casamento que lhe era odioso e mentiu sobre tudo isso para o filho, no intuito de preservá-lo. O marido morreu, mas ela não terá a paz almejada. Os espectros de todas as degenerescências passadas daquele homem voltam para atormentá-la e despojá-la de tudo que pensou controlar.

Em *Os Pilares da Sociedade*, há uma vitória sobre o passado. É uma das poucas peças em que o personagem não soçobra à mercê de seu poder. O cônsul Bernick tenta negar seu passado corrupto, pretendendo ser um grande benfeitor. Mas chega em sua vida uma mulher que o conheceu antes de ele se corromper. Ela o ajuda a olhar para trás e a reabilitar sua imagem por meio da confissão pública de seus atos passados. Também em *O Pato Selvagem, Hedda Gabler* e *A Dama do Mar* encontramos pessoas que não conseguem levar sua vida de forma verdadeira, porque ficaram presas a fatos que ocorreram no passado, suas identidades ficaram ligadas às pessoas que marcaram sua história passada.

Há personagens que são, no presente, criaturas do seu passado, que morreram em vida. É o caso de Rosmer que foi reanimado por Rebeca, mas, no final, ela também perde o poder de sua vontade e deixa-se levar pela morte, uma presença antiga em Rosmesholm. Solness e Rubek são artistas que pararam no tempo, deixando de fruir a vida presente por culpas e omissões do passado; ambos precisam de uma figura que volta de seu passado para que eles percebam a si mesmos como ausentes da vida. Para cada um deles, a figura que traz a consciência é a mesma que os leva à morte. John Gabriel Borkman é o exemplo máximo de morte em vida; passa seus dias ruminando o passado, os sonhos que não conseguiu concretizar porque foi temerário em sua ousadia. Ele se mantém fiel aos seus sonhos de grandeza até o final. Morre falando do reino que poderia ter conquistado no passado.

Mas o passado não volta apenas para exigir a expiação de culpas. Visto ser a busca de si mesmo o grande objetivo dos personagens de Ibsen, é natural que eles precisem olhar de onde vieram para descobrirem quem são e para onde querem ir. Todo processo de análise e autoanálise, como sempre fez o autor consigo mesmo – "poesia significa julgar-se a si próprio" – exige uma consideração da história passada para poder ressignificar, dentro de si, os acontecimentos vividos.

O tema do passado, é claro, não se encontra separado de todos os outros apontados acima. O que retorna do passado, cobrando suas dívidas, são os equívocos humanos em não seguir seus apelos interiores, sua verdade, sua vocação, seu "si-mesmo". Para encarar essa luta, as pessoas necessitam de algum tipo de mediação, alguém que lhes faça ver com mais largueza a situação a que chegaram. Esse papel é sempre desempenhado pelas mulheres, no caso de serem os homens os problemáticos. Mas quando são as próprias mulheres as atormentadas, como Hedda Gabler ou a *viking* Hjordis, não há um homem que resolva sua angústia. Seu poder de destruição é muito grande, elas arrasam quem estiver em seu território, incluindo a si mesmas, no final.

3. Sincronia de Subjetividades

> *o mundo mudou menos desde o tempo de Cristo do que mudou nos últimos trinta anos.*
>
> CHARLES PÉGUY[1]

Nas três últimas décadas do século XIX aconteceram transformações tão rápidas quanto revolucionárias. Descobertas científicas, invenções tecnológicas e produções artísticas inovadoras brotavam de todos os lados[2]. O capitalismo se consolidava fortalecido pela burguesia que comprava e produzia, em massa, produtos manufaturados de uso pessoal como calçados, roupas e artigos de beleza da florescente indústria de cosméticos. Com a crescente racionalização do trabalho os burgueses tinham mais tempo para se ocuparem de si mesmos; o mundo exterior se diversificava na quantidade de inovações e o mundo interno de cada indivíduo – isolado na supervalorização da vida privada – ganhava uma nova qualidade de experiência, a do tempo interior.

Durante a maior parte do século XIX os sentimentos pessoais não deviam ser expressos em público; apenas nas duas últimas décadas

---

1. Frase de 1913, citada por R. Hughes, *The Shock of the New*, p. 9.

2. A partir de 1870 a cultura explode. Em trinta anos o mundo ocidental viveu grandes e profundas transformações que vão, desde o movimento impressionista até a Teoria da Relatividade. Ver Anexo: Fatos que Marcaram o Final do Século XIX, p. 165.

88 IBSEN E O NOVO SUJEITO DA MODERNIDADE

isto deixa de ser a regra geral, porque a necessidade de expressá-los torna-se mais poderosa que a força que os reprimia. E é, inicialmente, no mundo da arte que este desejo de liberdade de sentir, criar e se expressar vai se manifestar. Seja escrevendo, pintando ou compondo, o artista começa a colocar no trabalho a sua própria experiência pessoal, a qualidade do seu gesto, de seu sentimento, de seu pensamento e intuição. Deixa acontecer, em sua obra, aquilo que ele vive em seu tempo interior, aquela intensidade que Bergson viria a chamar de "duração"[3].

Esse final de século foi um momento de grande sintonia entre as diversas artes, na busca da realidade interior. Na pintura, o impressionismo propõe que o olho do espectador faça a síntese das cores sobrepostas através de uma leitura subjetiva e única. Nas obras de Monet, por exemplo, o vazio é tão importante quanto o cheio, e o reflexo tem o mesmo peso das coisas concretas; não se trata de captar a realidade absoluta, mas a realidade fugidia e sem contornos precisos, dada em um determinado momento, com uma determinada luz.

Cézanne descobre que a realidade é feita da interpenetração de muitas imagens que mudam conforme muda o ângulo de visão e que, por isso, inclui os esforços do pintor para percebê-la como também as suas próprias dúvidas. Ele pintava sua experiência de perceber aquela determinada paisagem. O artista, e o homem dessa época, começavam a conceber o mundo e a si mesmo de um ponto de vista dinâmico. Mas o movimento gera conflito, incerteza e angústia. São estes os sentimentos com que nos deparamos ao olhar o quadro de Munch, *Puberdade*, de 1894, onde uma adolescente mostra em seu corpo nu e em seu olhar uma luta interna entre o desejo e o medo de ser.

Propostas semelhantes às do impressionismo pictográfico podem ser encontradas também na dramaturgia. As obras de Tchékhov, como *Tio Vania,* por exemplo, são pinturas dramáticas feitas como que por manchas de coloração. Os traços e os contornos não têm muita nitidez, "há áreas mais claras, abertas, que são verdadeiros campos de sugestão"[4].

A música evolui no mesmo sentido de interiorização, volta-se sobre si mesma e se fragmenta em novas escalas tonais. A linguagem da arte se constrói a partir da elaboração subjetiva do autor, do tempo interior

---

3. A duração, para Bergson, é o tempo interior em estado puro. O tempo, para ele, é heterogêneo porque cada vivência tem uma qualidade própria. Ele valoriza a experiência subjetiva, equiparando-a à objetiva. Afirma que a inteligência, ao trabalhar com conceitos, fragmenta a realidade que é contínua mudança qualitativa. Ao permanecer no plano dos conceitos e das abstrações, a inteligência fica no nível das relações entre os objetos, sem apreender o que cada objeto tem de essencial e de próprio. Para mergulhar no essencial é necessário uma abordagem do real que comunique diretamente a intimidade do sujeito, o "eu profundo" – duração pura – com a intimidade do objeto concreto e singular, também pura duração. Esta abordagem direta é a intuição. E a intuição é suscitada pela "convergência de imagens e metáforas". J. A. M. Pessanha, Vida e Obra, em *Bergson*, p.x-xii.

4. J. Guinsburg, *Stanislávski e o Teatro de Arte de Moscou*, p. 78.

SINCRONIA DE SUBJETIVIDADES

que ele descobre em seu processo de criação. Carl Schorske, ao analisar a obra de Schoenberg em seu livro *Viena Fin-De-Siècle*, fala que

> o século XIX via-se, de modo genérico como o "século do movimento" onde "as forças do movimento" desafiavam as "forças da ordem". Era esse também o caso da música. Por isso foi o século da expansão da dissonância e erosão da tonalidade fixada, centro da ordem tonal. Na música e em outros setores, o tempo avançou sobre a eternidade, a dinâmica sobre a estática, a democracia sobre a hierarquia, o sentimento sobre a razão.[...] Ao rememorar este período impressionista da música européia, Schoenberg acentuou o que era sua característica específica neste mundo do fluxo: o elemento subjetivo, reativo no *continuum* entre o eu e o mundo. O órgão do impressionista é um sismógrafo que registra o movimento mais silencioso. Por ser tentado a seguir as oscilações mais leves, o impressionista se converte num explorador do desconhecido... o que conta é a capacidade de se ouvir, de olhar profundamente para dentro de si mesmo. Dentro, onde começa o homem do instinto, lá, felizmente, toda teoria se desfaz[5].

Schorske mostra em seu livro como toda a obra naquele fim de século vienense, fosse ela política, plástica, psicológica ou musical, partia da experiência individual, das sensações pessoais, subjetivas, do autor, fosse ele Freud, com a psicanálise, Klint, com a secessão de Viena na pintura, Schnitzler, com romances e peças de teatro, ou Schoenberg, com sua música de novas escalas tonais.

Sabemos que em todas as grandes cidades da Europa, e não apenas em Viena, acontecia esta busca coincidente de uma linguagem que propiciasse a exploração da subjetividade. O sujeito, para fruir com mais verdade sua autoconsciência, inventa novas articulações em sua linguagem, para perscrutar o desconhecido. O homem se percebia múltiplo e pleno de possibilidades de ser. O sujeito, tanto quanto o ator de teatro, ganha muitas formas e muitas caras em cada situação que vive.

A NOVA FIGURA DO DIRETOR

Assim como a obra dramática dos autores daquele tempo se abria para o indeterminado, especialmente o que já vimos das peças de Ibsen, também o trabalho do ator se transformava, invertendo o sentido de sua busca: abandona os clichês e os caracteres já prontos em favor de uma pesquisa interna das "verdadeiras" emoções do personagem. O *novo drama* de Ibsen, diferentemente das peças-bem-construídas de Scribe e Augier, não possuía personagens rasos movidos por ações estereotipadas, que levavam o público a amá-los ou detestá-los imediatamente. Para tal drama era necessária uma nova forma de atuar. A presença do novo ator teve duas diferentes vertentes: a do diretor que forma seus atores, em escolas ou companhias teatrais independentes, e a dos grandes atores que se fizeram "sozinhos".

5. C. Schorske, *Viena Fin-de-Siècle*, p. 325.

90   IBSEN E O NOVO SUJEITO DA MODERNIDADE

No lugar do histrionismo narcísico do ator isolado surgia agora a figura do diretor – aquele que cuida da interpretação do ator a partir de uma concepção que envolve o texto e todo o espaço cênico.

Ao diretor ou encenador, esta nova figura do teatro, cabia o trabalho de *construir* o *personagem* vivo – e não mais o caráter rígido – junto com o ator. Não se tratava mais do *régisseur*, aquela figura cuja função era marcar as entradas e saídas bem como as inflexões vocais e os gestos característicos do ator para cada papel determinado. Os novos encenadores foram, progressivamente, desprezando as fórmulas de atuação e os artifícios cênicos em proveito da compreensão e da encarnação do papel pelo ator.

A partir da década de 1870 começam a despontar diretores de teatros experimentais. O primeiro foi o do duque Saxe-Meiningen que fundou, em seu ducado turíngio, uma companhia permanente de teatro. Suas montagens de textos clássicos ficaram famosas em toda a Europa pelo seu realismo histórico. Em 1874, os Meiningen apresentaram-se em Berlim, fazendo a primeira incursão fora de sua cidade. A partir de então a companhia visitou 38 cidades, tendo entre seus espectadores entusiastas Ibsen, que foi até a Alemanha a convite do próprio diretor em 1877; Antoine, no ano de 1888 em Bruxelas; e Stanislávski, em Moscou no ano de 1890. O público ficou fascinado com a naturalidade da movimentação dos atores que não se dirigiam à platéia, ficando concentrados na ação; um dos pontos mais apreciados, pela novidade que constituía, era o sentido de grupo do elenco – em que não se destacavam as estrelas como era costume – e também a minúcia de gestos e detalhes de cenário condizentes com o tema e a época do texto.

Logo depois dos Meiningen vieram muitas outras companhias que se ocupavam de novos dramaturgos, de novos métodos de interpretação e de uma nova forma de produção, independente das produções comerciais, que viviam em função de seus patrocinadores. Entre os teatros mais conhecidos estão: o Freie Bühne de Otto Braham, na Alemanha; o Théatre Libre de Bruxelles; o Independent Theatre de Londres; o Teatro Íntimo de Strindberg em Estocolmo; o Théatre Libre de Antoine em Paris e o Teatro de Arte de Moscou de Stanislávski. Estes dois últimos tiveram um papel decisivo na nova linguagem teatral que se consolidou na última década do século XIX.

André Antoine (1858-1943)

Considerado o fundador do teatro naturalista, inaugurou o seu Théatre Libre em 1887 para a encenação de textos dos novos dramaturgos que despontavam na Escandinávia, Alemanha e Rússia. Baseando-se nas idéias de Zola, ele publicou, em 1890, um opúsculo explicando os objetivos de seu teatro, cujos fundamentos eram

SINCRONIA DE SUBJETIVIDADES 91

a verdade, a observação e o estudo direto da natureza. Criticou "a formação tradicional do ator baseada nos tipos tradicionais, gestos tradicionais e, sobretudo, a dicção tradicional"[6].

Ele trabalhou com a naturalidade da voz e da movimentação dos atores, isolou o palco da platéia criando, no público, a ilusão de ser a testemunha invisível de um momento real da existência. Conseguiu isto construindo a "quarta parede"[7], uma barreira transparente para o público e, opaca, para os atores. Retirou as luzes da ribalta para usar focos laterais e frontais que valorizavam a expressão e o olhar do ator e davam mais profundidade à cena; diminuiu a luz da platéia e solicitou de cada ator que nunca se relacionasse com os espectadores, mas somente com os próprios atores.

A maior contribuição de Antoine para a encenação moderna não foi, como em geral se considera, a rejeição dos truques ilusionistas habituais do século XIX, mas o fato de estabelecer uma nova relação com o público, ao introduzir no palco objetos reais com todo o peso de sua existência. Trata-se, sem dúvida, de produzir um efeito *mais verdadeiro*. Ou, melhor ainda, *totalmente verdadeiro*. Ele cria um paradoxo quando proporciona ao espectador a experiência do real dentro do que ele tem certeza que é ilusão. Ele tem que reorganizar sua recepção subjetiva à medida que suas referências objetivas deixam de ser estáveis. Ele deixa de ser cúmplice de uma ilusão e passa a ser conduzido pela verdade que ator e diretor colocam na construção do personagem e do espaço.

Ao fazer isso, Antoine revela algo que o teatro do século XX não poderá mais esquecer: aquilo que poderíamos denominar *a teatralidade do real*[8]. Isto estabelece uma nova relação do autor/ator com o espectador que, pela primeira vez, não tem mais a sensação de simulacro ao ver uma emoção no palco; ele realmente está "na presença" de uma manifestação "verdadeira" do espírito humano.

Ibsen tinha, claramente, este desejo desde a terceira fase de sua carreira, quando abandonou os poemas dramáticos e as sagas do passado

---

6. André Antoine, citado por M. Carlson, *Teorias do Teatro*, p. 273.

7. Na verdade foi Jean Julien quem cunhou esta expressão, "quarta parede". Ele foi um dramaturgo e crítico que trabalhou com Antoine e que, em 1892, escreveu *Le théatre vivant* onde estão reunidos todos os princípios do teatro de Antoine, bem como as frases que o caracterizaram, como "um drama é uma tranche de vie (uma fatia da vida) colocada em cena com arte". Defendia que a montagem e a escritura de uma peça deveria basear-se na ação teatral, que não precisa ser explicada, mas deve acontecer segundo as surpresas que acontecem na vida real e deve ficar, muitas vezes, sem resolução. Julien, como Antoine, exorta os atores a não procurarem entrar "na pele" de um personagem, mas, ao contrário, tratarem de adaptar o papel a si mesmos; a ignorarem as emoções que possam suscitar no público, imaginando que "no arco do proscênio exista uma quarta parede transparente para o público e opaca para o ator". Citado por Jean Chothia, *André Antoine*, p. 25.

8. Expressão cunhada por J.-J. Roubine, *A Linguagem da Encenação Teatral*, p. 29.

92   IBSEN E O NOVO SUJEITO DA MODERNIDADE

norueguês, para falar aos homens de seu tempo. No auge de seu realismo ele mostra que sabia o que era a teatralidade do real ao escrever a um amigo: "com minha peça, expressada de forma mais realista possível, o que eu quero produzir é a ilusão da realidade. Quero evocar no leitor a impressão de que aquilo que ele está lendo realmente aconteceu"[9].

Outra característica de Antoine é seu pioneirismo em encenar autores censurados ou desconhecidos. A peça *Os Espectros*, de Ibsen, foi encenada no Théatre Libre após ter sido duramente criticada e proibida nos países nórdicos. Ele foi o primeiro a montar esta peça na França. Outros recusados que ele encenou e tornou famosos foram *Os Tecelões*, de Hauptmann e *O Poder das Sombras*, de Tolstói.

Stanislávski (1863-1938)

Ele foi bem mais longe que Antoine no que se refere ao trabalho com o ator. Depois de uma longa carreira como ator, diretor e professor, ele escreveu quatro livros onde expõe seu "método" para o trabalho de ator. No primeiro deles, *Minha Vida na Arte,* de 1924, conta toda a sua trajetória no mundo do teatro, inclusive suas tentativas, acertos e erros no fazer teatral. Em 1936, publica *A Preparação do Ator*, o primeiro de uma trilogia onde ele cria um mestre, Tórtsov, que trabalha seus atores a partir de princípios básicos sobre a forma de atuar. Esta forma parte da verdade, da verdade interior de cada um: "o ator tem obrigação de viver interiormente o seu papel e depois dar à sua experiência uma encarnação exterior"[10]. Stanislávski falava também da importância em trabalhar "no liminar do subconsciente", uma vez que este é que continuará a tarefa apontada pelo consciente.

> Portanto, o objetivo principal de nossa psicotécnica é colocar-nos em um estado criador no qual o nosso subconsciente funcione naturalmente. [...] Vemos, ouvimos, entendemos e pensamos diferentemente antes e depois de transpormos o *liminar do subconsciente. Antes*, temos sentimentos *verossímeis*; depois, sinceridade de emoções. *Aquém* dele temos a simplicidade de uma fantasia limitada; *além*, a simplicidade da imaginação maior[11].

Os outros dois livros da trilogia do ator, apesar de já estarem em mãos do editor, só foram publicados após a morte do autor e, pelos problemas que o país e o mundo viviam, após a Segunda Guerra Mundial.

Em *A Construção da Personagem* ele expõe detalhadamente as técnicas que o ator deve dominar em relação ao corpo, à voz e ao mo-

---

9. J. W. McFarlane, *Ibsen and theTemper of Norwegian Literature*, p 53. É interessante notar que no tempo de Ibsen a leitura da peça era quase tão importante e difundida quanto a sua apresentação. O sucesso de cada nova peça de Ibsen era medido pela rapidez com que se esgota a tiragem da primeira edição.

10. C. Stanislavski, *A Preparação do Ator*, p. 44.

11. Idem, p. 296. Grifos do autor.

vimento. Em *A Criação de um Papel*, Stanislávski revê algumas propostas de caráter subjetivo e indefinido, como a de buscar a essência do personagem, partindo para uma abordagem mais dinâmica e mais concreta do comportamento do ator. É o método das ações físicas. Se antes ele enfatizava a memória emocional, pela qual o ator deveria emprestar suas emoções já vividas ao personagem, agora ele buscava sensações mais objetivas. No último ano de sua vida, ao ensaiar *O Tartufo* com um grupo de diretores teatrais, que desejavam vivenciar o seu método, ele dizia:

> não se pode recordar e fixar os estados anímicos, mas sim a linha das ações físicas; fixá-la e fazer com que se torne apreensível e familiar. Ao ensaiar esta cena comecem pelas ações físicas mais simples, executem-nas com extrema veracidade, busquem a verdade no detalhe mais insignificante. Com isto conseguirão ter fé em si mesmos e em seus atos. Sabemos como executar as ações físicas simples, mas, de acordo com as circunstâncias dadas, estas simples ações podem transformar-se em psicofísicas[12].

No método das ações físicas, Stanislávski mostra-se preocupado com a relação do corpo com a fala; quer ir além do discursivo, quer passar algo sem a intermediação da palavra; é por intermédio das ações físicas que o ator vai buscar *a sensação* do que foi vivido e não *o que* foi vivido. Ao encarnar um personagem, produz algo que é e não é dele ao mesmo tempo, instaura a verdade do personagem em si. Para Stanislávski o afetivo impregna o intelectual, eles não existem separados. A "fé cênica", que ele propõe, é a própria realidade psíquica, a realidade que o ator inventou. Ela nunca é a realidade concreta. realismo é um movimento da arte, uma forma de representação, não é o mesmo que realidade. Com seu realismo Stanislávski estava buscando meios de dar forma aos afetos; por isso o seu era um realismo psíquico.

O papel revolucionário desempenhado por Stanislávski na produção teatral de seu tempo teve início com a fundação do Teatro de Arte de Moscou, ao lado de Vladimir Nemiróvitch-Dântchenko, em 1898. Inspirado principalmente pelos Meiningen, suas montagens baseavam-se em uma pesquisa febril de objetos de cena, roupas e comportamentos, os mais fiéis possíveis à realidade e ao momento histórico da peça. Guinsburg, ao comentar o primeiro texto encenado pelo Teatro de Arte de Moscou, *Czar Fiodor Ionaovitch*, de Aleksiéi Tolstói, nos dá uma idéia desta pesquisa:

> curvavam-se perante o Czar e a Czarina, realizando os veneráveis ritos e as reverências cerimoniais moscovitas. Suas roupas, os altos gorros, os cafetãs dourados, com dois metros e meio de cauda, as jóias e armas eram, quase todas, peças raras de museu, o mobiliário compunha-se de autênticos objetos de época e os conjuntos pareciam sair de

---

12. C. S. Stanislavski, El Metodo de Acciones Físicas, em Sergio Jimenez *El evangelio de Stanislavski segun sus apostoles, los apócrifos, la reforma, los falsos profetas y Judas Iscariote*, p. 313.

estampas coloridas de mestres antigos. Um verdadeiro festim em estilo flamengo, com imensas travessas de carne de ganso, porco e boi, com frutas, verduras, pipas de vinho, reunia os boiardos descontentes. [...] Era uma linguagem cênica que procurava presentificar de pronto o universo-objeto, ou sua sugestão, por encantação plástica projetada como "real', graças às "artes" de um virtuosismo diretorial a exibir-se à solta, por paradoxal que isto possa parecer. A verdade histórica também foi levada à entonação e dicção, e a maquiagem obedeceu ao ditame da naturalidade, lei suprema da encenação stanislaviskiana[13].

A partir da encenação de *A Gaivota*, ainda em 1898, a busca perfeccionista de detalhes da realidade histórico-social-ambiental mostrou-se tão rigorosa quanto a busca do que ele chamou de "realidade interior": o sentimento, a emoção, a vontade, a vida do personagem, passam a ser verdade quando esta é encarnada pelo ator. Tal processo requer do comediante uma atitude de criação permanente; ele deveria "recriar" o mundo real através de sua própria experiência sensível. Para Stanislávski a alavanca que eleva o ator ao plano da imaginação criativa é a "fé cênica". É o mestre Tórtsov que explica:

As devidas circunstâncias dadas ajudá-los-ão a sentir e criar uma verdade cênica na qual poderão crer enquanto estiverem em cena. Por conseguinte na vida comum, a verdade é aquilo que existe realmente, aquilo que uma pessoa realmente sabe. Ao passo que, em cena, ela consiste em algo que não tem existência de fato, mas poderia acontecer[14].

A idéia da "quarta parede", usada inicialmente por Antoine, é levada às últimas conseqüências com Stanislávski. Ele mesmo dizia: "sonho com um espetáculo em que o ator não soubesse qual das quatro paredes iria se descobrir neste momento para o espectador"[15]. Ele queria excluir o público do campo de atenção do ator para que este ficasse ligado exclusivamente ao seu interlocutor em cena, de quem deveria despertar o maior interesse possível, aprendendo a ler nos olhos dele se sua fala foi ou não convincente. Igualmente importante era estar conectado com seu próprio subtexto bem como com o do parceiro:

Para interpretar uma cena, antes de mais nada, você tem que recriar todos os pensamentos que precedem esta ou aquela réplica. Não se deve pronunciá-los, mas vivê-los. Talvez um sistema viável fosse ensaiar, durante algum tempo, pronunciando tudo em voz alta para assimilar melhor as suas próprias réplicas silenciadas e as de seu parceiro, assim como o intercâmbio de pensamentos, porque os pensamentos silenciados também têm que se coordenar com os do parceiro[16].

13. J. Guinsburg, *Stanislávski...*, p. 55-56.
14. C. S. Stanislavski, *A Preparação do Ator*, p. 152.
15. C. S. Stanislavski, El Metodo de Acciones Físicas, em Sergio Jiménez, *El Evangelio de Stanislavski...*, p. 313.
16. Idem, p. 321.

Toda esta atenção e intensidade eram fundamentais para que ele criasse a atmosfera da cena, aquele algo inefável e inomeável, presente em todos os textos de Tchékhov e nas peças da última fase de Ibsen. Essa *atmosfera* era criada pelo uso de silêncios e pausas ativas, deixando a sensação de haver algo que não pode ser dito, e também pelos ruídos, sons incidentais, iluminação indireta e objetos de cena inusitados que criavam a tal atmosfera apreendida apenas pela alma do espectador.

Tais efeitos foram especialmente notáveis em *As Três Irmãs* de Tchékhov (encenada em 1901) em que uma mixagem de ruídos em *off* fazia do palco um viveiro de sons alusivos, criando um "magma abúlico em que as criaturas se movem com os lentos gestos dos mergulhadores quando na água"[17]. Também na peça de Ibsen, *Quando Nós Mortos Despertarmos* (encenada em 1900), ele usou uma profusão de detalhes de atmosfera ao lado de complicados engenhos, como o córrego alpestre e a avalanche que arrasta Rubek no final. Segundo Ripellino, que critica implacavelmente o preciosismo de Stanislávski, nesta peça as invenções cênicas dispersavam-se em pormenores tão obstinados e inacreditáveis que acabavam revelando-se irreais.

O Teatro de Arte de Moscou levou ao palco várias peças de Ibsen com esse mesmo preciosismo. Para encenar *Brand* (1906) o elenco foi à Noruega buscar ornamentos e utensílios da região onde o autor concebeu a história. Em *Os Pilares da Sociedade* (1903) Stanislávski, que fez o próprio cônsul Bernick, buscou para seu personagem um sotaque elaborado a partir de estudos da língua norueguesa. Para fazer Loevborg, em *Hedda Gabler* (1899), ele desenvolveu um sentido trágico que impressionou profundamente Meierhold. Mas seu personagem de maior sucesso foi o Dr. Stockmann de *Um Inimigo do Povo* (1900) para quem ele compôs cuidadosamente um tipo de barbicha, óculos, corpo inclinado para frente e um permanente desassossego, apontando o indicador e o dedo médio, como tesouras, para o interlocutor.

Stanislávski, o criador da realidade, levou às últimas conseqüências aquilo que criou. Sua proposta, como ator, era se deixar tomar pelo mundo afetivo do autor e pesquisar a verdade da cena, tanto no mundo objetivo quanto no subjetivo. Deixou para todos que vieram depois dele a concepção de realidade interior, a partir da qual atores de todas as tendências iniciam seu trabalho de construção do personagem.

O GRANDE ATOR

Desde o começo do século XIX, a Europa e os Estados Unidos presenciaram e aplaudiram o despontar de atores que, de alguma forma, se diferenciaram da maneira tradicional de atuação baseada em

17. A. M. Ripellino, *O Truque e a Alma*, p. 34.

96   IBSEN E O NOVO SUJEITO DA MODERNIDADE

convenções rígidas e posturas cênica estereotipadas. Eles sentiram e sofreram o seu descontentamento em relação à maneira rasa de atuar e de abordar o texto e, corajosamente, enfrentaram a oposição dos donos das companhias, dos críticos e do público, optando por obedecer a seu impulso de experimentar formas mais naturais de atuar. Permitiram-se criar o próprio estilo de interpretação, colocando mais energia e mais verdade pessoal nos momentos em que a cena lhes emocionava, chegando a expressar seus próprios sentimentos ao entrar no drama do personagem.

Sem o propósito de esgotar a lista dos grandes atores do século, vamos destacar alguns nomes que se projetaram na cena internacional do século XIX. Todos eles viveram aqueles momentos gloriosos de *tournées* pela Europa e Américas, lotando as casas de espetáculo e as ruas por onde passavam entre aplausos febris e manifestações exageradas de apreço[18].

Tomaso Salvini (1829-1916), ator italiano que trabalhou e tornou-se famoso na companhia de Adelaide Ristori, a grande atriz trágica de seu tempo. Ele foi elogiado por Stanislávski, juntamente com Duse, pela sua liberdade física, pelo corpo que obedecia a demandas internas de sua vontade. Salvini era especialmente adorado pelo público quando fazia *Romeu e Julieta*.

Edwin Booth (1833-1893) é considerado o maior ator americano do seu século. Suas interpretações de Shakespeare tornaram-se famosas no mundo ocidental. A mais marcante delas foi *Hamlet*, na qual ele desenvolveu o seu estilo intenso e verdadeiro.

Henry Irving (1838-1905) dominou o palco londrino nos últimos trinta anos do século XIX. Foi, nesse período, o diretor e o primeiro ator do Lyceum Theatre, o grande teatro inglês. Seus monólogos tinham uma energia hipnótica e muita credibilidade.

Sarah Bernhardt (1845-1923) foi a atriz mais carismática da época. Em uma carreira de 61 anos ela se notabilizou pela sua "voz de ouro", sua beleza e estilo forte de ser e de atuar. Trabalhou na Comédie Française, mas, a partir de 1899, atuou no seu próprio Teatro Sarah Bernhardt.

Ellen Terry (1847-1928), atriz inglesa, parceira de Henry Irving no Lyceum, com quem viveu seus momentos de maior glória, ficou famosa pela vitalidade e inteligência com que construía seus personagens.

Eleonora Duse (1858-1924) atriz italiana que lutou e contribuiu muito para levar ao público uma interpretação verdadeira e rica de

---

18. A vida de Eleonora Duse, por exemplo, mostra vários destes momentos de desvario coletivo, como o que ocorreu em Lisboa quando todas as mulheres, na porta de saída do teatro, lançaram suas capas ao chão para que a Duse passasse até chegar à sua carruagem. Ou em muitas outras cidades, como São Petersburgo, onde forraram de rosas todas as ruas pelas quais ela iria passar. Cf. G. Pontiero, *Eleonora Duse Vida e Arte*, p. 189.

nuances afetivas. Em todas as companhias que trabalhou ela sempre insistia com os colegas, durante os ensaios, para que observassem o "sentido interior" de cada fala. Instintivamente ela buscava aquilo que, mais tarde, veio a ser conhecido como o "Sistema Stanislávski". A palavra-chave de Duse era "penetrar abaixo da superfície" o que equivale à "busca dos sentidos subjacentes" de Stanislávski. O próprio Stanislávski reconheceu este fato quando a viu atuando, já no auge de sua carreira. "Ela era o expoente perfeito dos princípios que ele ideara para seus alunos em sua busca da verdade e da sutileza, ao delinear o personagem"[19].

Apesar de igualmente famosa, Duse era o oposto de Sarah Bernhardt. Atuava sem pintura e sua voz não tinha grande potência, mas "seus braços dançavam", como disse Bernard Shaw, e suas mãos inquietas expressavam o que acontecia em seu espírito. De acordo com Stark Young ela sabia como "tornar plásticos os sentimentos"[20]. Os dois papéis que ela mais interpretou em toda a sua vida no teatro foram *A Dama das Camélias*, de Dumas Filho (seu grande sucesso desde o despontar de sua carreira) e *A Dama do Mar*, de Ibsen (presente em todas as *tournées* que realizou nas duas últimas décadas de sua vida).

Nos anos de trabalho da virada do século Eleonora Duse se queixava da ausência de um dramaturgo que satisfizesse sua necessidade de emoções profundas. Cansada de autores como Dumas Filho e Sardou, ela tentou uma aproximação apaixonada à obra e à pessoa de D'Annunzio, mas não foi bem-sucedida em ambas. Porém, sua carreira iria mudar a partir de seu encontro com Lugné Poe em 1905. Este, que já havia realizado várias montagens de Ibsen em seu Théatre de l'Oeuvre, deu a ela para que estudasse os detalhes das produções de *Rosmersholm* e *Quando Nós Mortos Despertarmos*. Ela se entusiasmou imediatamente. Pontiero descreve como ela se ajustou bem aos personagens ibsenianos:

O teatro de Ibsen agora suplantava o de D'Annunzio em sua incansável busca de "uma forma mais elevada de arte dramática". Sua intensidade e sua inteligência fizeram dela a intérprete perfeita de heroínas como Nora, Rebeca, Hedda e Éllida. Ela interpretava estas criaturas feitas de escrúpulos e traumas interiores à perfeição. O cerne de rebeldia existente em sua natureza ajudava-a a identificar-se com o conflito dessas personagens entre coragem e covardia [...] essas mulheres complexas exerciam um curioso fascínio que Duse nunca vivenciara com as triviais heroínas de Sardou e Dumas Filho. Os problemas de interpretação colocados pela concepção ibseniana do dever e da moral, ofereceram o desafio que Duse havia estado buscando intuitivamente. [...] Segundo Halvden Koht, um biógrafo de Ibsen, "Ibsen encontrara a intérprete perfeita de todos os seus mais profundos pensamentos". [...] Ao compará-lo com outros

19. G. Pontiero, op. cit., p. 53.
20. F. H. Londré, *The History of World Theater*, p.322.

IBSEN E O NOVO SUJEITO DA MODERNIDADE

dramaturgos norte-europeus, Duse iria observar: "Ibsen nada promete na superfície mas deixa-nos inflar as velas"[21].

Por causa desta possibilidade de ir fundo e longe com os personagens de Ibsen, Duse conseguiu montar várias de suas peças, não sem dificuldade por parte do público e dos críticos que não o compreendiam. Passaram a fazer parte de seu repertório: *Casa de Bonecas, Hedda Gabler, Rosmersholm, A Dama do Mar, John Gabriel Borkman* e *Os Espectros*.

Johanne Dybwad (1867-1950), atriz norueguesa, ficou conhecida em toda a Europa pelos seus "vinte papéis ibsenianos". Sua carreira profissional vai de 1887 até a Segunda Guerra. Foi, durante estes anos, a primeira atriz do Teatro Nacional de Cristiânia, dirigido, primeiro, por Bjornson e, depois, por seu filho. Mas era ela mesma quem dirigia as suas peças, baseada em uma interpretação simples e natural, criada por ela a partir do seu encontro com a obra de Ibsen.

Mantidas as devidas proporções, podemos dizer que Ibsen foi, para ela e para o Teatro Nacional de Cristiânia, o que foi o encontro de Tchékhov com Stanislávski no Teatro Nacional de Moscou. Segundo a tese de Guinsburg, em seu trabalho já citado, foi a partir da compreensão da sutileza de intenções contidas na dramaturgia de Tchékhov, que Stanislávski criou o seu "sistema" de interpretação. Johanne só se destacou como atriz – e desenvolveu sua forma sutil e intensa de atuação – quando encontrou uma dramaturgia que exigia a nuance de sentimentos que ela colocava na compreensão e na interpretação de seus personagens. Seu estilo aprimorou-se e consolidou-se com a encenação de quase todas as peças de Ibsen e também algumas de Bjornson, dramaturgo contemporâneo e amigo de Ibsen[22].

Todos estes "grandes atores" se fizeram grandes não a partir de ensinamentos de mestres ou diretores, mas baseando-se em suas próprias intuições de que eles mesmos e os homens de seu tempo já estavam prontos para experimentar um teatro vivo e aberto ao processo de criação pessoal do ator. Eles encarnaram e exprimiram a nova subjetividade que circulava em seu tempo.

O PÚBLICO

Se a dramaturgia da época pôde apresentar peças com uma estrutura mais aberta de significados e sentidos, e se foi ao encontro de atores que tinham esta abertura para viver as ambivalências e indeterminações que a caracterizavam, é porque havia também um público pronto a realizar um tipo de leitura de tais peças, baseado em novos critérios éticos e estéticos.

21. G. Pontiero, op. cit., p. 230.
22. Idem, p. 323.

SINCRONIA DE SUBJETIVIDADES 99

A nova burguesia que se tornava rica e poderosa e queria participar da alta cultura para afirmar sua inserção na camada superior da sociedade, tornava-se também – ao menos teoricamente – mais livre para pensar e querer seja lá o que fosse. Mas, como disse Kierkegaard em seu livro *O Conceito de Angústia*, a consciência da liberdade traz angústia: "o que é totalmente necessário não pode angustiar. O que angustia é a possibilidade ou o que aparece como uma possibilidade"[23].

Enquanto espectador de teatro, o burguês deseja, por um lado, que sejam mantidas as antigas regras e convenções tradicionais, por outro lado, empolga-se com os debates em torno das novas formas de escrever e atuar. É como se ele estivesse pronto para exercer sua maioridade, fazer suas escolhas pessoais, mas não tivesse ainda os meios para ponderar e valorar seus pensamentos e possíveis atitudes.

Neste sentido, os textos de Ibsen[24] tiveram a função de agentes emancipadores do público na medida em que "o transportava" para dentro do palco pelas identificações com personagens complexos ou ambíguos, desarticulando seus valores tradicionais e obrigando-o a revê-los para poder tomar uma posição; ou, por outro lado, impedindo qualquer identificação, mas provocando muita indignação e discussões infindáveis que se reproduziam e se multiplicavam nos cafés e nos lares burgueses[25].

Isto não quer dizer que tenha sido fácil conquistar um público que acolhesse estas transformações. Pelo contrário, as dificuldades foram muitas. A grande maioria dos espectadores estava acostumada com o entretenimento passivo das peças de *boulevard* ou, no máximo, das *pièces bien faites*, em que a "moral da história" já vinha explicitada pelos próprios personagens da peça. A concepção de teatro vigente, até as últimas décadas do século XIX, colocava a reação da platéia a uma peça como o critério de sua conveniência enquanto arte dramática; tudo girava em torno da idéia de uma boa compreensão por parte do público.

Um dos grandes críticos franceses da época, Francisque Sarcey, em seu *Éssai d'esthétique de théâtre* (1876), define a arte dramática como "o conjunto das convenções universais ou locais, eternas ou provisórias, com a ajuda das quais se representa a vida humana sobre o palco, de modo a dar *ao público* a ilusão da verdade". E, em relação aos reclamos de Victor Hugo sobre a necessidade da mistura do sublime com o grotesco, ele diz: "a questão não é se podemos mesclar a bufonaria e o horror, mas sim se mil e duzentas pessoas reunidas em

---

23. Citado por A. Valls, *O que é Ética*, p.61.

24. Não exclusivamente os textos de Ibsen, também os de Tchékhov, como veremos em seguida no estudo de J. Guinsburg, tiveram este poder emancipador.

25. Estas discussões generalizadas, especialmente sobre a peça *Casa de Bonecas*, chegaram a tal ponto que se chegou a imprimir nos convites para jantar, ou para festa, "pede-se não discutir *Casa de Bonecas*".

uma sala de teatro podem passar facilmente da lágrima ao riso e do riso à lágrima"[26].

Isto significa que ele aceitaria essa possível mescla de estilos se o público também a aceitasse, o que ele considera improvável, porque fogem do que considera a regra básica do drama que "se fundamenta em sentimentos que todos podem compreender e que interessam a todos na medida em que são sentimentos comuns à natureza humana; apresentados de maneira clara, desenvolvido logicamente e dotado de um feliz desenlace"[27].

Por esta regra básica podemos ver que a clareza e a lógica da estrutura dramática são as primeiras qualidades requeridas de qualquer obra de teatro. Em função disso podemos imaginar a reação adversa que as peças de Ibsen sofreram. A mais conhecida foi a indignação generalizada provocada por Nora, em *Casa de Bonecas*, quando resolve abandonar marido e filhos para ir em busca de si mesma no mundo. Mais terrível foi a reação de horror e asco dos críticos da época em relação a *Os Espectros*; mais de vinte adjetivos pejorativos foram espalhados por todos os jornais de vários países da Europa, sendo que a peça foi proibida na Escandinávia.

Quando o Théatre Libre de Antoine apresentou *O Pato Selvagem*, sua primeira peça fora dos padrões realistas – mas com uma história delicada e bela sobre a fragilidade dos que precisam mentir – foi o mesmo Sarcey que fez a crítica na imprensa, mostrando o quanto ficou perdido com um texto que não obedece ao que ele considera a regra básica do drama:

> Ibsen não faz qualquer esforço para apresentar seus personagens a você nem para expor a idéia da peça. Os personagens chegam ao palco e falam de seus assuntos sem que saibamos quem eles são e o que podem ser tais assuntos. Durante os dois primeiros atos é impossível, absolutamente impossível, apesar de todo o esforço para mantermos a atenção, adivinhar qual é a questão e o porquê dessas pessoas que falam, digam estas coisas e não outras[28].

O público, em geral, não foi tão resistente quanto Sarcey. A linguagem não lógica de Ibsen confundiu e assustou muitas platéias, especialmente na primeira montagem, *Os Espectros*, mas no ano seguinte, com *O Pato Selvagem*, o público de Antoine parecia mais amadurecido, demonstrando mais simpatia pelo estilo pouco convencional do autor.

É neste sentido que Bernard Shaw fez uma apreciação do trabalho de Ibsen, em sua conhecida obra *The Quintessence of Ibsenism*. Ele fala que Ibsen propôs e conseguiu uma mudança do público, de

---

26. M. Carlson, op. cit., p. 276.
27. Idem.
28. J. Chothia, *André Antoine*, p.57.

SINCRONIA DE SUBJETIVIDADES

uma atitude pacata que aceitava todos os ideais em voga, como padrões seguros de conduta, para uma atitude de vigilante abertura às idéias novas. Isto fez aumentar muito o sentido de responsabilidade moral; "já não basta examinar se os mandamentos e as leis foram cumpridos, mesmo um velhaco pode cumpri-los"[29].

Em seguida Shaw se faz uma pergunta: por que as obras dos grandes escritores da segunda metade do século XIX são tão diferentes de todos os outros clássicos da primeira metade? E por que as pessoas da primeira metade podiam ler Shakespeare, Dickens, Molière e Dumas, "sem a menor perturbação ética ou intelectual, mas que ao ler uma peça de Ibsen ou de Tolstói, ficavam transtornadas na sua complacência moral e intelectual e confundidas em sua noção de certo e errado?". Sua resposta é que houve uma mudança na atitude do público. Se antes a maioria pedia "divirta-nos, tome as coisas de maneira fácil e torne o mundo bonito para nós", isso parecia uma covardia para os espíritos fortes que ousavam encarar os fatos de frente. "O público nas últimas décadas do século XIX não é mais a criança que quer a ilusão, o conto de fada, nem o adolescente que quer romance e aventura, é o jovem adulto que quer discutir seus problemas de conduta ou de caráter"[30].

As peças de Ibsen se prestam a tais discussões, porque propõem um conflito não mais baseado no que está certo e no que está errado. O bêbado, ou o marginal, são tão conscienciosos, ou mais, quanto o aparente herói. A questão agora, segundo Shaw, é saber quem é o vilão e quem é o herói e isto quer dizer que *não há* vilões nem heróis. "O que Ibsen insiste é que não existe qualquer regra de ouro; que a conduta deve justificar a si mesma pelo seu efeito sobre a vida e não pela sua conformidade a qualquer regra ou ideal. Esta é a quintessência do ibsenismo: não existe fórmula"[31].

Em meados do século, quando os habitantes das cidades cosmopolitas escondiam seus sentimentos em uma aparência de enganosa contenção, o público ia ao teatro para ser um espectador da verdade, assistindo a verdade mostrada pelos atores, mas não participando dela. Ele tentava encontrar no teatro um mundo de pessoas realmente genuínas onde a vida ocorria a descoberto, aparecendo tal qual era. Era uma experiência vicária em que o espectador – tolhido em suas roupas contidas e escuras, em cinturas apertadas e disfarçadas com anquinhas – vivia por meio do ator, que se permitia todas as liberdades para expressar os sentimentos que povoavam a vida do personagem.

Na última década do século, parte daquela contenção começa a se esgarçar. No vestuário feminino caíram repentinamente as anquinhas e surgiram saias que aderiam aos quadris; voltam as cores mais

---

29. G. B. Shaw, The Quintessence of Ibsenism, *Major Critical Essays*, p. 147.
30. Idem, p. 162.
31. Idem, p. 149.

102 IBSEN E O NOVO SUJEITO DA MODERNIDADE

alegres e anáguas farfalhantes por baixo do vestido. O corpo ainda não se libertara das roupas apertadas, que ainda se mantiveram até o começo do próximo século, mas foi "envolvido com uma camada sexual nova"[32]. Com esta mudança na consciência de sua sensualidade e na necessidade de expressar a si mesmo, o público vai ao teatro para encontrar imagens de espontaneidade e novas atitudes frente às situações de sofrimento. A platéia é ainda passiva, em seu comportamento exterior, mas ela partilha sua subjetividade com o ator/personagem do palco. A densidade da nova dramaturgia – que acontecia em uma atmosfera especial, um palco iluminado por uma luz direcionada em focos precisos, em frente a uma platéia escura – veio acompanhada de uma nova forma de atenção evidenciada pelo silêncio dos espectadores.

A situação deste público da década de 1890 era ambivalente: de um lado, aumentou sua passividade, pelo excesso de defesa aos próprios sentimentos, deixando o ator "sentir por ele" as emoções que precisava ocultar; de outro lado, cresceu a volúpia e a curiosidade de assistir às novidades que os novos diretores e atores estavam exibindo, associadas ao medo e à angústia das transformações que aconteciam por todos os lados. Como os personagens de Ibsen, as pessoas, no escuro do teatro, lutavam com os demônios de seu mundo interior através da veraz interpretação dos atores. É possível que seja este o público mencionado por Bernard Shaw, não mais a criança sonhadora, nem o adolescente idealista, mas sim o "jovem adulto que quer discutir seus problemas de conduta ou de caráter".

Também J. Guinsburg, no livro *Stanislávski e o Teatro de Arte de Moscou*, mostra o quanto as transformações na dramaturgia vieram juntamente com as mudanças na interpretação dos atores e na recepção do público. A montagem de *A Gaivota* pelo Teatro de Arte de Moscou, em 1898, foi uma empresa ousada de Stanislávski e Dântchenko, uma vez que ela já havia sido encenada no Teatro Alexandrinski de São Petersburgo em 1896, resultando em um terrível fracasso, com um público que ria e bocejava demonstrando nada compreender da peça.

Mas depois de toda uma pesquisa de dicção, ritmo e de uma linguagem cênica que fugia completamente aos padrões vigentes, eles conseguiram realizar um espetáculo de grande sucesso, um verdadeiro marco histórico, porque todos perceberam que "uma nova arte teatral estava sendo comunicada [...] estava nascendo um novo estilo de discurso dramático no repertório russo e na arte cênica"[33].

Uma vez vencida a batalha dos diretores com o autor e os atores para conseguir esta nova forma de interpretação e encenação, a maior preocupação dos diretores, especialmente de Dântchenko, era com o público. Tinham medo que ele não acompanhasse a proposta da encena-

---

32. R. Sennett, *O Declínio do Homem Público*, p. 234.
33. J. Guinsburg, *Stanislávski...*, p. 101.

SINCRONIA DE SUBJETIVIDADES   103

ção. Pode-se ter uma idéia dessa apreensão pelo relato que Dantchenko mandou a Tchékhov alguns dias depois da primeira apresentação:

> Temíamos que o público não fosse de suficiente sensibilidade literária, não fosse bastante avançado, que estivesse *estragado* por efeitos teatrais baratos e não estivesse preparado para o tipo superior de sensibilidade artística de modo a apreciar as belezas de *A Gaivota*. Tivemos de pôr nossa alma toda na obra e todas as nossas esperanças baseavam-se nelas. Nós envidamos todos os esforços para assegurar que as maravilhosas disposições d'alma da peça fossem dramatizadas de maneira satisfatória. [...] Para a primeira noite eu perscrutei todo indivíduo que entrava, para estar certo de que a assistência consistia em gente da qual se podia esperar que apreciasse a beleza da verdade no palco [...] Mas, a despeito de tudo isso, meus sonhos nunca foram tão longe. Não posso descrever-lhe o conjunto de minhas impressões... nem uma só palavra, nem um som foi perdido... o público não apenas captou a atmosfera geral, ou a trama que é tão difícil de definir na peça, cada pensamento, cada movimento psicológico, tudo atingiu o alvo e manteve a platéia em suspenso.... A simpatia da platéia foi captada admiravelmente. Na verdade não consigo lembrar de outra peça que tivesse um público tão compreensivo[34].

Diante desta preocupação com o público podemos nos lembrar da "regra básica" de Sarcey e de como ela demandava a aprovação e o entretenimento da platéia. Mas, agora, nesse final de século, o que os novos diretores procuram não é simplesmente agradar o público, eles querem educar o público. Ensiná-lo a apreciar um teatro menos lógico e com personagens menos precisos, não com discurso, mas com uma ação dramática verdadeira, uma atmosfera de cena envolvente e uma dicção espontânea.

Pode-se realmente dizer que o comportamento do público mudou: ele aprendeu a não aplaudir os atores em cena aberta, para não "quebrar" o clima da peça; aprendeu a fazer silêncio diante de uma interpretação mais natural, ou menos gritada, dos atores e, provavelmente, aprendeu a sentir o drama de forma diferente, uma vez que este tipo de atenção e concentração abria novos canais de fruição do espetáculo à sua frente. Quando o espectador aprende a fazer silêncio também dentro de si mesmo, as suas sensações vão se organizar de outras formas, mesmo que ele não o perceba. Apesar de não ter consciência desses processos internos, ele vai se perceber pensando e sentindo em "lugares" de si mesmo onde nunca havia pensado ou desejado.

O que o público de teatro e o sujeito daquele momento estavam aprendendo era a "quintessência do ibsenismo", isto é, que não existe fórmula, não existem regras de conduta, não há mais uma autoridade ou instância superior que venha lhe prescrever o que é certo ou melhor. Novos critérios éticos e estéticos estavam se gestando no sujeito que descobria como fruir a vida e a si mesmo, enquanto processos, e que a única coisa permanente é o devir.

34. Idem, p. 101-102.

4. O Sujeito da Modernidade

> *Buscar o que se quer e querer o impossível é o conflito de todos. O grande trabalho da vida é lidar com este conflito e com a angústia que é geral a todos e é sinal de saúde.*
>
> Fátima Vicente[1]

A palavra "moderno" designa algo que avança com o tempo; o moderno da década passada, ou mesmo do ano passado, não é o moderno deste ano, entendido simplesmente como oposição ao que ficou antigo. Tal foi o sentido dado por Chateaubriand, que usou o termo *modernité* pela primeira vez em 1849. Para ele não se tratava mais de uma era que se opõe à antiguidade, mas ao que ficou para trás no tempo aliado a uma consciência de inovação.

Mas esse termo pode também se referir a algo que não tem continuidade no tempo, como "o transitório, o fugidio, o contingente, a metade da arte, sendo a outra metade o eterno e o imutável", como definiu Baudelaire a modernidade[2]. Com tais qualificativos ele caracterizava e nomeava, com alguma antecipação, a sua época, momento de transitoriedade e freqüentes metamorfoses, que ficou conhecida como Modernidade.

Foi nessa época que emergiu no mundo da racionalidade, um sujeito que tem consciência de sua inconsciência e de sua irracio-

---

1. Afirmação feita em uma palestra no Sedes Sapientiae, em 16/10/1999.
2. C. Baudelaire, *Sobre a Modernidade*, p.25.

nalidade. Este novo sujeito recupera algo que estava perdido desde a efervescência do Renascimento: sua dimensão interior, sua visão multifacetada e sua capacidade de perceber a si mesmo. Mas, certamente, a interioridade do homem da Renascença não tinha a complexidade e, sobretudo, as contradições que o sujeito do fim de século teve que enfrentar.

Para este sujeito não se trata mais do maravilhamento renascentista de perceber que não são os deuses nem o destino os responsáveis por sua vida, mas sim, ele mesmo, em sua nova liberdade de pensar e agir. Trata-se de uma descoberta de si que lhe trouxe também o desencanto e o desamparo. A civilização ocidental se tornava mais poderosa, produtiva e rica. Isto significava, para o homem, uma vida mais complexa em recursos a serem desfrutados e, na sua contrapartida, significava repressão dos desejos e dos impulsos interiores inadequados às conquistas sociais na qual ele estava empenhado.

A percepção destes impulsos aguçava-se. A literatura já vinha mostrando imagens da insatisfação e da angústia por meio de Madame Bovary, Ana Karenina, Raskólnikov, e tantos outros personagens de escritores como Flaubert, Tolstói e Dostoiévski. E, a partir da década de 1880, o teatro atinge mais diretamente o público com Nora, tio Vanya, Srta. Júlia e outras criações de Ibsen, Tchékhov e Strindberg, autores que inauguraram uma nova era na linguagem dramática.

Especialmente nas duas últimas décadas do século XIX, os dramaturgos levam para o palco, e para o mundo de cada espectador, personagens que se deparam com um desejo que eles mesmos não compreendem, mas cuja dimensão lutam para conhecer. Eles buscam novos quadros de referência para avaliar o comportamento humano em relação à sociedade e a si mesmos enquanto sujeitos de sua história.

Os valores universais, que desde o romantismo vinham sendo contestados, passam a ser literalmente descartados em nome de experiências mais pessoais e identificações com aspectos mais particulares, e menos perceptíveis da vida. Naquele momento de transição para as grandes rupturas que iriam se realizar no século XX – negadoras da racionalidade ou da transcendência do comportamento humano – os sujeitos se angustiavam com a ânsia de encontrar caminhos e linguagens para lidar com seus desejos e sentimentos contraditórios.

Era o momento de olhar para a sua cisão interna, cisão entre uma vontade racional e consciente, que se dispõe a controlar sua existência, e sentimentos incompreensíveis a esta vontade cada vez menos poderosa, ou menos eficiente em mascarar a experiência interior ainda não nomeada. São sujeitos em devir que, mesmo perturbados e perplexos, identificam-se com a pluralidade de seus afetos e experiências.

DESDOBRAMENTOS DO "SUJEITO" CARTESIANO

René Descartes (1596-1650) é freqüentemente apontado como o fundador do sujeito moderno, ao colocar o "eu penso" como critério de sua existência. Sua concepção racional e dual do ser humano foi fortemente assumida pela cultura do Ocidente, que tem se mantido, por séculos, como a forma de o indivíduo olhar a si próprio.

Mas será que esta *res cogitans*, tal como foi formulada por ele, esta "coisa pensante", refere-se a um sujeito? Refere-se à consciência? Não, certamente no *cogito ergo sunt*, não há uma subjetividade consciente de si mesma em seu ato de pensar. Ela é compreendida como uma coisa: "eu penso", isto é, "eu participo da substância pensante"; o pensamento é uma coisa consistente em si, independente do ato que a produziu. Por isso o chamado "sujeito" fundado por Descartes deve ser colocado entre aspas.

O *cogito* cartesiano é o lugar da razão, e a origem do conhecimento é algo que subjaz a toda pluralidade e da qual pode derivar todo o conhecimento humano, desde que baseado em premissas claras e distintas. O sujeito da modernidade se formou a partir da compreensão de que, pela razão, pode objetificar-se a si mesmo. Percebe-se como destacado, desengajado, do mundo. Assim ele ficou sem o quadro de referência que antes repartia com todos os elementos de sua comunidade, pois todos faziam parte da mesma ordem cósmica, uma ordem dada de significações. O novo sujeito da modernidade, moldado a partir da concepção cartesiana, ficou independente, sozinho, para criar significados para seus próprios atos e sua vida.

Foi Emmanuel Kant (1724-1804) quem concebeu a subjetividade como consciência de si e não como substância. O sujeito kantiano tem a possibilidade empírica – prática e natural – de conhecer a si mesmo, de praticar sua liberdade e autonomia. Seus atos devem se sujeitar às leis que ele mesmo formula a partir do imperativo categórico: "age de tal modo que a máxima da tua vontade possa valer ao mesmo tempo como princípio de uma legislação universal"[3]. É a união entre a subjetividade e a objetividade da razão. O sujeito se apresenta como um duplo par empírico-transcendental: a novidade kantiana é que o transcendental deixa de ser revelado, passando a ser imanente.

Muitos outros filósofos, médicos e pensadores contribuíram, ao longo dos séculos XVIII e XIX, para enriquecer e problematizar a idéia de sujeito. Shopenhauer, filósofo que viveu entre 1788 e 1860, transforma o idealismo transcendental de Kant em um idealismo subjetivo e psicológico. Viver, para ele, significa querer, desejar, mas admite que a consciência é frágil na sua tentativa de fazer a síntese entre a vontade e a representação. Por isso ele abandona o modelo dedutivo,

---

3. Apud, Denis Thouard, *Kant*, p. 121.

passando do ideal da verdade para a importância do sentido. Inicia-se com ele o pensamento genealógico, que também será usado por Nitzsche e Freud. Trata-se da substituição da explicação pela interpretação, que faz prevalecer o sentido, a subjetividade e a intersubjetividade.

Soren Kierkegaard (1813-1855) vai trazer para esta seara a primazia da subjetividade, ao dar mais importância à verdade subjetiva do que à objetiva. Indo além da visão filosófica, ele aborda a psicologia do homem, afirmando a sua liberdade de escolha como constitutiva do sujeito. Rejeita a idéia de um indivíduo como ser, o que existe apenas é um estado de constante vir-a-ser dado pelo uso que faz desta liberdade. Tal concepção do humano foi desenvolvida também por outros pensadores, que participavam da circulação de subjetividades que acontecia naquele final do século XIX.

Nietzsche (1844-1900) também vai criticar o *cogito* cartesiano, considerando que o Eu de Descartes é apenas o sujeito gramatical da proposição lógica: "penso, logo existo". Tal como Freud, que ele antecipa em alguns pontos, não acreditava em um eu unitário. Explica que toda unidade só é unidade como atuação conjunta de um sistema multidependente. O que mantém a unidade é a oposição de forças; ela não existe em si, mas se constrói dinamicamente, tal como o arco que só existe enquanto a madeira está distendida pela corda que a mantém envergada.

Na época de Ibsen, aquele *cogito* cartesiano, apesar de todas as contestações, continuou permeando os procedimentos de um sujeito, ainda que três séculos mais velho, com a diferença de que tinha consciência do custo desse controle racional e da impossibilidade de organizar amplamente sua existência, especialmente no mundo interior. Ele podia continuar exigindo o sentimento "correto" de si mesmo e do outro, mas *sabia* também que algo escapava ao seu controle, às suas exigências. Além disso, já tendo vivido as emoções do romantismo, volta a considerar, ainda que não ouse obedecer, os apelos de sua experiência sensível.

A dramaturgia de Ibsen mostra, exatamente, o momento de percepção dessa cisão interior do sujeito entre o que ele *quer* sentir e o que efetivamente *sente*, sem compreender o que seja. Mostra a evolução do querer humano, das tentativas férreas de uma vontade consciente e determinada, que impele o protagonista a "cumprir seu destino" até o desencanto e o descaminho de um desejo muito maior do que a consciência ou a racionalidade possam abarcar (característico dos personagens de sua última fase). O sujeito de Ibsen lutava com o *desejo*, como se ele fosse uma *necessidade* que pode ser controlada pela *vontade*; ele pressentia, e sofria como se soubesse, mas ainda não sabia discernir as naturezas distintas dessas qualidades do querer que envolvem diferentes níveis de consciência (ou de inconsciência). Freud, alguns anos depois da morte de Ibsen, iria esclarecer

O SUJEITO DA MODERNIDADE · 109

conceitualmente as diferenças entre desejo e necessidade ao mostrar ao mundo que é possível ter desejos que não se quer, não escolhidos conscientemente.

Espaço Público e Espaço Privado

Uma das conseqüências da subjetivação do mundo exterior foi a redução e a intensificação da vida familiar burguesa – que deixa de ser a antiga família extensiva tradicional, para ser uma família nuclear, mais eficiente em face da nova organização das grandes cidades, da mobilidade social e da divisão do trabalho.

Se no século XVIII conquistou-se o direito à privacidade, com a separação entre o público e o privado, no XIX o privado passou a ser um valor central da sociedade. A família, o amor conjugal e os filhos adquirem importância capital e passam a ser considerados o paraíso dentro de um mundo cheio de perigos e assaltado por uma brutal industrialização.

Richard Sennet, ao comentar as relações entre o público e o privado neste período, fala dos novos espaços para a experiência da privacidade na arquitetura das casas, na valorização da mulher e da criança e no vestuário, em que se tornam importantes as roupas de estar em casa, o *desabillé* e o *négligée*[4]. Ele analisa a passagem do homem público para o privado. A diferença entre eles é que:

enquanto o homem se *fazia* em público, *realizava* sua natureza no domínio privado, sobretudo em suas experiências dentro da família. [...] Gradualmente a vontade de controlar e moldar a ordem pública foi se desgastando, e as pessoas passaram a enfatizar mais o aspecto de se protegerem contra ela. A família constitui-se num desses escudos. A família burguesa tornou-se idealizada como a vida onde a ordem e a autoridade eram incontestadas. Na medida em que a família se tornou refúgio contra os terrores da sociedade, também se tornou gradativamente um parâmetro moral [...] consideravam a vida pública como moralmente inferior[5].

Era no espaço público que ocorria a violação moral e onde ela era tolerada, já que no abrigo do lar, esse refúgio idealizado das "maldades" do mundo, não se podia romper as leis da respeitabilidade. Em função disso, as pessoas permaneciam estranhas umas às outras em público. Em 1880-1890, começou-se a escrever manuais para orientar a educação dos filhos; a criança deveria receber uma atenção maior em sua formação moral. No entanto, havia uma ambigüidade em relação ao mundo exterior: era igualmente condenado e recomendado o ato de enfrentar os perigos mundanos de modo a não se perder neles, mas também de modo a desenvolver a força necessária para combatê-los.

4. R. Sennett, *O Decínio do Homem Público*, p. 117.
5. Idem, p. 33.

110 IBSEN E O NOVO SUJEITO DA MODERNIDADE

Ao lado disso havia a crença de que os sentimentos, uma vez despertados, eram exibidos no semblante do indivíduo mesmo contra a sua vontade de ocultá-los. Para manter uma certa invulnerabilidade as pessoas se retraíam; usavam roupas e jóias discretas, suprimiam seus sentimentos para não serem "lidas" em sua intimidade. O silêncio, em público, tornou-se o único modo de freqüentar a vida pública.

A Época da Reticência

Peter Gay fala desses tempos como "a época da reticência" na vida e na literatura, e situa a década de 1880 como o início da "era da franqueza", com as obras que devassavam a intimidade amorosa, como a do norueguês Hans Jaeger, que escreveu *Amor Doentio*, e do inglês Oscar Wilde, que praticava abertamente o homossexualismo. No entanto, ambos foram condenados e presos, pois a burguesia ainda "precisava da reticência, de modos civilizados de lidar com o desejo [...] todos os jornais da época foram unânimes em condenar Oscar Wilde, 'alguém que se expôs demais e não apresentou nada da virtude preciosa da reserva'"[6].

Em contrapartida exigia-se que, no teatro, os trajes e o comportamento em cena dos atores, fossem indicadores precisos das características do personagem. Em relação à vida do artista, podia-se observar que sua ascensão social era baseada na ostentação de uma personalidade excitante, moralmente suspeita e inteiramente oposta ao estilo de vida burguesa normal. Nesta evitava-se, por meio da supressão dos sentimentos, ser lido como pessoa. Tal atitude explica o delírio do público nas *tournées* dos grandes atores pela Europa e América. Os acirrados admiradores se privavam de seus preciosos casacos ou abrigos de pele para forrar o chão em que iria passar, por exemplo, a divina Duse, aquela que sabe e ousa viver seus sentimentos!

Peter Gay, em *O Coração Desvelado*, preocupa-se em entender as pretensões conflitantes do sujeito vitoriano e conclui que:

não se tratava necessariamente de uma hipocrisia, isto é, de pensar uma coisa e dizer outra. Na melhor das hipóteses, a privacidade proporcionava um apoio esplêndido para o desenvolvimento do Eu. [...] Nem tudo era motivo para orgulho, porém. Os homens e as mulheres de classe média que povoavam os consultórios dos alienistas demonstram que a religião da reserva muitas vezes se expandia além de limites razoáveis. [Tal reserva quanto às emoções íntimas] levava não à sua atrofia, mas à ocultação subterrânea, forçando-os a manifestações, na superfície, sob a forma de sintomas: pesadelos, neuroses, doenças psicossomáticas. Nada disso era segredo para os burgueses reflexivos que já expressavam sua intranqüilidade a respeito da reticência excessiva décadas antes de Freud propor um diagnóstico psicanalítico para a cultura da repressão na classe média[7].

6. P. Gay, *A Paixão Terna*, p. 179.
7. Idem, p. 192.

Daí a importância enorme que passa a ser dada aos artistas "reais", os únicos naquele fim de século, que expunham genuinamente a intimidade de um sujeito. O palco diz uma verdade que a rua não diz. O teatro torna-se cada vez mais ilusionista e, paradoxalmente, capaz de proporcionar certezas de sentimentos que o mundo cosmopolita das aparências e comedimentos não podia dar às pessoas. Chegou-se a uma paradoxal relação entre as pessoas da platéia e esta forma de arte; começou a se tornar uma relação de dependência: o teatro estava fazendo por elas aquilo que, na moderna capital, elas não poderiam fazer por si mesmas[8].

Deste reinado todo poderoso da família e a exigência de contenção em seus membros, especialmente as mulheres e as crianças, resultou uma educação repressora que considerava a espontaneidade nociva ao desenvolvimento da personalidade. A educação das crianças passa a ser vista como um investimento no futuro da família, sendo, portanto, alvo de todas as exigências do mundo burguês: asseio, decoro no vestir, disciplina, obediência ao desejo dos pais e, mais que isso, *realizar* o desejo dos pais.

Recomendava-se às mães que educassem pessoalmente seus filhos, ao invés de deixá-los apenas sob os cuidados das amas e serventes da casa. Mas, a autoridade máxima e incontestes era do pai, ou do marido, que "deve sustentar os direitos da inteligência contra as mulheres demasiado suscetíveis aos sentimentos, tentadas pela paixão, espreitadas pela loucura. É a esse título que Kant, Comte e Proudhon reivindicam o primado do pai no lar: o doméstico é importante demais para ser deixado à natureza fraca das mulheres"[9].

Foi do seio destas famílias "modelares" que saíram as famosas histéricas, durante muito tempo tratadas apenas pela terapia da fala, terapia que, antes de Freud, trabalhava somente no nível da consciência – onde não era possível perceber como o desejo toma a forma de sintomas. Nessa época o temor maior das pessoas era que suas angústias e incoerências tomassem vulto e resultassem em comportamentos "inadequados'; isto levavam-nas a negar tais angústias, usando como instrumento a força de sua vontade racionalmente estabelecida – que, hoje sabemos, não tem poder sobre o agente intrapsíquico da repressão.

Nesse mundo reticente e resguardado, onde se intensificavam os novos valores subjetivos – representados pela cultura dos sentimentos e emoções da vida privada – o esforço daquele sujeito precisava ser cada vez maior para enfrentar suas inconsistências e contradições com os valores da vida pública. Novos valores pessoais foram se gestando na esfera ética e estética à medida que esse sujeito começava a ter a possibilidade de nomear seus afetos ou perceber que sintomas podem

---

8. R. Sennett, op. cit.
9. G. Duby; P. Ariès, *História da Vida Privada*, vol. 4, p. 125.

112 IBSEN E O NOVO SUJEITO DA MODERNIDADE

denunciar desejos reprimidos. Estava ocorrendo a possibilidade de um novo olhar para si, o que é também uma nova forma de narrar a si mesmo como uma obra aberta. A ruptura realizada pela psicanálise foi justamente a de libertar o sujeito da prisão e do isolamento da introspecção consciente, habilitando-lhe um acesso ao inconsciente.

O NOVO SUJEITO FREUDIANO

> *o escuro não é iluminável, o escuro é um modo de ser: o escuro é o nó vital do escuro e nunca se toca no nó vital de uma coisa. Pois a coisa nunca pode ser realmente tocada. O nó vital é um dedo apontando-o.*
>
> CLARICE LISPECTOR[10]

Com Freud (1856-1939) a ilusão de unidade do sujeito se desfaz inteiramente. Ele expõe ao mundo um sujeito cujo psiquismo é cindido, não apenas em instâncias diferenciadas, mas também antagônicas. Antes de Freud, a palavra inconsciente era usada como adjetivo, designando a propriedade daquilo que estava fora do campo atual da consciência. Foi com *A Interpretação dos Sonhos*, de 1899-1900, que o termo inconsciente realmente se consolidou, na sua teoria, como uma instância do aparelho psíquico. Passava a ser, portanto, um substantivo. Freud fala que é nas *lacunas* das manifestações conscientes que devemos procurar o caminho do inconsciente. Ele se manifesta através de lapsos, chistes, fantasias, sintomas e sonhos.

A psicologia do século XIX, e boa parte da sua filosofia, é iluminista na medida em que identifica a subjetividade com a consciência. Freud retirou-a do centro do psiquismo. Até o final do século XIX a consciência reinou absoluta no pensamento filosófico. Schopenhauer e Nietzsche, de formas diferentes, vão questionar essa postura. Mas é Freud quem vai realizar, não só o descentramento da razão e da consciência, como caracterizar um sujeito centrado no desejo. Ele realiza este descentramento da consciência ao constatar o que ele mesmo chamou de "terceiro golpe narcísico" do ser humano. Em seu trabalho "Uma Dificuldade no Caminho da Psicanálise" de 1917, descreve como

o narcisismo universal dos homens, o seu amor-próprio, sofreu, até o presente, três severos golpes por parte das pesquisas científicas. O primeiro foi o *golpe cosmológico*, com a revolução copernicana que retirou a Terra do centro do universo; o segundo foi o *golpe biológico*, quando Darwin mostrou que o ser humano não é diferente dos animais ou superior a eles, ele próprio tem ascendência animal; o terceiro golpe, que é de natureza *psicológica*, talvez seja o que mais fere. Embora assim humilhado nas suas relações externas, o homem sente-se superior dentro da própria mente. Em algum lugar do núcleo de seu ego, desenvolveu um órgão de observação afim de manter-se atento

10. *A Paixão Segundo GH*, p. 89.

O SUJEITO DA MODERNIDADE

aos seus impulsos e ações [...] vamos, deixe que lhe ensinem algo sobre este problema! O que está em sua mente não coincide com aquilo de que você está consciente... *o ego não é o senhor da própria casa*[11].

Este último golpe, que foi a própria revolução psicanalítica, consiste na descoberta de Freud de que o homem não governa nem sequer em sua subjetividade, "o ego não é o senhor da própria casa", seu psiquismo inconsciente é que determina o consciente.

Até 1895, quando a psicanálise foi reconhecida como método terapêutico, a psicologia clínica e a psiquiatria praticavam terapias que levavam em conta somente a parte consciente do psiquismo. Seu postulado básico é o da unidade do sujeito. Havia no meio científico o reconhecimento de uma divisão da consciência, mas apenas como um fenômeno patológico. A explicação destas patologias era de ordem biológica e hereditária. Isto significa que em termos de normalidade era impossível conceber um sujeito que não fosse unitário; *a consciência definia o ser do psiquismo* e, caso isso não acontecesse, a explicação era atribuída a uma disfunção biológica do organismo[12].

Para Freud "a interpretação dos sonhos é a via real que leva ao conhecimento das atividades inconscientes da mente"[13]. Nesta obra ele faz duas afirmações básicas: 1. *os sonhos não são absurdos, possuem um sentido*; 2. *os sonhos são realizações de desejos*. O pressuposto de Freud é que a pessoa que sonha sabe o significado de seu sonho, apenas não sabe que sabe, pois a censura a impede de saber. A partir desse trabalho Freud abandona a concepção neurológica e entra no campo do sentido. Para compreender os sonhos – e o comportamento – deste indivíduo importa menos descobrir a sua causa, do que ponderar o sentido e a interpretação que o sujeito possa dar a ele. Este sentido vai se organizando à medida que o sujeito pode elaborar os sonhos, as associações, os lapsos que vêm do seu inconsciente.

Em "A Interpretação dos Sonhos" Freud deixa claro que o processo onírico se desenvolve segundo leis completamente diversas daquelas que governam o pensamento desperto. O estado "livre" da energia psíquica, a ausência de tempo e espaço são elementos constitutivos dos fenômenos oníricos. Eles se caracterizam pela grande mobilidade dos afetos e pela possibilidade de condensar e deslocar, de umas para as outras, as cargas afetivas, o que dá origem às diferentes formações do sonho.

---

11. S. Freud, *Obras Completas*, vol. xvii, p. 178. Grifos do autor.
12. J. Birman, *Estilo e Modernidade em Psicanálise*, p. 23.
13. S. Freud, A Interpretação dos Sonhos, op. cit., vol v, p. 647.

Necessidade e Desejo

A forma como Freud propõe o funcionamento do psiquismo possibilita, para o sujeito que quer entendê-lo, uma discriminação fundamental: a diferença entre desejo e necessidade. Enquanto a necessidade implica satisfação, o desejo – que não se reduz à ordem biológica – jamais é satisfeito. Ele pode *se realizar* em objetos, mas não *se satisfaz* com esses objetos. Freud exemplifica essa diferença com o bebê que chora porque tem fome, uma necessidade que é satisfeita com o seio materno; a percepção da "situação de satisfação original" fica gravada na criança que vai reevocar esta percepção; "um impulso dessa espécie é o que chamamos de desejo; o reaparecimento da percepção é a realização do desejo [...] uma repetição da percepção que se achava ligada com a satisfação da necessidade"[14].

O desejo, em Freud, é um movimento psíquico que não visa um objeto exterior, mas sim algo que está no interior da psique: a imagem da situação da primeira satisfação que ficou gravada desde então. O desejo visa reproduzir aquele estado de satisfação que tem a característica de ser sempre *anterior*, o objeto externo será investido se ele se conformar com essa imagem, mas jamais satisfará plenamente, porque aquela percepção é única e pertence ao passado, não pode ser repetida.

O sujeito da modernidade, que estamos focando, é este que percebe sua condição de ser eternamente desejante frente à imprevisibilidade do outro, do qual depende para se constituir. Para voltar-se sobre si mesmo o Ego necessita da figura dos pais, que lhe antecipam e investem afetivamente nele. Portanto, o sujeito se constitui pela oposição permanente entre o pólo de dentro e o de fora. Ele depende do outro, e isto faz com que se sinta eternamente devedor a ele, mas precisa manter sua integridade para continuar existindo. Por isso oscilará permanentemente "entre o amor de si e o amor de outro"[15].

O mais importante em todas estas idéias que levantamos para falar da trajetória do sujeito na civilização ocidental é a visão que o homem passou a ter de si mesmo. Desde a virada para o século XX ele se vê, consciente ou inconscientemente, como um sujeito singular, desejante e cindido em instâncias antagônicas; um sujeito múltiplo e em constante transformação, em permanente devir.

Se Freud quebrou a unidade do sujeito como aquele ser da consciência, foi Ibsen que criou as condições para que ele "contracenasse" com personagens em processo de reelaboração de sua subjetividade. É este sujeito, filho da filosofia, da psicanálise e da arte, que Ibsen expõe ao público, convidando-o a entrar em contato com o outro de si mesmo.

---

14. Idem, p. 602-603.
15. J. Birman, *Estilo e Modernidade...*, p. 33.

O SUJEITO DA MODERNIDADE   115

Certamente este sujeito não foi gestado pela teoria de Freud, nem foi ele o único a concebê-lo dessa forma. Todas as transformações econômico-político-sociais já apontadas em outro capítulo, todos os grandes artistas e cientistas que lidaram com sua pluralidade, antes e depois da psicanálise, são igualmente significativos e determinantes. Não se trata tampouco de usar Freud para justificar ou explicar Ibsen. O que importa é esse momento de ruptura na visão do novo sujeito formulado por Freud e enriquecido por muitas outras visões posteriores.

Este novo sujeito podia participar de um drama que lhe dizia respeito – identificando-se com personagens dilacerados por seus conflitos internos e analisando suas decisões – e isto poderia levá-lo a enfrentar suas próprias cisões internas, a dar um significado às contradições e ambivalências de seus sentimentos, a encarar seu desamparo enquanto ser eternamente desejante e – quem sabe – criar uma outra forma de olhar para si mesmo, para sua humanidade igualmente potente e impotente frente à tarefa de ser o sujeito de sua história. Cada espectador poderia fazer suas elaborações internas para se apropriar mais e melhor daquilo que reconhecesse como seu, ou como *falta* em si mesmo.

O NOVO SUJEITO NA OBRA DE IBSEN

> *Sou uma folha de papel condenada a permanecer sempre em branco. Me deixaram sem imprimir [...] Que será de mim? Quem sou eu? Me ajude ó grande... ah, me esqueço até o seu nome; serei o que o senhor quiser, turco, duende, ou simples mortal pecador; algo se quebrou dentro de mim!*
>
> PEER GYNT, final do 4º ato.

A obra de Ibsen veio ao encontro do novo sujeito da virada do século – o sujeito com uma nova possibilidade de auto-refletir, de se pensar a partir do que nele é falho –, ela veio mobilizar seus anseios de verdade para consigo mesmo, trazendo-lhe, em contrapartida, a dúvida e o desencanto. Muitos dos personagens ibsenianos questionaram radicalmente os valores que sustentavam a cultura da reticência e mantinham seus membros em um mundo fechado. Ibsen foi buscar esse sujeito no abrigo sagrado da família e colocou-o frente a seus sentimentos, não mais para cultivá-los, mas para se reconhecer neles, assumindo-os e nomeando-os a partir de uma experiência significativa. Mais importante que buscar a livre expressão das emoções – coisa que já havia sido experimentada no romantismo – era dar um sentido a elas, era trabalhar o embate de seu desamparo com o anseio de plenitude que lhe é constitutivo.

Não se tratava mais de levar o público a assistir o extravasamento de "sentimentos genuínos", mas sim de chamá-lo a discutir sua inti-

IBSEN E O NOVO SUJEITO DA MODERNIDADE

midade e a romper a barreira do falso comedimento, questionando os valores sociais que foram internalizados, mas não assumidos intimamente. Ibsen queria que as pessoas pudessem fazer por si mesmas aquilo que, até então, o teatro estava fazendo por elas.

Limites da Consciência

A grande mudança, que já vinha se gestando desde os românticos, foi a percepção de que a razão, bem como a consciência que faz uso dela, não podiam dar conta de explicar, organizar ou controlar o comportamento humano e sua imprevisibilidade. Tanto na vida diária como nos dramas de Ibsen, o mundo inconsciente se fez presente, penetrando pelos interstícios do controle cada vez menos eficiente de um Eu e de uma vontade individual que perdia sua coerência e integridade.

Freud deixou claro que consciente e inconsciente têm linguagens e lógicas distintas; no âmbito da consciência, o indivíduo age como sujeito da ação e sua linguagem é direta e racional; o inconsciente não é linear, não tem tempo nem espaço, e usa imagens que condensam muitos significados ou ocultam outros que foram impedidos de manifestar-se claramente. Na mais famosa de suas peças, *Casa de Bonecas*, Ibsen não quer falar, apenas, das "centenas de mulheres que sacrificaram sua honra pela honra dos maridos"[16], ele vai mais longe ao colocar em dúvida o papel que a consciência vinha desempenhando até então.

Faz com que Nora dê um mergulho no escuro, que se abra para um mundo desconhecido, inconsciente, uma vez que ela confessa ter deixado de acreditar na consciência como o guia moral de seus comportamentos. Quando o marido pede que ela consulte sua consciência, ela responde que as leis, os preceitos sociais, religiosos e familiares não podem mais servir de guia para suas ações. Em seu vôo cego, ela resolve abandonar tudo sem saber absolutamente quem ela é, no que acredita e o que irá fazer de sua vida. Ela quer ir ao encontro daquilo que não conhece, quer estabelecer os seus próprios valores, alegando que a consciência tornou-se um instrumento de repressão.

eu realmente não sei. Estou perplexa diante de tudo. Só sei que você e eu encaramos o problema [do que seja ter uma consciência moral] de maneiras diferentes. Eu aprendi também que as leis são muito diferentes do que eu pensava, mas não consigo convencer-me de que as leis sejam justas. De acordo com elas uma mulher não tem o direito de poupar seu pai agonizante, nem de salvar a vida do marido. Não consigo acreditar nisso [...] Não tenho idéia do que vai acontecer comigo. [...] Eu preciso ficar sozinha se eu quiser compreender a mim mesma e, se possível, todo o resto[17].

16. São palavras de Nora na discussão final do casamento, *Casa de Bonecas*, p. 167
17. Idem, p.169.

Irrupções da Irracionalidade

Os personagens de Ibsen, ao procurarem ser verdadeiros consigo mesmos, se deparam com situações ou sintomas que não se deixam captar pelo pensamento racional; isto acontece especialmente nas peças da última fase, após seu período "realista" – mas também na primeira fase, antes da "realidade" se tornar a tônica de seu trabalho. Nas peças dessas fases emergem no mundo cotidiano seres ou comportamentos vindos de um lugar desconhecido. Ao tentar nomear as forças desse mundo inconsciente que tanto o atrai, Ibsen criou, ou foi buscar no folclore de sua pátria, metáforas e seres imaginários que fizeram o papel interdito à racionalidade.

Trolls que contracenam aberta ou indiretamente com as pessoas[18]; duendes, gnomos que ora perseguem, ora libertam (em *Peer Gynt* e na *Noite de São João)*; cavalos brancos que anunciam a morte (em *Rosmersholm*); o Boyg que manda Peer contornar os obstáculos ao invés de enfrentá-los, todos estes são seres que surgem, literalmente ou referidos pelos personagens, para colocar em cena os motivos ocultos, para realizarem desejos inconscientes, ou não expressos, para destruir irracionalmente aquilo que um ser razoável não faria.

Os *trolls* aparecem no discurso da grande maioria de seus personagens quando querem se referir à presença de impulsos sem nome que demandam uma forma de expressão. Um exemplo em que esta presença vem junto com a sua explicação é em *Solness, o Construtor,* ao conversar com Hilda Wangel que chegou inesperadamente em sua casa para desafiar seus possíveis desejos:

> Solness: Por que você deixou seus pais? Havia alguma coisa errada por lá?
> Hilda: Foi esta coisa dentro de mim que me empurrou e me trouxe aqui. Me tomou e me fascinou também.
> Solness: Agora entendi! Agora entendi, Hilda! Há um *troll* em você também. Assim como há em mim. Porque é o *troll* em nós, é isto que invoca os poderes fora de nós. Então temos que deixar acontecer - quer queiramos ou não[19].

Outro exemplo moderno de *troll* é Hedda Gabler, *a trollish woman,* ou uma mulher-troll, nas palavras de Harold Bloom. Uma mulher que, "como os demônios goethianos é o destruidor dos valores humanos e que parece ser o inevitável lado sombrio das energias e talentos que excederam a medida humana"[20]. Ou poderíamos dizer, que ficaram aquém da medida humana. Hedda se comprazia em ver

---

18. A palavra troll é por vezes traduzida como duende, outras vezes como demônio. Seu significado na mitologia escandinávia refere-se aos seres intermediários entre o animal, o demônio e o homem, que moram no meio das montanhas e não podem viver à luz do sol.

19. *The Master Builder and other Plays*, p. 178.

20. H. Bloom, *The Western Canon*, p. 330.

a derrocada de pessoas que lutavam para vencer seus desequilíbrios, como Lovborg, homem de talento que havia conseguido escrever um belíssimo livro ao deixar de beber. Sua amiga, Théa, está exultante por ter sido quem o auxiliou na escritura, incentivando-o também a parar de beber. Hedda, em uma única noite, faz com que Théa se afaste dele, provoca-o para que se embriague e perca o manuscrito original do livro. Quando este manuscrito vem parar nas mãos de Hedda, ela joga-o na lareira e queima aquilo que Théa e Lovborg haviam chamado de "nosso filho". Para completar seu trabalho, ela empresta uma pistola ao antigo amigo, agora desesperado por ter perdido seu texto, convencendo-o a se matar.

Ela não mostra motivos claros que justifiquem seus atos, é como que movida por estes *trolls*, ou "demônios interiores" como também os chamava Ibsen, que parecem estar sempre a cavar os subterrâneos da inveja, do ciúme, do ódio e dos desejos inadmissíveis e, por isso, recalcados. Ela transpira insatisfação, tanto no casamento como na vida. Hedda é uma mulher que não consegue entrar em contato com seus próprios desejos, não cria um discurso ou uma linguagem para representar seus afetos. Ela mesma confessa: "a única vocação que tenho na vida é para entediar-me mortalmente". Ela dá indícios de que precisa da companhia de pessoas diferentes de seu fastidioso marido, mas mostra-se incapaz de construir uma via para contracenar com o outro – com o diferente de si – sem se perder.

Ibsen serviu-se com largueza destes seres *trollish* e fantásticos na primeira fase de sua obra, mais mítica e "romântica", e também na última fase, que alguns chamam de simbolista. Sejam eles literais, sejam implícitos no comportamento, são igualmente poderosos e assustadores como todos os *trolls*. Como bom estudioso do folclore norueguês e da alma humana, Ibsen compreendia intuitivamente os *trolls* como a expressão das forças que movem o comportamento humano, mas que não podem ser explicadas de forma lógica e racional. Suas últimas peças mostram a nova maneira como se pode colocar os *trolls* em cena no mundo civilizado contemporâneo e, assim, deixar aberta a via de acesso ao inconsciente humano.

Nas "mulheres-Hilda" – Hilda é encarnação do demônio na mitologia nórdica – o elemento *troll* fazia parte da própria natureza delas, na medida em que encarnavam absolutamente seus impulsos deletérios e suas ações eram a resultante disso. Em outros momentos, Ibsen usava seres fantásticos para falar de coisas ocultas da consciência humana, daquilo que não é confessável nem para si mesmo. Um dos muitos exemplos possíveis deste uso é o da "mulher dos ratos", na peça *O Pequeno Eyolf*. A mãe confessa a perturbação que lhe causa ver seu filho aleijado por um descuido dela e o quanto ele atrapalha sua vida sexual com o marido, por estar cheia de culpas. Neste momento, chega a "mulher dos ratos" e pergunta se ela tem algo que es-

O SUJEITO DA MODERNIDADE

teja atrapalhando e da qual queira se livrar. Apesar de receber resposta negativa, a mulher *sabe o que* a mãe não ousa dizer, e leva o menino para o fundo do mar.

A Questão da Identidade

O momento em que acontece a obra de Ibsen é um divisor de águas, é o momento de diferenciar o homem público do privado; o mundo exterior do interior; o conhecido do desconhecido; o eu do outro. Na obra de Ibsen esta diferenciação significa a possibilidade, e o *dever*, do indivíduo de tornar-se ele mesmo, de descobrir e realizar, *sozinho*, aquilo que ele quer. Em sua exaltação do sujeito emancipado e autônomo, Ibsen acreditava fundamentalmente no homem solitário. É antológica a frase final de *Um Inimigo do Povo*, em que o médico que quer defender o balneário dos perigos da água contaminada é agredido por toda a cidade, e sua conclusão final é que "o homem mais forte é aquele que está só"[21]. Em muitas de suas cartas a Brandes, Ibsen fala de seu horror ao Estado e ao indivíduo reduzido a homem-cidadão:

> É preciso abolir o Estado. Esta é a revolução que terá minha aprovação. O começo de uma verdadeira liberdade está em combater a idéia de Estado, considerar a iniciativa individual em tudo que se relacione à ordem psíquica, como condição ideal a toda associação[22].

Esse isolamento do sujeito ibseniano (tanto do autor como do personagem que ele cria), essa sua escassez de abertura para a diferença e para a falta, fora e dentro de si mesmo, impede-o de aceitar – mesmo reconhecendo a existência – situações contraditórias, mas igualmente importantes para o mecanismo de sua psique. É o caso, por exemplo, de Hedda Gabler e Rita Allmers que já vimos.

O sujeito ibseniano, da virada do século, apesar da ebulição cultural em que estava inserido, mais pressentia do que vivia a dilaceração de sua identidade que iria ocorrer, de modo cabal, menos de duas décadas depois de sua morte, com as grandes rupturas do dadaísmo, surrealismo e cubismo (entre muitos outros "ismos").

Os últimos anos do século XIX foram anos de presságio. Enquanto Ibsen delineava *Solness, o Construtor* (1892), o perfil de um homem apavorado com a força arrasadora da juventude, que pode "bater-lhe à porta a qualquer momento" – e que realmente chega para seduzi-lo e tirar-lhe a vida –, seu conterrâneo Edvard Munch, criava *Noite de Tempestade*, um quadro cheio de horror e presságios, que Ulrich Bichoff considera

---

21. *Teatro Completo*, p. 1438.
22. M. Rémusat, *Lettres de Henrik Ibsen a ses amis*, p. 118.

a imagem da tensão interior e do conflito. As mulheres que tapam seus ouvidos com as mãos não estão apenas se protegendo do estrondoso ruído do vento e do mar. Além deste nível literal, elas são a imagem de uma sociedade em ponto de explosão, uma sociedade que vemos também nas peças de Ibsen. Nas palavras do próprio Munch [...] "opressão e ansiedade estão se gestando em meu ser interior sentindo um terremoto que está por vir"[23].

Possibilidades de Elaboração Interior

Mas este isolamento das figuras de Ibsen não é absoluto. Há, pelo menos, dois grandes *insights* de personagens que acontecem por meio do *outro*. De formas diversas, Nora e Éllida, de *Casa de Bonecas* e *A Dama do Mar*, percebem-se a si mesmas em uma situação angustiante, e se propõem a mudar radicalmente de vida, através de sua relação com o outro, no caso, o marido. Ibsen quer falar do indivíduo que começa a se constituir como o sujeito "de uma ordem psíquica"[24] ao ter que enfrentar as alienações de si mesmo, ao Estado, à família, à religião, etc. e ao elaborá-las através de símbolos e nomes irão formar uma nova linguagem, um novo discurso sobre si mesmo.

Quando Nora decide deixar a sua casa é porque se percebeu, pela primeira vez, como o sujeito de sua própria história e pôde ver o marido como um estranho, um outro separado de si. Afastando-se dele pôde tomá-lo como referência para redimensionar a sua subjetividade. Percebendo sua anterior alienação à pessoa do marido, e podendo verbalizar isto em uma linguagem própria, ela traduz a força da sua decepção na produção de um discurso capaz de diferenciar os sentimentos que reconhece como seus dos que não lhe dizem respeito.

> Helmer: Abandonar sua casa, seu marido e seus filhos. E você não pensa no que as pessoas vão dizer?
> Nora: Não, nisso eu não penso de maneira nenhuma. Só sei que preciso.
> Helmer: É revoltante você ser capaz de abandonar assim seus deveres mais sagrados.
> Nora: O que você considera meus deveres mais sagrados?
> Elmer: Preciso dizer-lhe? Não são seus deveres para com seu marido e seus filhos?
> Nora: Eu tenho outros deveres igualmente sagrados.
> Helmer: Não tem não. Que deveres seriam esses?
> Nora: Para comigo mesma.

Éllida, a dama do mar, passou anos tentando fazer o papel de esposa de um marido que ela não sabia sequer se amava. Seu imaginário estava povoado por um ser *estrangeiro* (como o chamou Ibsen) que ela, ao mesmo tempo, queria e não queria encontrar. Sua angústia vai num crescendo arrasador até o ponto de ela não ter mais lugar para

23. U. Bischoff, *Edvard Munch*, p. 54.
24. Ver nota 22.

existir, nem fora nem dentro de si mesma. É o complacente marido que vai dar a ela a possibilidade de escolha; é aí que acontece o *insight* que lhe permite querer ficar com o marido, e perceber a "responsabilidade pessoal" de sua escolha. O marido diz a ela: "Aí está você, absolutamente libertada de mim. Escolhe livremente Éllida. E sob a sua exclusiva responsabilidade"[25].

Ao contrário de Nora, Éllida não abandona o lar; decide ficar e passar a ser a esposa e a mãe que nunca havia conseguido ser para as filhas de seu marido. Isto acontece quando entra em real contato com o amor desinteressado dele e com o interesse de suas filhas por ela; Éllida percebe os *outros* que ainda não havia "visto' – e que lhe querem bem. É quando reconhece sua pertinência e exclama, já no final da peça: "então havia lugar para mim aqui?!".

Isto significa uma abertura de Éllida para a alteridade, tanto fora, como dentro de si mesma. Nunca saberemos se ela conseguirá "esquecer" o marinheiro estrangeiro, que representava a liberdade do mar aberto, se ela conseguirá ter a abertura suficiente para lidar com a impossibilidade de seu desejo oceânico. O autor mostra que ela foi capaz de uma elaboração interna de seus afetos, mas deixa em aberto o drama ontológico que, inevitavelmente, continua a acontecer a este sujeito, a exigir-lhe que seja capaz de assumir seu desamparo – e a angústia dele advinda – e ainda de conviver com a certeza de que tal desamparo é inerente à sua estrutura biológica e psicológica, como Freud nos fez ver[26].

Peer Gynt: a Longa Elaboração de um Eu Sempre Adiado

Em *A Dama do Mar* e *Casa de Bonecas* existe uma abertura para o indeterminado, para a possibilidade de crescimento e para a alteridade. Mas, na grande maioria das outras peças, os personagens tentam dar conta de abarcar toda a verdade sobre eles mesmos e, ao se depararem com sua impotência em fazê-lo, se deixam destruir de alguma forma. Apesar de vislumbrá-la, Ibsen parece não estar pronto ainda para assumir aquela ausência como constitutiva do sujeito. Mas há um de seus personagens que vai viver literalmente, durante cinco atos, o longo processo de buscar e perder a si mesmo, de ser vários e antagônicos, de querer, por todos os meios, saber quem ele é. Seu nome é Peer Gynt.

Este poema dramático, por ser anterior às peças realistas, não tem qualquer preocupação em ser verossímil. Ao contrário, fala de uma forma poética, livre e bem-humorada, de um jovem criado por pais

---

25. *Seis Dramas*, p. 332.
26. Em Inibições, Sintomas e Ansiedade, ele diz que "o desamparo mental da criança é um símile natural de seu desamparo biológico", *Obras Completas*, vol xx, p. 162.

que viveram de fantasia. O pai foi um beberrão dissipador da fortuna familiar e a mãe embalou o filho com os contos fantásticos que povoavam o folclore e a sua própria imaginação. Peer Gynt revelou-se o rapaz mais fantasioso da aldeia, sendo também o menos propenso a assumir qualquer compromisso ou responsabilidade.

Ele se envolve nas mais inusitadas aventuras como a de roubar a noiva da festa de casamento e abandoná-la na manhã seguinte, porque havia conhecido Solveig, para ele, a mais pura e encantadora das mulheres. Envolve-se, depois, com a filha do rei dos *trolls*, para tornar-se rei também; concorda em abandonar o lema dos humanos "homem, seja você mesmo" para adotar o lema dos *trolls* "*troll*, baste-se a si mesmo", mas desiste da união quando percebe que precisaria mutilar a sua visão. Após embalar a morte da mãe com histórias fantásticas que os dois sempre compartilharam, Peer sai para o mundo para fazer fortuna e realizar seu sonho de tornar-se imperador. Abandona Solveig na cabana que construiu no bosque, fugindo das perseguições dos membros da aldeia e da mulher-*troll*.

No quarto ato ficamos sabendo que Peer enriqueceu com o tráfico de escravos e, para compensar o possível pecado deste ato, comercializava ídolos religiosos para a China, justificando-se: "Assim, os efeitos de cada um se neutralizavam e a minha consciência ficava tranqüila"[27]. Com este poder de negar e racionalizar sua culpas e frustrações, ele passa por várias perdas e recuperações de sua fortuna sem se lamentar jamais; em todas as situações, seja de sucesso ou de fracasso, ele se adapta sempre, produzindo discursos otimistas, cada um deles fundado em valores diferentes, mas sempre orientados pelo mesmo mote: "o principal dever de um homem é ser fiel ao seu Si-mesmo"[28] (ou ao seu Eu, em outras traduções).

Peer torna-se profeta no Marrocos e deixa-se roubar por Anitra, uma de suas "fiéis"; a culminância de suas aventuras acontece em um manicômio no Egito onde ele é coroado "o imperador dos exegetas", porque definiu a si mesmo como aquele que sempre foi ele mesmo. Na última cena deste ato, antes de desmaiar na casa de loucos, ele disse: "algo se rompeu dentro de mim! Ajuda-me, tutor de todos os loucos!". Daí por diante ele vai precisar de ajuda e vai aprender a pedi-la. Seu ego consciente e oportunista não consegue mais produzir racionalizações para se adaptar às situações aversivas. Seu "Eu gynteano que é uma multidão armada de concupiscência, cobiças e paixões; um oceano de idéias, exigências e pretensões"[29], entra em colapso depois de toda uma vida de malabarismos para servir a vários senhores: o mundo externo, os impulsos internos vindos do incons-

---

27. *Peer Gynt*, Madrid: Magistério Espanhol, 1978 , p. 109.
28. Idem, p. 105.
29. Idem, p. 73. É como ele mesmo se define.

O SUJEITO DA MODERNIDADE 123

ciente e aqueles vindos de seu ego que tudo faz para que o mundo coincida com eles.

Peer gastou sua vida e suas forças para fazer essa mediação e procurar manter todas as instâncias de seu ser satisfeitas e, exaurido, sente a necessidade de voltar para casa (em mais de um sentido), apesar de acreditar que ninguém o esperava lá. No último ato nós o encontramos em um navio, fazendo o caminho de volta ao seu país. Durante a tempestade e o naufrágio, que levou à morte quase toda a tripulação, ele encontra o *estranho passageiro*, uma figura que tenta provocar o seu medo, mas com a qual Peer não entra em contato mais uma vez. Esta figura misteriosa pode ser vista como uma das partes de sua cisão interna, que se tornou evidente a partir do colapso na casa dos loucos. O diálogo final entre eles revela que seu mecanismo de negação da dor está falhando, o medo está buscando a forma para "entrar em cena". Quando Peer pergunta ao estranho quem ele é, o outro responde:

> Estranho passageiro: Sou seu servidor
> Peer Gynt: E que mais?
> Estranho passageiro: Alguém que costuma empregar o medo para advertir sobre o perigo.... Meu amigo, você já sentiu alguma vez o peso da angústia? Nunca, nem sequer uma vez a cada seis meses?
> Peer Gynt: As pessoas têm medo na frente do perigo, mas acho que os termos que você emprega são demasiado trágicos.
> Estranho passageiro: Você não experimentou nenhuma vez a sensação de profundo triunfo que a angústia vencida proporciona?
> Peer Gynt: Se veio para me propor uma saída, é uma pena que não tenha chegado antes. Não se tem direito de opção quando o mar está quase te tragando.[30]

Chegando à sua pátria e à sua aldeia ele se encontra com todas as figuras que abandonou em seu passado. Passa a fazer o luto de suas perdas e, fato crucial, sente angústia pela primeira vez, entra em contato com a frustração. É aí que acontece a famosa cena em que ele descasca uma cebola, atribuindo a cada camada um dos papéis que desempenhou na vida; ao fim do processo percebe que a cebola não tem centro, que "não se chega a encontrar nem osso nem semente! No centro não há nada. A natureza gosta de se divertir. A vida é como se tivéssemos uma mosca atrás da orelha e quando tentamos agarrá-la ela escapa e agarramos outra coisa, ou nada"[31].

Ele se dá conta de que o si-mesmo, tão exaltado por ele como o centro de seu "Eu gynteano", este Eu diferenciado e movido por sua vontade pessoal e única, não existe. O que existe são os papéis por meio dos quais ele viveu até aquele dia. Não existe aquela vontade forte e coerente, pretendida por Peer e muitos outros personagens de

30. Idem, p. 168.
31. Idem, p. 180-181.

Ibsen, que procuraram fazer de seu exercício a garantia da verdade para consigo mesmos. Juntamente com as idéias de Freud, Peer e o sujeito da modernidade precisaram aceitar que o Ego não é uma unidade, mas sim um conjunto de identificações contraditórias entre si.

Todo o quinto ato é, literal e metaforicamente, o caminho de volta para casa e para si mesmo. Não mais com o comportamento narcísico que caracterizou todos os outros atos. Agora, no final da peça e da vida, ele não consegue mais negar ou racionalizar sua frustração e sua impotência em mitigar seu sofrimento. Sofre, profundamente, pela primeira vez em sua vida, quando vê que Solveig ainda o espera e que ele continua dominado pelo impulso de fugir. É neste momento que reconhece o Outro[32] como diferente dele. Ao vê-la fica "pálido como um defunto" e diz: "alguns esquecem, outros sabem se lembrar". Através da dor de seus sentimentos ele se compara a ela: "aqui está alguém que lembrou e alguém que esqueceu; alguém que desperdiçou e alguém que guardou. Ah, destino! Não há como viver uma outra vez. A angústia me despedaça o coração com dentes de vampiro. Aqui estava a verdade! Este era meu único império! (*Precipita-se correndo pela picada do bosque, perdendo-se em sua densidade*)"[33].

A percepção que ele teve foi tão ameaçadora para a estabilidade de seu Si-mesmo, que ele precisou fugir desabaladamente. As resistências à mudança em sua organização psíquica o impediram, mais uma vez, de ficar e ir ao encontro de Solveig. Mas forças internas muito poderosas continuaram exigindo que ele revisse sua atitude negadora. Peer se vê atormentado por todo tipo de criaturas fantásticas, todas elas representando partes reprimidas dele mesmo, tais como os ovinhos que entram rolando em cena, afirmando serem os pensamentos que ele não pensou e os filhos que não puderam nascer; folhas voam pelos ares afirmando serem as idéias que ele devia ter apregoado ao mundo; o vento anuncia as canções que ele não cantou; o orvalho reclama das lágrimas que ele não derramou.

Isto, que poderíamos chamar de forças interiores buscando encontrar um meio de expressão, não lhe dará descanso daí para frente e ele continuará se esquivando até não suportar mais. Foge dos seres que não nasceram e cobram sua existência, foge das vozes da mãe e dos que já morreram, dizendo: "Já são bastantes os meus próprios pecados e o Senhor, em vez de os perdoar, não se cansa de

---

32. A palavra "outro" aqui tem o sentido de alteridade, de reconhecer a pessoa com quem o indivíduo está se relacionando como o diferente de si, o que está do lado de fora e não confundido com suas próprias projeções. Não se trata, portanto, do Outro concebido por Lacan como um elemento interno da ordem da linguagem; esse grande Outro lacaniano foi concebido com "o" maiúsculo para que se diferencie do pequeno outro que está fora do sujeito.

33. *Peer Gynt*, p.181.

me perseguir"[34]. Ele foge do *fundidor* que vem buscar sua alma para refundi-la num caldeirão. Esse emissário, não se sabe de quem, chega com ordens expressas do patrão: "Procurar Peer Gynt que ofereceu resistência ao seu destino [ao seu si-mesmo, em outra tradução] e deve ser fundido novamente como um produto fracassado"[35].

Na tentativa de safar-se do caldeirão Peer vai buscar provas de que sempre foi ele mesmo. Ao reencontrar-se com o rei dos *trolls* fica sabendo que viveu com o lema desses seres intermediários entre o homem e os animais, o lema que dizia: "*troll*, baste-se a si mesmo". Percebendo, finalmente, que não sabe quem ele foi ou é, pergunta ao fundidor: "que quer dizer ser si-mesmo?". Ao que ele responde: "significa submeter o seu si-mesmo às intenções do Mestre, seguir as tuas intuições. É quando elas falham que o demônio faz sua pescaria"[36]. Fica patente que Peer não foi ele mesmo, porque não ouviu os apelos de seu desejo, e que não se assumiu como um sujeito em relação com o outro, porque permaneceu em um narcisismo que negava espaço, não só para perceber o outro e suas necessidades, como também para realizar os desejos que povoavam seu consciente e inconsciente. E seu real desejo era Solveig, de quem ele foge por três vezes.

Ele não "submeteu" aquilo que considerava o seu si-mesmo às "intenções do mestre", isto é, à totalidade de seus impulsos interiores reprimidos por um ego enganador e negador de qualquer dissemelhança com o ideal do ego que ele havia construído para se satisfazer sempre. Uma das vezes em que Peer se encontrava rico e cercado de aduladores ele explica a razão de seu sucesso:

> Peer: É que sou solteiro. Sim senhores meus, a coisa é esta. Qual é o principal dever do homem? Ser ele mesmo. Esta é a minha resposta lógica: ser ele mesmo. Ele e tudo que corresponde a ele hão de ser suas únicas preocupações. E diga-me, como chegar a isto se ele tiver que carregar nas costas, como um camelo de carga, infelicidades e desgraças alheias?[37]

É para manter esta imagem de si que ele foge de todas as situações que impliquem em comprometimento pessoal. Foge duas vezes do fundidor, mas suas tentativas de provar que foi ele mesmo fracassam todas. Quando está prestes a se entregar, extremamente pesaroso e já desistindo da luta, é quando começa a cair a última defesa de seu Ego forjado em negações; ele se emociona, e se vê impedido de continuar negando, ao ouvir ao longe o canto de Solveig. Quando está se aproximando de sua cabana, Peer escuta uma vez mais o conselho do Boyg (um ser invisível que repete sempre a mesma frase: "dê a volta",

---

34. Idem, p. 183.
35. Idem, p. 188.
36. Idem, p. 196.
37. Idem, p. 105

126 IBSEN E O NOVO SUJEITO DA MODERNIDADE

isto é, evite enfrentar o problema), mas desta vez não lhe dá ouvidos.
É o momento da luta final com seu grande medo:

> Peer: Não, não poderei agüentar a tristeza de voltar ao lar para ser expulso dele!
> (*avança, mas volta a se deter*). "Dê a volta", dizia o Boyg (*de dentro da
> cabana chega o som de uma canção*). Sim! Tenho que continuar em frente
> por mais difícil que seja o caminho!

Vendo Solveig, ele se joga aos seus pés e, pela primeira vez, pede
algo. Tendo desacreditado daquilo que ele chamava seu "Eu gyntia-
no", único e "marcado pelo destino para ser ele mesmo", não sabendo
mais como encontrar-se consigo mesmo, ele pede a ela que decifre
seu enigma: "onde estava Peer Gynt como Deus o concebeu, com
o selo de seu destino em sua fronte? [...] Onde estive eu mesmo, o
íntegro, o autêntico?". Ao que ela responde: "Na minha fé, na minha
esperança e no meu amor"[38].

Ele se aninha em seu colo, pedindo e reconhecendo nela a mãe
e a esposa que pode lhe dar continência. A peça termina aí, mas o
sujeito gynteano que emerge desta cena está apenas começando a se
perceber como um ser desamparado, cindido e angustiado. Assim,
quando ela lhe afirma aquele amor que não vê defeitos, ele tem a
clareza de constatar:

> Peer: Estas não são mais que palavras carinhosas! Você não percebe que está fa-
> lando a uma imagem minha que vive em si? É como se você estivesse falando
> a um filho que vivesse em seu interior, que só existe no mundo através de sua
> mãe imaginária!
> Solveig: Sim, talvez seja meu filho. Mas quem é o pai? É aquele que sabe perdoar
> quando a mãe intercede.
> Peer: Mãe, esposa minha! Mulher sem mácula! Ah, oculta-me em seu seio! (*se abra-
> ça fortemente a ela e oculta o rosto em seu peito. O Sol começa a nascer*).

Não há como negar a influência da filosofia de Kierkegaard nessa
peça, escrita logo em seguida de *Brand*, o homem moral incorruptível
que optou por uma vida ética. Peer Gynt e Brand representam, na
concepção do filósofo dinamarquês, exatamente as duas formas que
o ser humano pode escolher para viver a sua vida: a ética e a estética.
Ao fazer essa opção, o indivíduo deve aceitar inteira responsabilidade por suas ações, que vão caracterizar toda a sua existência. Para
Kiekegaard, aqueles que optam pelo ponto de vista estético vivem
basicamente para si mesmos, sendo levados pelo seu próprio prazer e,
por isso, não têm controle de sua existência. Tal é o caso de Peer Gynt
que vive o momento e não estabelece vínculos com o outro.

O modo estético de viver não pode se manter porque o indivíduo,
ao refletir sobre a sua existência inteiramente voltada para o exterior,

38. Idem, p. 207.

O SUJEITO DA MODERNIDADE 127

logo percebe que lhe faltam certeza e significado. Esta percepção leva ao desespero. Mas, diferentemente do que diria Freud, 43 anos mais tarde, Kierkegaard não considerava esse desespero inescapável porque inerente à natureza humana. Isto é, para ele, a auto-ilusão vai se sobrepondo em camadas para manter o indivíduo no patamar da vida estética e alienado de seu mundo interior. É o que ocorre na cena da cebola que Peer vai descascando e principiando a conhecer a si mesmo.

A única solução kierkegaardiana é assumir a posse integral da própria existência e aceitar a responsabilidade por ela. A alternativa ao desespero é a autocriação por opção consciente, "é querer profunda e sinceramente"[39]. Esta criação de si mesmo acontece quando se faz a opção ética. Enquanto o indivíduo estético aceita-se tal como é, o indivíduo ético escolhe mudar a si mesmo, guiado pelo seu autoconhecimento e sua vontade. Ele vai transformar sua vontade em ação por meio do "pensamento subjetivo". Aqui a subjetividade é o absoluto: o indivíduo ético não é mais contingente ou acidental porque expressa o universal na sua vida.

A síntese dialética entre o estético e o ético é dada pelo salto da fé, pela religião. Este salto é possível quando o indivíduo entra em contato com seu desespero, por não ter realizado sua ambição. "O resultado é um vazio interior acompanhado de uma vontade inconsciente de morrer"[40]. Ou de desistir, de fugir como tentou fazer Peer Gynt em seus momentos finais, antes de ser redimido pela fé de Solveig. Para Kierkegaard, o único Eu verdadeiro é aquele que tem fé, aquele que se constrói optando por seu próprio Eu com sinceridade absoluta.

Esta peça é uma odisséia do Eu: sempre adiado, mas finalmente, alcançado. Tal como Ulisses, Peer Gynt quer voltar para casa, mas se perde nos inumeráveis caminhos possíveis de se encontrar, não com um si-mesmo uno e único, como queria, mas com suas várias identidades e a pluralidade dos "demônios ou *trolls* que o habitam" (como fala Ibsen de si mesmo). Terminada a epopéia, percebemos que esses inumeráveis seres não o habitam, mas o constituem. Ele é todos os seus sonhos, mas também é todas as negações que fez desses sonhos e, para se perceber sendo, precisa da mediação do outro, precisa da imagem de "uma mãe que interceda por ele junto ao pai", como disse Solveig para que ele se deixasse acolher.

Ao entregar-se a Solveig, Peer está deixando de negar seus afetos – tanto o amor quanto o que ele chama de seus "pecados"; está desistindo, ou afastando-se temporariamente, daquele Ego oportunista que construía a "realidade" a seu bel prazer. Como nos casos de Nora e Éllida, já analisados, não sabemos o que será deste sujeito que emerge de um passado caracterizado pelo auto-engano em direção a algo mais

---

39. P. Strathern, *Kierkegaard*, p. 36.
40. Idem, p. 58.

verdadeiro. Sabemos que este integralizar-se com o outro em completa harmonia é impossível e tendemos a dizer que o sucesso do projeto amoroso de Peer é duvidoso, mas não podemos negar que houve uma profunda reelaboração interna quando ele desiste de sua onipotência narcísica e encara sua potência de sujeito singular. Na obra de Ibsen apenas estes três personagens – Nora, Éllida e Peer Gynt – não se deixam derrotar no final. Têm o mérito e a grandeza de deixarem em aberto todas as possibilidades de constituição de um sujeito desejante.

Sujeitos Precários

Sabendo que o sujeito se constitui quando é capaz de simbolizar, de ter uma linguagem, uma possibilidade de representação para seus afetos, podemos afirmar que o sujeito que emerge, na maior parte da obra de Ibsen, está em vias de nomear os afetos que o movem. Ele busca desesperadamente a verdade subjetiva, rejeitando os preceitos da religião, da sociedade e do Estado; sente que a vontade consciente e as explicações racionais não dão conta de seus anseios conflitantes, como o de completude moral e ética, e o de fruição estética e, assim, muitas vezes, acaba por escolher o caminho da morte. O autor de personagens com uma busca tão radical acaba optando pelo seu extermínio; seres desejantes como Brand, Rosmer, Hedda, Solness, Borkman, Rubek e outros, não puderam ser poupados porque não conseguiram nomear explicitamente seus impulsos; não entraram em contato – ou não agüentaram o contato – com seus medos e suas impossibilidades.

No entanto, o pioneirismo de Ibsen no âmbito da dramaturgia, em penetrar de uma nova forma o mundo interior, é incontestável. Ainda que muitos estudiosos vejam-no como o grande crítico dos falsos valores da sociedade burguesa, ele foi muito além dessas distorções – encobridoras de falsidades mais abrangentes e menos reconhecíveis à luz da razão.

A época de Ibsen, que é a de Nietzsche e Freud, é o momento da dissolução da imagem que o indivíduo tinha de si mesmo como um Eu transcendental. Este Eu, de origem extraterrena, que havia sido a presença da alma ou de Deus no indivíduo, tornou-se um conjunto de papéis sociais. Ele perde o sentido, dissolve-se, quando aparece na cultura o desejo impessoal, a multiplicidade de valores com os quais pode se identificar.

Quando Ibsen nos defronta com personagens que se auto-aniquilam no final de toda uma vida em busca da grandeza do espírito, como Rebeca, de *Rosmersholm*, ou Rubek, de *Quando Nós Mortos Despertarmos,* ele quer muito mais do que denunciar valores morais nos quais uma pessoa pode ficar apegada; quer, justamente, "demolir' o ego para que o personagem se encontre consigo mesmo, sem qualquer uma das amarras ou vestimentas sociais. Mas tais figuras não sabem o que fazer de sua nudez, sua insatisfação com a existência mistura-se à culpa de não terem sido mais íntegros no passado (sempre o passado) e voltam-se contra elas mesmas.

Autonarração

Mas se muitos de seus desfechos são definitivos, com os personagens desistindo da vida, literal ou simbolicamente, o mesmo não acontece com o desenrolar da sua ação dramática. Há uma progressão na forma como seus personagens compreendem o mundo; há também tal progressão na seqüência das peças de Ibsen. Nas últimas peças surge uma narração nova, ou uma nova forma dos personagens contarem sua história para si mesmos. Tomando como ponto de partida o fato de que, para ter uma idéia de quem somos, é preciso ter noção de como nos tornamos o que somos, torna-se fundamental narrar a si mesmo.

Na última fase de sua carreira, cada vez mais os personagens sabem o que os moveu na realização de suas ações e fazem a narração de si mesmos, reconsideram seu passado com o olhar do presente e recontam sua história uns aos outros, buscando suas identidades em processo.

Um bom exemplo é o discurso de Rita Allmers em *O Pequeno Eyolf*. Após a morte do filho, que acontece no final do primeiro ato, marido e mulher passam o resto da peça discutindo suas vidas, refazendo sua autonarração dos eventos ocorridos. Chega um momento em que Rita muda seu discurso de sempre, e "interpreta" o marido, negando que seu desespero fosse por causa do filho aleijado e sim "porque você estava começando a duvidar se tinha mesmo alguma grande tarefa a cumprir que desse sentido à sua vida"[41].

A narração que ambos fazem de si vai amadurecendo e mudando de qualidade ao longo da peça. Aos poucos eles vão retirando de si mesmos a origem de seu medo: o medo de olhar para seus desejos, de que esses desejos, uma vez nomeados, aconteçam e revelem seu lado condenável e reprimido. O fervor sensual de Rita choca-se com o ideal inapreensível de Allmers pelas alturas e pela "responsabilidade humana" – o tema do livro que está escrevendo. Ele está sempre evitando o ardor sensual da mulher, preocupando-se mais com o filho que se aleijou quando pequeno. É por isso que ela diz:

Rita: Você não sabe todas as coisas que podem brotar em mim se eu descobrir que você não se importa mais comigo, que não me ama como antes [após falar da atenção excessiva que ele dá a Eyolf]. Ah, eu poderia sentir a tentação de desejar... oh!

Allmers: (com ansiedade) O que você poderia desejar, Rita?

Rita: Não, não, não. Eu não contaria isso a você! Nunca![42]

41. *The Master Builder and other Plays*, p. 256.
42. Idem, p. 240.

130 IBSEN E O NOVO SUJEITO DA MODERNIDADE

E o desejo dela se cumpre, mesmo que ela não ouse confessá-lo (através da mulher dos ratos, como já vimos, que conduz a criança a se afogar). Mas o mais interessante é que não era só ela que desejava isso. No dia seguinte ao "acidente" encontramos Allmers confessando à irmã sua tremenda culpa por não sentir a morte do filho com a intensidade que gostaria. Após falarem de algumas recordações de infância ele se surpreende:

> Allmers: Ele escapou da minha mente. Eu estava aqui a viver minhas memórias e ele não era parte delas.
> Asta: Mas claro, o pequeno Eyolf estava por trás delas sempre.
> Allmers: Não estava, ele escapou da minha mente, dos meus pensamentos. Eu esqueci dele todo o tempo em que conversávamos.
> Asta: Oh, mas você precisa ter um momento de descanso de seu pesar.
> Allmers: Não, não, não! Isto é justamente o que eu não devo. Eu tenho só uma coisa a fazer que é pensar nele lá, onde ele jaz nas profundezas. Mas você não acha que é uma tremenda insensibilidade e fraqueza de minha parte que eu não possa fazer isso?
> Asta: Nem um pouco. É impossível ficar remoendo a mesma coisa o tempo todo.
> Allmers: Sim, para mim é impossível. Você acreditaria nisso, Asta? Que no meio de meus pensamentos de dor, eu me surpreendi pensando no que teríamos para o almoço hoje?

Todo o seu eu consciente não quer entrar em contato com o desejo da morte do filho. Mas, na cena seguinte, em uma dura conversa com Rita, ela lhe mostra o quanto era forjado o seu amor por Eyolf. Mas, apesar de terem se dado conta dos falsos propósitos que fundaram seu relacionamento, eles não agüentam se despojar completamente das ilusões. O pânico do vazio que criaram, trazendo a verdade à tona, faz com que eles se contentem com a idéia de ajudar as crianças pobres da região. Ele resolve ajudar a mulher nessa empresa, mas diz a ela: "Tenha claro uma coisa, Rita, não é o amor que está te levando a fazer isto". Ela sabe e concorda: "Não, não é. Pelo menos não ainda"[43].

Marido e mulher haviam conseguido, por alguns instantes, trazer à consciência aqueles desejos que estavam reprimidos, mas logo em seguida tornam a reprimi-los através da sua sublimação. Ela muda o objeto de seu desejo. A culpa de ter "matado" o filho com seu desejo inconfessável faz com que ela desista de sua paixão carnal pelo marido, transformando-a em ação social – como a Sra. Alvin de *Os Espectros,* que passou a vida forjando, para si e para o mundo, uma imagem boa de seu devasso marido, construindo até um orfanato com seu nome, o que termina em uma tragédia em que todos se destroem.

Rita e Allmers, assim como Rebeca e Rosmer, chegaram perto do que poderia ser um sujeito singular, quando perceberam (mas não

43. Idem, p. 281.

O SUJEITO DA MODERNIDADE   131

aceitaram) seu desamparo frente à força de seus desejos parcialmente desvelados. Mas o fato de terem chegado a esse ponto foi muito violento para eles, que não se reconheciam mais como o ser que foram, mas também não conseguiam viver em outras bases (sem contar com a presença absoluta um do outro em suas vidas).

Esses dois casais tiveram um processo de devassa de seu mundo interior bastante semelhante. Ambos confessaram seus erros do passado e, com isso, perderam o encanto que os unia. Ambos os casais propõem ao parceiro o caminho da morte, o extermínio do que restou do fracasso de seu Eu. Os protagonistas de *Rosmersholm* decidem se atirar na torrente do rio e os pais do *Pequeno Eyolf*, ainda que não tenham escolhido a morte, também fogem da vida ao impedirem a satisfação de seus impulsos instintivos.

Nas últimas peças de Ibsen os personagens querem viver a verdade de seu desejo, mais do que buscar a única verdade, como fazia Brand com seu ideal do "tudo ou nada". Mas mesmo tendo deixado de lado aquela antiga atitude lógica – que buscava *causas* e conseqüências *inevitáveis* para seus comportamentos – eles ainda não sabem lidar com a falta de coesão de si mesmos enquanto sujeitos de um novo tempo. Um tempo marcado pela mudança e pela incerteza. Isto significa que na obra de Ibsen esse novo sujeito estava no início de uma gestação que haveria de continuar pelo século que lhe seguiu. Um sujeito não mais em busca de justificar seu comportamento com explicações cabais, mas de criar significados e sentidos para suas ações, nomear seus afetos – ainda que este nome seja o indizível, seja aquilo que lhe escapa.

Ibsen,
O Dramaturgo de Duas Eras

> *Já foi dito que eu, de uma maneira proeminente, con-*
> *tribuí para criar uma nova era nestes países. Eu, pelo con-*
> *trário, acredito que o tempo em que vivemos poderia ser*
> *caracterizado como uma conclusão e que alguma coisa*
> *nova está para nascer.*
>
> HENRIK IBSEN[1]

Ibsen via a si mesmo como alguém cuja obra marca o fechamento de um ciclo e ignora o que acontecerá no próximo. Tal afirmativa é verdadeira, e é falsa. Sabemos que, na História, o fato que determina o encerramento de um período é o mesmo que anuncia um novo tempo. Ibsen pertence ao século XIX uma vez que pensa, em alguns momentos, de forma cartesiana, idealista e moralista, ao querer encontrar a verdade humana no plano da consciência e ao pretender que o exercício da vontade moral pode configurar um indivíduo livre e realizado em todas as suas potencialidades. Nesse sentido ele é um perfeito expoente dos valores do Iluminismo e do romantismo.

Mas se, por um lado, Ibsen cria personagens que buscam idealisticamente a "completude", "as alturas", "o alto-mar", por outro lado, ele deixa em aberto o destino de tais personagens ou expõe o seu fracasso, mostrando-nos o quanto eram impossíveis os seus objetivos.

---

1. Pronunciamento em 1887, citado por E. Bentley em *O Dramaturgo como Pensador*, p. 166.

Seja qual for o final, há sempre algo que não é dito, algo que será processado pelo espectador de acordo com sua bagagem de experiências vitais.

Ibsen anuncia o início de uma nova era, marcada por rupturas tanto na forma como no conteúdo. A trajetória de suas peças evidencia, como já apontamos, a busca de uma nova forma dramática, e uma escritura que se distancia cada vez mais das peças-bem-construídas, em direção a uma linguagem poética livre o bastante para abarcar o descontínuo e o contingente, o ambíguo e o escorregadio. Hofmannsthal, o escritor austríaco que viveu no *fin-de-siècle* vienense, escreveu em 1905: "a natureza de nossa época é multiplicidade e indeterminação. Ela só pode se apoiar em *das Gleitende* [o móvel, escorregadio, deslizante], e tem consciência de que aquilo que as outras gerações julgavam ser firme é, na verdade, *das Gleitende*"[2]. Nesse ano Ibsen já não escrevia, por ter perdido os movimentos em um derrame cerebral, mas suas últimas peças mostram o quanto ele já havia incorporado na sua escritura essa visão de um mundo descontínuo e inapreensível.

O fato de Ibsen estar na divisa de duas eras é especialmente interessante, porque o sujeito de sua obra, tomado como protagonista daquele momento histórico, é justamente aquele que se deu conta do que perdeu, ou se viu obrigado a abandonar, desde a adoção do pensamento cartesiano, e que agora estava disposto a reaver. Percebe que pode prescindir do raciocínio objetivo e lógico e pode revalorizar o que lhe chega à consciência por meio de sua experiência subjetiva. Ao tentar resgatar a liberdade de intuir e imaginar, que ficou sufocada por três séculos de despotismo da razão, o sujeito daquele tempo estava abrindo a passagem para uma nova era.

Essa "recuperação" da, já mencionada, polifonia renascentista acontece naquele *fin-de-siècle*, no novo elo da espiral do tempo, de forma muito diversa. A multiplicidade, que antes era percebida no mundo exterior (sendo a multiplicidade interior apenas a sua correspondente) passa a ser percebida dentro do sujeito, como fragmentação de um Eu que se acreditava uno e que, agora, para seu prazer e seu pavor, se vê como muitos e díspares. A arte, e mais especialmente o teatro, retomam aquilo que Auerbach chamou de "criatural", especialmente em Shakespeare que:

mistura o sublime e o baixo, o trágico e o cômico, numa inesgotável plenitude de modulações [...] as suas figuras trágicas, pertencentes às altas esferas, apresentam freqüentemente quebras estilísticas para o corpóreo-criatural, para o grotesco e o discrepante [...][3].

2. Frase de Hofmannsthal citada por C. Schorske, *Viena, fin de siècle*, p. 39.
3. E. Auerbach, *Mimesis*, p. 293.

Mas agora aquela "plenitude de modulações" que, pela primeira vez na história do teatro, brotava de uma auto-observação dramática, aquela possibilidade de olhar o mundo através da sensibilidade pessoal é retomada no século XIX como apropriação interna. A obra de Ibsen mostra um sujeito que vive toda esta multiplicidade criatural em si mesmo, podendo identificar-se com ela ao invés de falar dela. É verdade que seus personagens não ousaram ir muito longe em tal identificação, porque temiam a desintegração de si mesmos enquanto sujeitos ávidos de completude. A avidez desta criatura não está tanto em conhecer e fantasiar mundos distantes quanto em explorar seu rico e infindável mundo subjetivo sem ordem e sem racionalidade lógica.

É desse mundo que provêm os seres misteriosos e os comportamentos irracionais ou incompreensíveis das primeiras e das últimas peças de Ibsen, como *Peer Gynt* – em que o protagonista se fragmenta para abarcar, interna e externamente, todos os seres que o povoam – e *Quando Nós Mortos Despertarmos* – em que Rubek e Irene, ao descobrirem a dimensão real de seu amor, sentem-se livres para escolher a morte conjunta no ponto mais alto da montanha que escalaram juntos.

As diferenças entre as duas eras, marcadas pela obra de Ibsen, apontam para novas formas de colocar em foco aspectos do humano que já estavam sendo questionados na primeira destas eras. A irracionalidade, que no tempo de Ibsen despontava como uma possibilidade nova de conceber o sujeito, tornar-se-ia a tônica da era que o sucedeu. Também a angústia ganhou o papel principal: antes das grandes rupturas do século XX, ela funcionava como o móvel do questionamento feito por personagens como Rubek, que temia e buscava com ardor tanto o absoluto – enquanto proposta fundamental de uma vida –, quanto o contingente, enquanto prescrição para se conformar com a vida. Esta angústia, durante o século seguinte, passa a ser o próprio objeto do drama encarnado por personagens despojados de qualquer motivação, como os de Beckett, por exemplo.

A nova subjetividade, presente na obra de Ibsen, prenuncia o começo de uma era que poderia ter tomado outros rumos se as condições dadas fossem outras. Entre os muitos "ses" que não ocorreram, podemos dizer que se os progressivos avanços do sistema capitalista não tivessem se dado de modo tão implacável, teria havido mais espaço para o outro na constituição e desenvolvimento do sujeito da atualidade. Mas o que presenciamos foram situações que levaram o indivíduo a estranhar e evitar, cada vez mais, o outro, o diferente de si, isolando-se em um mundo privado de interesses absolutamente particulares. Tal individualismo não favoreceu os processos de subjetivação e de desenvolvimento de uma vida pessoal baseada na liberdade interior, na capacidade de lidar com a impermanência de tudo, inclusive de sua própria noção de Eu. Ao contrário disso, o indivíduo ao longo do século XX, ao se isolar do mundo vivo e "criatural" que o amedrontou, esvaziou-se de sua subjetividade e perdeu – ou descartou – os referenciais básicos para lidar com seu desamparo.

O teatro do absurdo, como também algumas de suas vertentes e derivações, foi o canal de expressão da irracionalidade crescente deste novo sujeito que se percebe fragmentado e em desarmonia consigo mesmo. Mas se tal percepção lhe causa angústia, torna-o também mais ousado para explorar a condição humana nos seus aspectos obscuros e incomunicáveis, para lidar com o imprevisível, o impensável, o oculto ao mundo da lógica. É um teatro que se expressa pela contradição e pelo *non sense,* que procura o olhar novo para descobrir o outro fora dos automatismos do racionalismo cotidiano. Nesse sentido, o absurdo é uma confissão, uma projeção em cena do mundo interior. Mas ele é também a desistência, por parte do novo sujeito psíquico, de buscar sentido, ou atribuir significados, aos anseios humanos.

O terceiro golpe narcísico[4] recebido pelo sujeito da Modernidade foi progressivamente assumido e ressignificado durante o século XX, através das contribuições da psicanálise, da filosofia e da arte. O sujeito psíquico, enunciado por Freud, é aquele condenado a desejar a partir de uma "privação primordial". Este sujeito "foi jogado no mundo" e condenado a ser livre pelo existencialismo, e a falta de sentido de sua existência foi vivenciada, de várias maneiras, pelos personagens do teatro do absurdo.

O sujeito do final do século XIX era protagonizado por personagens em busca de seu Eu e de uma impossível identidade límpida e coesa. Mas os seres fracassados das peças de Ibsen, com sua carga inapreensível (por eles mesmos) de frustração e desencanto, abriram espaço para o irracional que ganhou terreno rapidamente. A partir de então, a dramaturgia vai mergulhar fundo na desfiguração da idéia de um eu consistente, questionando a viabilidade de uma abordagem lógica do comportamento humano. Strindberg, Wedekind, Schnitzler, Pirandello, são alguns dos nomes que podem ser lembrados na trajetória deste mergulho e na passagem para a radicalidade niilista do pós-guerra. Em meados do século XX os personagens do teatro do absurdo expõem ao público a desintegração do Eu, a não-identidade dos personagens de Ionesco, Arrabal e, especialmente, Beckett.

Consideramos que a grande obra dramática de Ibsen, *Peer Gynt,* representa bem a riqueza de possibilidades que viveu o sujeito do século XIX e, por outro lado, *Esperando Godot,* de Beckett, representa o esvaziamento dos quereres desse sujeito na segunda metade do século XX. Cada uma delas é profundamente representativa da poesia possível de seu tempo. Antípodas em muitos sentidos, a primeira fala da ação (uma ação vertiginosa e incansável do herói à procura de si

---

4. Já mencionamos os três golpes narcísicos, apontados por Freud: o primeiro foi com Galileu, o segundo com Darwin e o terceiro foi dado pela psicanálise com a "descoberta" do inconsciente e do desamparo humano.

mesmo), a segunda fala da inação (a ausência do impulso de mudar, o vazio de uma vã espera por alguém que venha reconhecê-los).

O conflito interno de Peer é encarnado por figuras, as mais diversas e bizarras, com as quais ele interage, buscando sempre enganar a elas tanto quanto a si mesmo; a energia que ele gasta para não pensar e não sentir é imensa, porque é preciso que ele se mantenha sempre empenhado na realização de algum projeto. Já Wladimir e Estragon pensam e sentem, porém, no vácuo; eles não saem do lugar porque não há nada a ser empenhado em qualquer tarefa e, assim, não há um perceptível conflito interno nem externo. As peripécias de Peer Gynt são altamente significativas, levando-se em conta seu medo de encontrar-se consigo mesmo. A circular e infindável conversa dos dois seres que esperam Godot não tem significado algum, o espectador recebe apenas o significante, esvaziado de qualquer sentido, e é isso que lhe provocará a angústia do vazio que lhe é mostrado.

Como já foi dito, *Peer Gynt* (1867) é a odisséia da busca do Eu, e *Esperando Godot* (1953) é a peregrinação sem destino do não-eu. Esta peça, com quase um século de distância da primeira, mostra um dos possíveis caminhos da nova subjetividade que marcou o final do século XIX. A intensificação crescente da experiência subjetiva, da abertura para o devir e para a realidade de um mundo sem um centro fixo, criou, paradoxalmente, a dessubjetivação do sujeito psíquico e trouxe para o teatro seres vazios de si mesmos, como Estragon e Wladimir.

Apesar de ter vivido, e muitas vezes com amargura, o desencantamento do mundo e a perda das certezas clássicas, Ibsen não se deixou endurecer nem desistir do ser humano enquanto projeto de vida. Foi sua própria contradição interna que lhe deu força para permanecer na luta. Ele queria, ao mesmo tempo, livrar-se dos valores religiosos que podiam conectá-lo com Deus e com as noções de Bem e de Belo a Ele ligadas, e queria também continuar buscando o Absoluto. O conflito de suas peças nasce do enfrentamento de imperativos antagônicos, da luta para conciliar pólos opostos.

Há uma peça que ilustra literalmente este seu maior empenho e que, por isso, Ibsen declarou várias vezes ser ela a sua obra favorita: *Imperador e Galileu*, escrita em 1875, onde o imperador Juliano, o apóstata, abandona o cristianismo pelo paganismo porque estava em busca da "alegria da vida". Ele fala a seus camaradas: "vocês só conhecem duas estradas, a da escola e a da igreja, a terceira é a que leva a Elêusis e mais além"[5]. Juliano quer ser o imperador do "terceiro império" onde se fundiriam os dois caminhos conhecidos em um terceiro ainda desconhecido da humanidade; ele quer "Logos em Pan", isto é, tudo que a racionalidade humana pode abarcar, convivendo em harmonia com a polifonia dos sentidos e dos desejos humanos.

5. *Teatro Completo*, p. 967.

138   IBSEN E O NOVO SUJEITO DA MODERNIDADE

É por causa dessa luta incessante para encontrar um outro caminho que Ibsen não caiu no vazio e na crise de identidade que iriam caracterizar o século XX. *O Homem sem Qualidades* de Robert Musil (1880-1942) é uma das melhores fotografias do processo de dessubjetivação que começava na segunda década daquele século. Ulrich, o homem sem qualidades, não se compromete ou se identifica com o que quer que seja, sua subjetividade está sempre em suspenso. Suas afirmações demonstram um permanente estado de disponibilidade subjetiva: "Nenhuma coisa, nenhum eu, nenhuma forma, nenhum princípio é certo, tudo se encontra numa transformação invisível e incessante, no instável há mais futuro do que no estável, e o presente não é senão uma hipótese que ainda não superamos"[6].

É um homem que não se alarma em ver sua identidade em constante remanejamento, por isso opta por não tê-la:

> O Eu perde a significação que teve até agora, como soberano que emite decretos; aprendemos a entender as leis que o determinam [...] como as leis são a coisa mais impessoal do mundo, a personalidade em breve será apenas o ponto de encontro imaginário do impessoal, e será difícil encontrar um ponto de vista honroso, ao qual você não deseje renunciar[7].

Esse conformismo cínico, que ele mostra em relação à impossibilidade de ser um sujeito íntegro num mundo que não dá importância aos valores pessoais, desenvolveu-se amplamente ao longo do século XX, transformando-se no valor por excelência da sociedade pós-moderna em que vivemos. Mas o mundo interior, ainda que esvaziado de uma subjetividade pessoal, continua exigindo expressão para fazer parte, e para se diferenciar, do grande magma de subjetividades em que ele navega.

No teatro o empenho maior é o de exprimir o movimento desse mundo interior. Tudo passa a ser ritmo e movimento. É preciso haver agilidade, rapidez, leveza. O texto que pesa não pode ser carregado pela ação. A ação não quer se prender, não quer ser o veículo para a reprodução de uma idéia. Ela, através do ator, do diretor e do dramaturgo, cria a si mesma em cena. O resultado é a produção de espetáculos em que a poética da cena – e não da palavra, como vinha sendo desde Aristóteles – passou a ser o foco principal. O grande representante deste teatro "visual" é Robert Wilson. Seu texto não tem um arranjo ficcional, não quer a literatura, mas algo entre a poesia e a pintura; é uma experiência visual sincronizada com uma experiência auditiva.

Este processo que tira a importância do significado em benefício do significante, que desautoriza a palavra e o texto a serem o principal veículo de expressão do artista, é característico de grande parte da

6. R. Musil, *O Homem sem Qualidades*, p. 181.
7. Idem, p. 339.

dramaturgia contemporânea[8]. Ela deixa ao espectador o trabalho de construir significados, porém, agora, essa característica é levada bem mais longe pela poética da cena. De acordo com Bob Wilson, sua obra é uma estrutura arquitetural com a qual cada um pode construir e mobiliar sua própria casa.

Mas, apesar desse tipo de espetáculo não trabalhar no nível psicológico e sim no estético, é interessante observar que, justamente por isso, ele pode falar daqueles sentimentos ou impulsos inomináveis para os quais a dramaturgia de Ibsen não havia encontrado palavras. Seus personagens muitas vezes demonstravam anseio de expressar algo além das palavras, queriam ser compreendidos por algo impossível de ser verbalizado, e seu autor optou pela reticência ou pela ambigüidade. Este algo estava no plano estético onde se vivencia ou se frui muito mais do que se compreende. Tal fruição estética é a proposta cênica de Bob Wilson.

Certamente esta é apenas uma das tendências da arte cênica contemporânea. Dentre a profusão de possibilidades de fazer teatro hoje, podemos encontrar os frutos das várias propostas artísticas ocorridas desde a poética vigorosa de Artaud ou de Genet, passando pelo teatro "pobre" ou quase sagrado de Grotóvski ou de Peter Brook e chegando – mas claro, sem esgotar as muitas vertentes – ao nosso Nelson Rodrigues que devassou o imaginário do ser mítico e do homem cotidiano.

Vimos ao longo destes capítulos que a nova subjetividade do homem da Modernidade emergiu da tentativa de assumir suas contradições internas, bem como de lidar com o desamparo e a falta constitutiva de sua condição de Sujeito do desejo. Ao invés de se obrigar a uma escolha racional, através do uso da vontade consciente, como fez durante todo o período clássico, este Sujeito psíquico (ideal, é claro) enfrentou o desafio de conviver com a pluralidade dentro e fora de si mesmo. Passou também a encarar sua natural ambivalência entre o racional e o sensível, verificando a inviabilidade de fazer uma escolha entre os dois elementos, igualmente formadores de sua subjetividade. Com tal poder de abarcar a si mesmo e ao outro diferente de si, o novo sujeito se afasta naturalmente dos apelos do Absoluto e do transcendente, suprindo a si mesmo através da imanência e da criação permanente de significados e sentidos.

Na conclusão deste trabalho temos que reconhecer que a consecução vitoriosa de tamanho desafio exigiria um sujeito idealmente equilibrado e lúcido, sem medos, sem impregnações do passado que viveu, e sem dúvidas e deslizes no presente. Já vimos o quanto o sujeito da obra de Ibsen não conseguiu cumprir este ideal; mas, quem

---

8. É importante notar que isto é uma tendência do final do século XX e início do XXI, o que não significa a ausência do teatro de texto, a encenação dos clássicos e a importância que sempre permanecerá viva da criação dramatúrgica do texto.

conseguiu? É claro que este sujeito que lida tão bem com todos os seus desvãos é apenas uma referência para ser lembrada a cada vez que sairmos do caminho a que nos propusemos trilhar.

É importante deixar claro que o sujeito ibseniano, mesmo tendo ficado dividido entre o sensível e o racional, entre o uso da vontade consciente e o abandono ao impulso inomeável, esse sujeito tumultuado e aflito marcou sua época; formou-se no ponto de virada do modernismo, exerceu sua liberdade subjetiva, sua autonomia moral e ousou lidar com a permeabilidade das várias instâncias que o constituem.

No entanto é preciso reconhecer os descaminhos desta nova subjetividade que se tornou um fim em si mesma, passando a acumular mais do que expressar. Ela tornou-se presa fácil da ideologia neoliberal – captadora do valor máximo do século XIX, a busca da felicidade e da harmonia doméstica – com a complacência que os indivíduos desenvolvem para consigo mesmos, com a possibilidade de reorganizar os seus valores de modo a poder justificar seu comportamento a cada nova situação enfrentada, com a desfiguração do ser humano cujo principal objetivo é estar bem a qualquer preço, com a vulnerabilidade da grande maioria à manipulação da mídia e à violência de todos os tipos de fascismo.

Mas, paralelamente a todos esses perigos do nosso tempo, o sujeito traz em si a possibilidade de elaboração interior. Freud e muitos conceitos da psicanálise fazem parte de nossa cultura ocidental. A noção de que existe no psiquismo de cada um uma instância inconsciente povoada por forças desconhecidas, possibilita ao sujeito a aceitação, em si mesmo e no outro, de sentimentos e atitudes inesperados dentro de seu quadro de referência valorativo.

Isto significa uma abertura para o diferente de si; significa a flexibilidade que se opõe à antiga rigidez do indivíduo submetido à lei imutável de Deus; significa ainda a possibilidade de fazer arte, de criar as vias de expressão para aquelas forças inconscientes, de embarcar na grande odisséia gynteana de estar sempre construindo a si mesmo, assumindo com alegria humana, e um certo alívio, a sua impotência frente às impossíveis demandas do ideal e sua potência para encarar seus desejos, ainda que infindáveis.

Bibliografia

ABEL, Lionel. *Metateatro:* uma visão nova da forma dramática. Rio de Janeiro: Zahar, 1968.

ANGELIDES, Sophia. *A.P. Tchekhov: Cartas para uma Poética.* São Paulo: Edusp, 1995.

ARENDT, Hannah. *Entre o Passado e o Futuro.* São Paulo: Perspectiva, 1992.

ASLAN, Odette. *O Ator no Século XX.* São Paulo: Perspectiva: 1994.

AUERBACH, Erich. *Mimesis.* São Paulo: Perspectiva, 1987.

BAKHTIN, Mikhail. *Cultura Popular na Idade Média e Renascimento.* São Paulo: Hucitec / Brasília: Editora da Universidade de Brasília, 1987.

BAUDELAIRE, Charles. *Sobre a Modernidade.* São Paulo: Paz e Terra, 1996.

BARTUCCI, Giovanna (org.). *Psicanálise, Literatura e Estéticas de Subjetivação.* Rio de Janeiro: Imago, 2001.

BAUMAN, Zygmunt. *O Mal-Estar da Pós-Modernidade.* Rio de Janeiro: Jorge Zahar, 1998.

BENNET, Benjamin. *Modern Drama & German Classicism, Renaissance from Lessing to Brecht.* London: Cornell University Press, 1986.

BENTLEY, Eric. *A Experiência Viva do Teatro.* Rio de Janeiro: Zahar, 1981.

_____. *O Dramaturgo como Pensador.* Rio de Janeiro: Civilização Brasileira, s.d.

BERGSON, Henri. *Bergson:* cartas, conferências e outros escritos. São Paulo: Nova Cultural, 1979. (Coleção Os Pensadores).

_____. *Ensaio sobre os Dados Imediatos da Consciência.* Lisboa: Edições 70, 1988.

BERMAN, Marchall. *Tudo que é Sólido Desmancha no Ar:* a aventura da modernidade. São Paulo: Companhia das Letras, 1986.

BICHOFF, Ulrich. *Edvard Munch.* Cologne: Benedikt Taschen, 1993.

BIRMAN, Joel. *Ensaios de Teoria Psicanalítica.* Rio de Janeiro: Jorge Zahar, 1993.

142 IBSEN E O NOVO SUJEITO DA MODERNIDADE

_____. *Estilo e Modernidade em Psicanálise.* São Paulo: Editora 34, 1997.

_____. *Psicanálise, Ciência e Cultura.* Rio de Janeiro: Jorge Zahar, 1994.

BJORNSON, Bjornstjerne. *Le Roi:* drame en quatre actes; *Le Journalist:* drame en quatre actes. Paris: P.V. Stock, 1901.

BLOOM, Harold. *The Western Canon:* the books and the school of the ages. New York: Berkley, 1994.

BRADBROOK, M.C. *Ibsen The Norwegian, a Revaluation.* London: Chatto & Windus, 1946.

BRADBURY, Malcolm. *O Mundo Moderno:* dez grandes escritores. São Paulo: Companhia das Letras, 1989.

_____; McFarlane, James (ed.). *Modernism, a Guide to European Literature 1890-1930.* London: Penguin, 1991.

BRANDES, Jorge. *Henrik Ibsen.* Buenos Aires: Tor, 1928.

CADERNOS *de Subjetividade.* Núcleo de Estudos e Pesquisas da Subjetividade do Programa de Estudos Pós-graduados em Psicologia Clínica da PUC-SP, vol I, n. 1, 1993 e n° 4, 1996.

CANDIDO, Antonio et al. *A Personagem de Ficção.* São Paulo: Perspectiva, 1995.

CARDOSO, Irene; SILVEIRA, Paulo (org.). *Utopia e Mal-Estar na Cultura:* perspectivas psicanalíticas. São Paulo: Hucitec, 1997.

CARLSON, Marvin. *Teorias do Teatro.* São Paulo: Editora da Unesp, 1995.

CARPEAUX, Otto Maria. *História da Literatura Ocidental.* Rio de Janeiro: Alhambra, 1982.

CHIAMPI, Irlemar (org.). *Fundadores da Modernidade.* São Paulo: Ática, 1991.

CHNAIDERMAN, Miriam. *O Corpo do Discurso ou o Discurso do Corpo:* Freud e Stanislavski. Tese de doutorado, São Paulo: ECA-USP, 1994.

CHOTIA, Jean. *André Antoine.* Cambridge: Press Syndicate of de University of Cambridge, 1991.

COSTA, Jurandir Freire. *Sem Fraude nem Favor:* estudos sobre o amor romântico. Rio de Janeiro: Rocco, 1998.

DARTON, Robert. *O Grande Massacre de Gatos:* e outros episódios da história cultural francesa. Rio de Janeiro: Graal, 1986.

DIDEROT, Denis. *Discurso Sobre a Poesia Dramática.* Franklin de Matos (trad. e apresentação); São Paulo: Brasiliense, 1986.

DUBY, Georges; ARIÈS, Philippe (org.). *História da Vida Privada:* da Revolução Francesa à Primeira Guerra. São Paulo: Companhia das Letras, 1994, vol. 4.

DUKORE, Bernard F. *Dramatic Theory and Criticism, Greeks to Grotowski.* New York: Harcourt Brace Jovanovich College, 1974.

DUMONT, Louis. *Essais sur l'individualisme.* Paris: Seuil, 1985.

EAGLETON, Terry. *A Ideologia da Estética.* Rio de Janeiro: Jorge Zahar, 1993.

ECO, Umberto. *Estrutura Ausente.* São Paulo:Perspectiva, 1991.

EHRHARD, Auguste. *Henrik Ibsen et le théatre contemporain.* Lucène: Oudin / Paris: Cia. Éditeurs, 1892.

ELIAS, Norbert. *A Sociedade dos Indivíduos.* Rio de Janeiro: Jorge Zahar, 1990.

ELLMANN, Richard; FEIDELSON, Charles (ed.). *The Modern Tradition:* backgrounds of modern literature. New York: Oxford University Press, 1965.

ENRIQUEZ, Eugène. *Da Horda ao Estado:* psicanálise do vínculo social. Rio de Janeiro: Jorge Zahar, 1990.

ESSLIN, Martin. *Reflections:* essays on modern theatre. New York: Anchor Books, 1971.

BIBLIOGRAFIA 143

FERGUSON, Robert. *Henrik Ibsen*: a new biography. London: Richard Cohen, 1996.

FERGUSSON, Francis. *Evolução e Sentido do Teatro*. Rio de Janeiro: Zahar, 1964.

FERNANDES, Heloisa Rodrigues (org.). *Tempo de Desejo*. São Paulo: Brasiliense, 1989.

FIGUEIREDO, Luís Cláudio. *A Invenção do Psicológico*: quatro séculos de subjetivação 1500-1900. São Paulo: Escuta/Educ, 1996.

FOUCAULT, Michel. *As Palavras e as Coisas*. São Paulo: Martins Fontes, 1995.

FREUD, Sigmund. *Edição Standard Brasileira das Obras Completas.* Rio de Janeiro: Imago, 1977.

GARCIA-ROSA, Luiz Alfredo. *Freud e o Inconsciente.* Rio de Janeiro: Jorge Zahar, 1984.

GASKELL, Ronald. *Drama and Reality:* the european theatre since Ibsen. London: Routledge & Kegan Paul, 1972.

GASSNER, John. *Dramatic Soundings.* New York: Crown, 1996.

_____. *Ideas in the Drama.* New York: Columbia University Press, 1967.

GAY, Peter. *A Paixão Terna:* a experiência burguesa da rainha Vitória a Freud. São Paulo: Companhia das Letras, 1990.

_____. *O Coração Desvelado.* São Paulo: Companhia das Letras, 1999.

GILMAN, Richard. *The Making of Modern Drama.* New York: Farrar, Straus and Giroux, 1975.

GOMES, Álvaro Cardoso. *A Estética Simbolista*: textos doutrinários comentados. São Paulo: Ed. Atlas, 1994.

_____; VECHI, Carlos Alberto. *A Estética Romântica*. São Paulo: Atlas, 1992.

GUIDDENS, Anthony. *As Conseqüências da Modernidade*. São Paulo: Editora Unesp, 1991.

GUINSBURG, J. (org.). *O Romantismo*. São Paulo: Perspectiva, 1978.

_____. *Stanislávski e o Teatro de Arte de Moscou.* São Paulo: Perspectiva, 1985.

HUGHES, H. Stuart. *Consciousness and Society*: the reorientation of european social thought 1890-1930. New York: Vintage Books, 1977.

HUGHES, Robert. *The Shock of the New*. New York: Alfred A. Knopf, 1996.

I VINYES, Ramon Simó. *La Retòrica de L'Emoció:* aproximación al sistema Stanislavski. Barcelona: Ed. de L'Institut del Teatre de la Diputació de Barcelona, 1988.

IBSEN, Henrik. *A Doll's House an Other Plays*. London: Penguin, 1965.

_____. *Casa de Bonecas*. São Paulo: Abril, 1976. (Coleção Teatro Vivo).

_____. *Eleven Plays of Henrik Ibsen.* Introd. de by H. L. Mencken. New York: Random House, s.d.

_____. *From Ibsen's Workshop.* New York: Da Capo, 1978.

_____. *Hedda Gabler and other Plays.* London: Penguin, 1961.

_____. *Peer Gynt.* London: Penguin, 1970.

_____. *Peer Gynt.* Oslo: Scandinavian University Press, 1995.

_____. *Peer Gynt.* Madrid: Ed. Magisterio Español, 1978.

_____. *Seis Dramas.* Rio de Janeiro: Ediouro, 1966.

_____. *Speeches and New Letters.* New York: Haskell House, 1972.

_____. *Teatro Completo.* Madrid: Aguilar, 1979.

144 IBSEN E O NOVO SUJEITO DA MODERNIDADE

_____. *The Master Builder and other Plays.* New York: Penguim, 1958.

JIMENEZ, Sergio. *El evangelio de Stanislavski segun sus apostoles, los apócrifos, la reforma, los falsos profetas y Judas Iscariotes.* Mexico D.F: Gaceta, 1990.

JONES, Ernest. *The Life and Work of Sigmund Freud.* London: Penguin, 1993.

KEHL, Maria Rita. *A Mínima Diferença:* masculino e feminino na cultura. Rio de Janeiro: Imago, 1996.

_____. *Deslocamentos do Feminino.* Rio de Janeiro: Imago, 1998.

KIERKEGAARD, Soren. *For Self-Examination and Judge for Yourself.* New Jersey: Princeton University Press, 1990.

_____. *O Desespero Humano.* Porto: Tavares Martins, 1957.

_____. *Temor e Tremor.* Rio de Janeiro: Ediouro, s.d.

KON, Noemi Moritz. *Freud e seu Duplo.* São Paulo: Edusp, 1996.

LAVRIN, Janko. *Ibsen, an Approach.* London: Methuen & Co., 1950.

LE RIDER, Jacques. *Modernité viennoise et crises de l'identité.* Paris: Presses Universitaires de France, 1990.

LISPECTOR, Clarice. *A Paixão Segundo G.H.* São Paulo: Unesco/Edusp. 1996.

LONDRÉ, Felícia Hardison. *The History of World Theather – From the English Restoration to the Present.* New York: The Contipruum, 1991.

MC FARLANE, James Walter. *Ibsen and the Temper of Norwegian Literature.* New York; Oxford University Press, 1960.

MC FARLANE, James (org.). *The Cambridge Companion to Ibsen.* Cambridge: Cambridge University Press, 1998.

MEZAN, Renato. *Freud Pensador da Cultura.* São Paulo: Brasiliense, 1990.

MONTAIGNE, Michel de. Ensaios. In: *Montaigne.* São Paulo: Nova Cultural, 1987. (Coleção Os Pensadores)

MUSIL, Robert. *O Homem sem Qualidades.* Rio de Janeiro: Nova Fronteira, 1989.

NESTROVSKI, Arthur. *Ironias da Modernidade.* São Paulo: Ática, 1996.

NIETZSCHE, Friedrich. *Obras Incompletas.* São Paulo: Nova Cultural, 1991, vol. I e II. (Coleção Os Pensadores)

NORTHAM, John. *Ibsen's Dramatic Method.* London: Faber and Faber, 1952.

NOVAES, Adauto (org.). *O Desejo.* São Paulo: Companhia das Letras, 1990.

NOVALIS, Polén. São Paulo: Iluminuras, 1988.

PERNIN, Marie-José. *Schopenhauer.* Rio de Janeiro: Jorge Zahar, 1995.

PESSANHA, José Américo Motta. Vida e Obra. In: *Bergson:* cartas, conferências e outros escritos. São Paulo: Nova Cultural, 1979. (Coleção Os Pensadores)

PONTIERO, Giovanni. *Eleonora Duse Vida e Arte.* São Paulo: Perspectiva, 1995.

READ, Herbert. *A Arte de Agora, Agora:* uma introdução à teoria da pintura e escultura modernas. São Paulo: Perspectiva, 1972.

RÉMUSAT, Martine (org. e trad.). *Lettres de Henrik Ibsen a ses amis.* Paris: Librairie Académique Didier, 1906.

RENAULT, Alain. *L'ère de l'individu.* Paris: Gallimard, 1989.

RIBEIRO, Renato Janine. *A Última Razão dos Reis.* São Paulo: Companhia das Letras, 1993.

RICOEUR, Paul. *O Si-Mesmo como Outro,* São Paulo: Papirus, 1991.

RIPELLINO, Angela Maria. *O Truque e a Alma.* São Paulo: Perspectiva, 1996.

ROSENFELD, Anatol. *Teatro Moderno.* São Paulo: Perspectiva, 1977.

_____. *Texto/ Contexto.* São Paulo: Perspectiva, 1993.

BIBLIOGRAFIA 145

_____. Introdução. In: Strindberg, August. *A Dança da Morte*. São Paulo: Abril, 1977. (Coleção Teatro Vivo).

ROUANET, Sergio Paulo. *Mal-Estar na Modernidade*. São Paulo: Companhia. das Letras, 1993.

ROUBINE, Jean. *A Linguagem da Incenação Teatral*. Rio de Janeiro: Zahar, 1982.

SANTAELLA, Lúcia. *O que é Semiótica?* São Paulo: Brasiliense. 1994.

SCHNITZLER, Arthur. *Contos de Amor e Morte*. São Paulo: Companhia das Letras, 1987.

_____. *Senhorita Else*. São Paulo: Ed. Paz e Terra, 1996:

SCHORSKE, Carl. *Viena Fin-De-Siècle*. São Paulo: Editora da Unicamp/Companhia das Letras, 1990.

SENNETT, Richard. *O Declínio do Homem Público*: as tiranias da intimidade. São Paulo: Companhia da Letras, 1988.

SHAPIRO, Bruce G. *Divine Madness and the Absurd Paradox: Ibsen's Peer Gynt and the Philosophy of Kierkegaard*. New York: Greenwood Press, 1990.

SHAW, George Bernard. The Quintessence of Ibsenism, *Major Critical Essays*, London: Penguin, 1986.

_____. *O Teatro das Idéias*. Daniel Piza(org.). São Paulo: Companhia das Letras, 1996.

SILVA, Franklin Leopoldo e (trad.). *Bergson*. São Paulo: Abril Cultural, 1979, p. X-XVII, Coleção Pensadores.

STANISLÁVSKI, Constantin. *Ma vie dans l'art*. Lausanne: Ed. L'Age d'Homme, 1980.

_____. *A Criação de um Papel*. Rio de Janeiro: Civilização Brasileira, 1984.

_____. *A Preparação do Autor*. Rio de Janeiro: Civilização Brasileira, 1979.

STRINDBERG, August. *A Dança da Morte*. São Paulo: Abril, 1977. (Coleção Teatro Vivo).

_____. *Selected Plays*. Mineapolis: University of Minnesota Press, 1986, vol. I, II

STROMBERG, Roland N. (ed.). *Realism, Naturalism, and Symbolism:* modes of thought and expression in Europe, 1848-1914. New York: Walker and Company, 1968.

SZONDI, Peter. *Theory of the Modern Drama*. Michael Hays (ed. e trad.). Cambridge: Polity Press, 1987.

TAYLOR, Charles. *Sources of the Self*: the making of the modern identity. Cambridge: Harvard University Press, 1996.

THOUARD, Denis. *Kant*. São Paulo: Estação Liberdade, 2004.

TOURAINE, Alain. *Crítica da Modernidade*. Petrópolis: Vozes, 1995.

VALES, Álvaro. *O que é Ética?*. São Paulo: Brasiliense, 1986.

VROOMAN Jack Rochford. *René Descartes*. New York: Putnam, 1970.

WICKHAM, Glynne. *A History of the Theatre*. London: Paidon, 1992.

WILLIAMS, Raymond. *Drama from Ibsen to Brecht*. London: The Hogarth, 1996.

_____. *Culture & Society:* 1780-1950. New York: Columbia University Press, 1983.

_____. *Drama in Performance*. Philadelfia: Open University Press, 1991.

WILSON, Edmund. *Axel's Castle*: a study in the imaginative literature of 1870-1930. New York: Mcmillan, 1991.

Sinopses das Peças de Ibsen

CATILINA
Drama poético em três atos – 1850

É a história do famoso político romano que viveu pouco antes da era cristã e que, apesar de dois levantes, não conseguiu chegar ao poder. Ibsen o concebeu como um homem político de grandes ideais, mas dividido internamente entre dois amores que o convidavam a trilhar caminhos opostos. Sua mulher, Aurélia, companheira suave e amorosa, reforça o desejo do marido de abandonar a política e a Roma decadente para desfrutar a paz no campo. Fúria, uma sacerdotisa do templo de Vesta, é aquela que desperta uma cega paixão em Catilina. Para se mostrar digno do amor desta mulher ele se dispõe a cumprir todas as suas ordens e lhe promete matar o homem que desonrou sua irmã e a levou ao suicídio. Logo percebe que este homem é ele próprio o que transforma o amor de Fúria em ódio vingativo. Ela jura matá-lo, mas, ao descobrirem que ela deixou apagar o fogo sagrado, é condenada a morrer emparedada.

Como era Fúria quem incentivava Catilina a buscar o poder – que ele próprio tanto almejava –, seus comparsas do levante resolvem libertá-la para que ela dissipe as dúvidas que povoam o espírito de seu líder. Mas quando ele se decide é traído por um de seus fiéis amigos, que delata o movimento insurgente e seu grupo, ao saber da delação, junta-se aos rebeldes da Etrúria e enfrenta os oponentes na batalha de Pistóia onde são derrotados. Catilina não é morto em combate, mas sim pelas mãos de Fúria que cumpre sua promessa com a anuência dele próprio. Sua divisão afetiva permanece até o final pois, antes de morrer apunhala Aurélia, sua esposa, para morrerem juntos.

O TÚMULO DO GUERREIRO
Drama poético em um ato – 1850

A peça é a primeira da série de dramas históricos que contrapõem os antigos valores dos guerreiros vikings suplantados pelos novos valores cristãos que passam a ser predominantes a partir do século IX. A ação se passa em uma ilha próxima da Sicília no momento da propagação do cristianismo. Nela restaram apenas Roderico, um velho viking que invadiu a ilha anos atrás, e Branca, a moça que o salvou da morte e o trata como a um pai. Ela vive em seus sonhos sobre o futuro e sua bondade é alimentada pelo Deus da religião cristã.

Estes sonhos vão se realizar com a chegada do jovem Gandolfo que veio para vingar a suposta morte do pai pelos cristãos. Ao descobrir-se apaixonado pela moça, vê-se impossibilitado de cumprir o juramento de matar o velho que seria o assassino de seu pai. Resolve, então, matar a si próprio, mas acaba descobrindo que o seu pai é aquele salvo por Branca. No final o amor do jovem casal põe fim às desavenças entre os antigos vikings e os cristãos: eles partem e o pai escolhe ficar sozinho na ilha ao lado do túmulo que construiu para si mesmo. Ele é o passado que deve morrer.

A NOITE DE SÃO JOÃO
Conto cênico em três atos – 1853

Esta peça baseia-se, de uma forma muito mais simplificada, em Sonhos de Uma Noite de Verão de Shakespeare. É uma rapsódia de cantos populares dos três países escandinavos. Tais contos são narrados por um velho à sua neta, Ana, que acredita candidamente em todos os seres fantásticos de suas histórias. Sua madrasta quer casá-la com Paulsen, um jovem pretensioso e reservou o rico Birk para sua filha. Os duendes vão realmente aparecer no segundo ato quando, na festa da noite de São João, um deles, chamado Nixo, faz com que se enamorem os casais trocados. Assim, no dia seguinte, celebram-se os casamentos de acordo com o desejo de cada um.

MADAME INGER DE OSTRAAT
Drama histórico em cinco atos – 1855

A sombria história se passa na Noruega do século XVI quando este país tentava se livrar do jugo da Dinamarca. Madame Inger é uma mulher forte e destemida que governa sozinha o castelo de Ostraat.

No passado ela teve um filho ilegítimo com o rei Gyndenlöve, mas o manteve em segredo e afastado de si até o presente quando pretende transformá-lo no herdeiro do trono. Ela consegue segurar todos os guerreiros de sua cidade para que não enfrentem as forças da Dinamarca, alegando a chegada de alguém que vai mudar a situação. Este alguém deveria ser o seu filho, mas quem chega é Nils Lykke, conselheiro do reino da Dinamarca. Da mesma estirpe e perfídia de um Iago de Othelo, este homem vai fazer um jogo duplo ao descobrir quem estava sendo esperado. Anunciando que iria trazer até ela "o legítimo herdeiro do trono da Dinamarca", Nils apresenta-lhe na realidade o seu próprio filho, que ela não via há muitos anos.

Madame Inger, depois de muitos tormentos de consciência, resolve mandar matar o jovem para fazer de seu filho o novo soberano. Quando chega o caixão do jovem morto ela reconhece em sua mão o anel de sua família. Aquele era, na realidade, o seu filho. A peça termina com o seu trágico desespero pedindo outro caixão para ser enterrada junto dele.

A FESTA DE SOLHAUG
Drama lírico em três atos – 1856

É uma peça com todos os ingredientes da história romântica em sua leveza, sua atmosfera luminosa e povoada de canções e lendas populares. No centro do enredo estão duas irmãs de rara beleza que se apaixonam pelo mesmo homem, seu primo. A mais velha, Margit, sempre amou o primo, mas, no longo período em que ele esteve fora, casou-se por conveniência com um homem velho e aborrecido. Para sua surpresa o antigo amor aparece no dia da festa de Solhaug. Ao ver a irmã menor, Signa, ele reconhece que a pequena prima de sua infância tornou-se uma linda moça e apaixona-se por ela. Interpretando mal suas palavras Margit acredita que o entusiasmo do primo é dirigido a ela e resolve preparar uma taça de vinho envenenado para o marido.

Mas como a peça não é uma tragédia, o acaso faz com que o marido não beba o vinho e morra em uma briga com um vizinho prepotente. Aliviada e culpada por seu intento, Margit decide retirar-se para um convento deixando para sua irmã a alegria de um casamento feliz. A peça termina com uma canção que exalta e torna sagrado o amor que os jovens declaram um ao outro.

OLAF LILIEKRANS
Drama em verso em três atos – 1857

Esta foi a última peça abertamente romântica de Ibsen. Baseia-se diretamente em uma saga do mesmo nome, coletada do folclore nacional. Passa-se na idade média norueguesa quando uma dama de-

150 IBSEN E O NOVO SUJEITO DA MODERNIDADE

cadente resolve casar seu filho, Olaf, com a filha de um comerciante enriquecido, a bela Ingeborg. As bodas já estavam marcadas quando Olaf, em um passeio pelos bosques conhece Alfihilda, uma jovem inocente, pobre e encantadora. Eles se apaixonam perdidamente e passam três dias no bosque.

Quando retorna a sua casa, ao lado de sua donzela, a mãe o convence a voltar ao seu compromisso e abandonar Alfihilda. Esta, ao se ver desprezada, põe fogo na casa dele e foge para o seu bosque. Enquanto isso o empregado da casa do comerciante, antigo apaixonado de sua filha, convence Ingeborg a fugir com ele. Todos se embrenham no bosque: a mãe vai com o intuito de matar a jovem criminosa e Olaf com o desejo de amá-la. Os dois casais se encontram e reconhecem, com cumplicidade, a troca dos pares. Quando a mãe encontra Alfihilda, se dispõe a matá-la, mas Olaf a salva baseando-se na tradição de que a incendiária será absolvida se proclamar sua inocência e se casar com um homem livre e sem mácula.

OS GUERREIROS DE HELGOLAND
Drama em quatro atos – 1858

O autor retoma o tema de duas irmãs apaixonadas pelo mesmo homem. Mas aqui não há mais a leveza da Festa de Solhaug. Passa-se no século x, mais uma vez no momento do ocaso dos valores vikings com a predominância do cristianismo. Trata-se da saga trágica de uma família com uma série de mortes que vão se sucedendo por causa de pessoas como Hjordis, que não estão bem consigo mesmas. Ela é de procedência viking e filha adotiva de Ornulfo, um velho guerreiro que se tornou cristão. Hjordis se casou com o homem errado por excesso de nobreza daquele que ela amava. Este homem tão desejado era Sigurd, um herói construído nos moldes do Sigfrid de Wagner. Ele era belo, nobre e corajoso. Seu grande amigo, Gunnar, lhe confessa uma paixão desesperada pela jovem Hjordis, uma verdadeira valquíria, de temperamento guerreiro e pronta para ser companheira de aventuras do poderoso Sigurd. Hjordis, com o intuito de escolher para si o homem que ama e sabe ser destemido, coloca um enorme urso branco na porta de seu quarto: quem lutasse e vencesse a fera seria seu marido. Gunnar declara ao amigo que não é capaz de tal façanha e pede que ele o faça com suas vestes. Ele o faz, passa a noite com ela, vindo o amigo substituí-lo ao amanhecer.

Sigurd desiste de casar com a mulher que amava para favorecer seu amigo, ficando com a irmã dela, uma donzela doce e acomodada. Os amigos partem com suas mulheres e, anos mais tarde, surge o pai delas com todos os seus filhos varões, disposto a esclarecer o duplo rapto das irmãs pelos dois amigos. Eles logo se entendem, mas ocorre que o filho de Gunnar e Hjordis é capturado por mãos inimigas. O velho pai Ornulfo, juntamente com seus corajosos filhos, se dispõem a ir resgatar a criança, permanecendo com o casal apenas o mais moço e preferido do velho.

Hjordis, sempre insatisfeita e provocadora, instiga Gunnar contra Sigurd até descobrir que foi este quem matou o urso. Convence o marido de que Ornulfo não vai mais trazer a criança prometida e incita-o a matar seu irmão menor como vingança. Logo chega o velho com a criança salva, contando que perdeu todos os outros cinco filhos no combate. Nem mesmo frente a figura trágica deste pai, que perdeu todos os seus filhos, Hjordis não se comove. Ela está tomada pelo rancor de ter casado com um homem que despreza, por ser ele pacífico e covarde.

No final ela e Sigurd reconhecem o amor que sempre houve entre eles e decidem morrer juntos, mas percebem que, nem após a morte eles podem se unir, porque ele se tornou cristão e irá para o céu em que acredita, enquanto ela, uma viking, irá cavalgando para o Valhalla. Mesmo assim ela atinge o peito de Sigurd com uma flecha e joga-se no abismo para a morte solitária.

A COMÉDIA DO AMOR
Comédia em três atos – 1862

É a primeira peça de Ibsen que se passa num ambiente moderno. Tudo acontece na Cristiânia de seus dias com nomes conhecidos de ruas, teatros e moradores da cidade. Seu foco é a típica família burguesa de uma casa de cômodos tendo variados tipos humanos como hóspedes. O personagem central é Falk, o estudante e poeta de idéias anarquistas impossíveis de serem compreendidas por um comerciante, por um burocrata, por outro estudante de teologia e por um pastor, todos freqüentadores da casa. Apenas Svanhild, a filha do proprietário, pode amá-lo e compreendê-lo.

Falk encarna o grande contestador das idéias burguesas, especialmente a instituição do casamento que ele considera uma gaiola para aprisionar o amor. Ele critica o amor de conveniência por se tornar cada vez mais forte que o verdadeiro. Em grandes monólogos ele faz o discurso do desiludido do amor; afirma que os casais não resistem às pressões familiares para colocar os interesses econômicos acima dos anseios pessoais. Afirma que, para todos os visitantes daquela casa de hóspedes, o amor é uma mentira construída sobre um sentimento inexistente, pois o que existe é apenas o hábito da convivência e o desejo de felicidade a qualquer custo.

Ele ama Svanhilde e propõe a ela viver o amor enquanto este for verdadeiro. Ela admira sua força para buscar a verdade e denunciar todas as covardias dos mercadores da felicidade. Mas é justamente Guldstad, um negociante amigo da família, também apaixonado por ela, que a convence que o sentimento do amor não basta para manter um casamento. Para tanto são mais importantes as virtudes domésticas, a capacidade de abnegação, a responsabilidade e a força para ser um porto seguro para o parceiro. E isto Falk tem certeza que não pode garantir a priori.

Svanhild se casa com o negociante e Falk permanecerá sozinho com sua missão de poeta. Ele parte afirmando que manterá o olhar no seu ideal, deixando aos outros casais o costume de abraçar o matrimônio "como um dever sagrado".

OS PRETENDENTES À COROA
Drama histórico em cinco atos – 1863

Pela última vez Ibsen trata do passado remoto da Noruega evocando, desta vez, o grande rei do século XIII, Haakón, com o qual se inicia a era de ouro de seu país. Seu rival na pretensão ao trono é Skule que deseja o poder, mas não acredita que ele seja o escolhido de Deus. É a confiança de Haakón em sua missão de unificar seu país e torná-lo uma grande potência, que lhe permite conquistar o trono e realizar seus propósitos. A tradução literal do título da peça em norueguês é "a matéria de que são feitos os reis". A fé que Haakón possui em sua vontade e sua vocação, são constitutiva de seu caráter.

Ele faz todas as concessões para prestigiar seu oponente: afasta da cidade a sua mãe que havia se submetido à prova do ferro em brasa, gesto que o legitimou como único soberano; desiste da mulher que ama para se casar com a irmã de Skule, dando-lhe poder sobre a metade do reino. Mas este queria todo o poder e, instigado pelo diabólico bispo Nícolas, conspira e proclama-se soberano por conta própria. No entanto, Skule continua insatisfeito e invejoso de Haakón que tem um herdeiro que ficará com o trono. A fortuna tenta favorecê-lo trazendo a ele uma mulher que o amou no passado e lhe entrega, agora, o filho que criou sozinha.

Porém suas dúvidas permanecem porque fazem parte da sua natureza. Ele coloca na fidelidade incondicional do filho todas as suas esperanças de vencer Haakón, mas ambos perecem após um ataque quase suicida no qual ele arrisca tudo na esperança de que Deus salve sua alma. Ao vê-lo morto os familiares e seguidores afirmam não compreender este rei fracassado e Haakón explica: "seu enigma é que ele era, não o filho, mas o enteado de Deus na terra".

BRAND
Drama poético em cinco atos – 1866

Esta peça, que marca o começo de uma nova fase na trajetória de Ibsen, foi o seu primeiro e enorme sucesso. Seu conteúdo tem um ca-

SINOPSES DAS PEÇAS DE IBSEN

ráter diferente de todas as outras. Aborda questões filosóficas e transcendentais como: até onde pode o homem ser fiel aos seus princípios e à sua vontade? Que Deus é este a quem está servindo? Onde e como, dentro do indivíduo, acontece o apelo para a ação irrecusável?

Apesar de ter sido escrita no calor da Itália esta é a obra de Ibsen onde o frio e as dificuldades do clima norueguês se mostram mais inclementes. Mas o nome do personagem se contrapõe a todas estas ameaças: brand significa fogo. Nenhuma adversidade consegue extinguir o fogo deste pastor que decide servir ao seu Deus na aldeia mais gelada do país. Para chegar lá ele enfrenta uma nevasca que faz todos voltarem, menos ele. Seu destemor lhe proporciona a admiração de um grupo de paroquianos que também querem acreditar em uma religião extirpada de todas as hipocrisias sociais. Ele conclama as pessoas "a deixar o mundo exterior seguir seu curso de escravidão. A direção a tomar é para dentro de si. É aí que está nosso próprio coração [...] esse é o mundo recém criado, e já maduro, para a existência divina. É nele que se deve matar o abutre da vontade. E nele há de nascer o Novo Adão"[1].

Seu lema de vida era: "ou tudo, ou nada". A partir desse princípio ele se recusa a dar a benção à sua mãe na hora da morte porque ela não doou todos os seus bens; seu filho fica muito doente e a única forma de salvá-lo é levá-lo para um lugar menos frio, mas Brand coloca sua missão em primeiro lugar. Da mesma forma ele perde a mulher. Fica sozinho com sua vontade inquebrantável de servir a Deus sem fazer qualquer concessão aos apegos humanos. Poupar sua família seria retroceder "e se retrocedo, perco a mim mesmo" ele dizia. E justifica à sua mulher pouco antes dela morrer: "o que o mundo chama amor, eu não quero e não conheço. O que eu conheço é o amor de Deus e este não é débil nem suave. É duro até o horror da morte. Quando Cristo, em meio à angústia, pediu ao pai 'afasta de mim este cálice', por acaso ele atendeu a tal pedido? Não, minha filha, era preciso ir até o fim"[2]. Conclama seus fiéis a construírem uma grande igreja, pois a igreja atual era pequena para a grandeza de Deus. Quando esta fica pronta, ele quer mais. Em seu delírio de ousar tudo, ele chama os seguidores para subir a montanha mais alta em busca de uma igreja de cristal. O prefeito da cidade consegue quebrar o fanatismo ao anunciar a chegada de um grande cardume de peixes pronto para ser recolhido em suas redes.

O grupo abandona Brand para ir atrás de sua sobrevivência. Ele continua sozinho até ser atingido por uma avalanche de neve. Antes de morrer ele ouve uma voz nas alturas que diz: "Ele é Deus de amor".

---

1. *Teatro Completo*, p. 659.
2. Idem, p. 668.

PEER GYNT
Drama poético em cinco atos – 1867

Esta obra é, em tudo, o oposto da anterior. As aventuras do jovem fantasioso e amoral, que faz todas as concessões para atender os seus desejos imediatos, resultaram em uma peça cheia de sol, alegre e movimentada. Apesar do tom burlesco e do humor cínico e saboroso de muitas cenas, este texto também trata de questões filosóficas e transcendentais. Em todo o longo périplo deste herói, sua única preocupação é ser fiel a si mesmo. Após fazer todo tipo de barganhas, traições, fugas ou bravatas, ele sempre se pergunta e reconsidera quem ele é e quer ser. No final de sua vida este questionamento vai ficando mais sério e mais implacável.

Sua primeira aventura é ir ao casamento de uma antiga namorada e roubar a noiva. Logo em seguida a abandona porque, na festa, conheceu Solveig, a mulher doce e perfeita que o encantou, mas de quem fugiu por medo do próprio amor. Ela, contudo, vai esperá-lo por toda a sua vida. Todo o povo da cidade sai à sua procura para vingar a desfeita com a noiva. Ele tem que fugir e, nas suas andanças vai parar no reino dos Trolls onde namora a filha do rei. Para ter poder sobre o seu reino decide casar-se com ela. Aceita usar um rabo como eles, adota o seu lema "troll basta-te a ti mesmo", mas não admite que arranhem seu olho para ver o mundo distorcido como vêem os trolls. Por isso é perseguido por eles e tem que continuar fugindo. Mas a mulher troll vai continuar a persegui-lo porque teve um filho dele.

Antes de deixar sua cidade e seu país Peer vai visitar a mãe moribunda e tem com ela uma das cenas mais líricas da história do teatro. Acostumados os dois, como sempre, ao mundo de fantasias em que viveram, ele vai conduzindo-a com um "trenó", que na realidade é a sua pequena cama, ao longo dos bosques e montanhas. Ela mal pode falar, mas entra em todas as fantasias do filho até chegar ao castelo de Soria-Moria onde está São Pedro. Peer Gynt afirma que ela vai ser recebida para uma grande festa. Quando percebe que ela morreu, despede-se rapidamente , recomenda-a a uma vizinha, e parte para o estrangeiro.

Na próxima cena encontramos um Peer Gynt na costa do Marrocos, rico e poderoso. Ganhou muito dinheiro traficando escravos da África e levando imagens sagradas para os chineses. E, para compensar o seu ato, ele justifica: "na primavera eu exportava ídolos e no outono enviava sacerdotes que batizavam os 'coolis', de modo que se neutralizava o efeito"[3]. Com a mesma facilidade que ganha, ele perde tudo e começa sempre outra vez. Torna-se, por puro acaso, o profeta de uma tribo no deserto, ganha muitos presentes valiosos, mas é roubado de tudo

---

3. *Teatro Completo*, p. 785.

SINOPSES DAS PEÇAS DE IBSEN

por uma jovem dançarina com quem se envolve. No Egito ele é coroado imperador dos exegetas, aquele que sabe explicar todas as coisas. Acaba indo parar em um hospício onde tem um surto de identidade e pede ajuda ao criador para descobrir quem é ele próprio.

No último ato vemos Peer, já velho, voltando para a Noruega em busca de suas origens. Vai se encontrar com vários personagens fantásticos e outros reais de sua juventude e, na famosa cena em que ele trabalha descascando cebolas, vemos que cansou de trapacear e reconhece as camadas da cebola como os diversos papéis que desempenhou na vida. Vai nomeando cada uma delas com voracidade no intuito de descobrir o que vai encontrar no centro. Mas constata assustado que o centro está vazio.

Seu último encontro é com o fundidor que faz com que aqueles que não deram certo sejam refundidos, como com os velhos botões de sua infância. Ele se desespera, pois a única coisa que não podem falar dele é que ele não viveu o seu si mesmo. Pede um prazo para o fundidor, mas não encontra provas que mostrasse que ele foi fiel ao seu si-mesmo. Finalmente encontra Solveig que, desde sempre, estava à sua espera para acolhê-lo com toda a sua ternura e dar-lhe descanso em seu regaço. Ele se aninha em seus braços como a criança que encontrou a mãe e a mulher, mas na última imagem da peça vemos a sombra do fundidor que continua à sua espera.

A LIGA DA JUVENTUDE
Comédia em cinco atos – 1869

A peça passa-se em uma pequena cidade da Noruega e Ibsen reconhece ter se inspirado em personagens reais de seu meio. A história se desenvolve em torno de um jovem advogado arrivista chamado Stensgaard. Seu grande desejo é ter poder político e resolve para isso enfrentar Bratsberg, o maior proprietário e industrial da cidade. Ele se aproveita das comemorações de uma festa nacional para fazer um discurso inflamado, contestando os detentores do poder que não davam espaço às novas gerações. No ato consegue grande adesão dos jovens que se organizam para formar a Liga da Juventude e se dispõe a escrever um artigo no jornal onde suas idéias renovadores podem ganhar publicidade.

O velho Bratsberg, porém, trata de seduzí-lo para que desfrute, em sua casa, dos requintes do modo de vida dos "aristocratas". Stensgaard rapidamente muda de atitude: quer desistir do artigo, despista a filha do abastado comerciante a quem havia prometido noivado e passa a cobiçar a filha mais moça do poderoso Bratsberg. Mas, em sua ingenuidade de principiante, faz confidências a outros oportunistas como ele. Acaba aceitando conselhos para voltar a atacar o grande industrial que teria feito comentários contra ele. Sabendo das irre-

156 IBSEN E O NOVO SUJEITO DA MODERNIDADE

gularidades que o filho de Bratsberg cometeu, resolve denunciá-las em uma carta aberta ao público. Enquanto isso tenta garantir algum casamento proveitoso envolvendo três mulheres ao mesmo tempo, e procura agradar a todas as facções políticas com o intuito de tornar-se deputado.

No final é desmascarado e desmoralizado perante todos que pensava estar manipulando. Isto ocorre na casa de Bratsberg que, tendo recebido a carta denunciadora antes que esta chegasse à imprensa, dá chance ao filho de reconhecer seu delito: ele usou o nome do pai para conseguir recursos que cobrissem suas dívidas de jogo. Há uma passagem interessante em que a esposa deste filho, Selma, sente-se ofendida pelo fato de o marido não lhe confiar seus problemas financeiros, poupando-a como se ela fosse uma boneca que não soubesse enfrentar as dificuldades da vida. Este fato, aqui periférico, será o tema central de *Casa de Bonecas*, a mais famosa e polêmica peça de Ibsen. Mas o cerne de *A Liga da Juventude* é a crítica da ingenuidade e despreparo dos jovens liberais que pensam fazer frente aos homens de peso da sociedade através de uma política rasteira e sem qualquer ideal verdadeiro.

IMPERADOR E GALILEU
Drama histórico em 10 atos – 1873

É a história de Juliano, o imperador romano do século IV, sobrinho de Constantino, que aderiu ao cristianismo, tornando-o a religião oficial do império. Juliano, ao se tornar imperador, ainda era cristão, mas acaba por duvidar desta crença em favor dos cultos pagãos, que proclamavam a alegria e não a dor tão familiar aos seguidores do Galileu, o Cristo, que sofreu a crucifixão para salvar os homens. Isto o atormentou por muito tempo uma vez que ele não via como se afastar dos ensinamentos cristãos que passaram a ser mandamentos em sua vida.

Juliano torna-se um apóstata após as conversas com seus mestres de filosofia, que valorizavam a glória dos antigos heróis como Aquiles e a celebração da vida praticada pelos deuses gregos. Sofreu também a influência direta do mago Máximo, que o apontava como o escolhido pelo destino para levar uma nova verdade e um novo caminho a todos os homens. Proclamou a volta do paganismo e fez, ele próprio perante todo o povo, o primeiro sacrifício aos benevolentes deuses do passado.

Mas uma grande parte da população, que já praticava ardorosamente os preceitos cristãos, passa a ser hostilizada pelos seguidores do imperador. Juliano, apesar de ter prometido respeitar todas as crenças, começa a perseguir os cristãos e não se conformava em ver como os seguidores do Galileu encontravam felicidade em sofrer por ele. Quanto mais os castigava, mais se exaltava o seu fervor. Máximo, seu poderoso conselheiro o animava a prosseguir afirmando-lhe "Imperador e Galileu, ambos desaparecerão, mas não perecerão, assim como não perecem a criança e o jovem no adulto que se tornou. Nem imperador, nem redentor: ambos em um e um em ambos. Imperador no reino do espírito e Deus no reino da carne. Este é o terceiro reino!"[4].

Convencido por seu mestre de que ele é Alexandre redivivo, Juliano resolve conquistar o território persa. Considera-se poderoso porque acredita que sua vontade é o seu imperativo, mas não deixa de consultar os oráculos e presságios em busca da confirmação de seus desejos de grandeza. A campanha contra os persas é desastrosa, ele não confia em quase nenhum de seus soldados sabendo que são seguidores do Cristo. Depois de mandar atear fogo em toda a sua esquadra, por acreditar em falsos amigos, ele é morto em pleno combate, mas pela mão de um companheiro de infância cristão. Ao cair ao solo Juliano exclama: "venceste, Galileu!".

Esta obra foi a mais extensa e a mais querida por Ibsen. Ela é fruto de nove anos de pesquisas e trabalho sobre os fatos e sobre si mesmo. É o próprio autor que confessa: "é algo da minha própria vida; há neste livro muito de auto-anatomia". Aqui se encontra o cerne de seu pensamento; a permanente dúvida do homem sobre si mesmo e a busca de Ibsen, nunca alcançada, da síntese entre a vontade e a vocação; entre a carne e o espírito; entre um novo tempo com outros valores e o tempo passado com suas amarras; entre o divino e o humano.

Imperador e Galileu é um divisor de águas entre as obras em que o autor lutou com os conceitos absolutos de Verdade e Vontade, situando os acontecimentos em um tempo histórico distante, e as obras que se seguiram em que ele se coloca dentro do mundo contemporâneo onde todos os conceitos são obrigatoriamente relativos e contingentes.

OS PILARES DA SOCIEDADE
Drama em quatro atos – 1877

A partir desta peça ficam abandonadas, na obra de Ibsen, todas as figuras grandiosas e épicas de suas obras históricas anteriores. Ele quer se ocupar da vida presente, dos homens de seu tempo em suas buscas e descaminhos. Foi uma notícia de jornal que o motivou a falar da corrupção de um alto membro da comunidade. O personagem que o encarna é o Cônsul Bernick, um rico burguês que fez fortuna com uma empresa de transportes marítimos, mas de forma absolutamente inescrupulosa. Toda a cidade o considera um modelo

4. *Teatro Completo*, p. 1105.

158   IBSEN E O NOVO SUJEITO DA MODERNIDADE

de virtudes, seu casamento é considerado como o fundamento ideal de uma sociedade honrada.

Mas, logo no início, já percebemos sua hipocrisia. Ele não se preocupa com a segurança de suas embarcações e de seus passageiros, e sim com o lucro rápido que pode auferir com elas. Mostra-se disposto a despedir o mestre do estaleiro se este não fizer os reparos do barco, seriamente danificado, em apenas uma noite. No entanto prega o desprendimento para servir à comunidade e a importância do comportamento recatado nas mulheres. Na primeira reviravolta desta história, chega à cidade Lona Hessel, a mulher que ele amou no passado, mas que deixou para fazer um casamento de conveniência com a meia irmã dela. Lona chega com João Tonensen, cunhado de Bernick, e é ela que vai desenterrar todas as falcatruas deste "benfeitor" da cidade.

Antes de se casar ele se aventurou em passar a noite com uma atriz casada e o marido chegou batendo na porta. Bernick pulou a janela e seu amigo e cunhado, João Tonensen, ofereceu-se para assumir a culpa, uma vez que estava indo para a América. O consul aproveitou-se desta ausência para espalhar a notícia que o cunhado havia dado um desfalque na firma, justificando assim os problemas financeiros que estava passando. E passa-se por generoso benfeitor por estar cuidando de Dina, a filha daquela atriz que, abandonada pelo marido, acabou morrendo no total desamparo daquele que a desonrou. João e Dina se apaixonam e resolvem viajar no barco condenado. Neste mesmo barco iria embarcar o filho do cônsul.

Lona Hessel, invocando o antigo Bernick que ela amou, tenta convencê-lo a sair deste atoleiro de mentiras. Após quase perder o filho no barco que estava destinado a naufragar, o cônsul passa por uma transformação interior e desencadeia a outra grande reviravolta da peça. Ela ocorre no momento final quando toda a cidade se reuniu na praça para homenageá-lo e, em seu discurso ele resolve contar toda a verdade. Pede desculpas a todos pela sua covardia e desonestidade e as pessoas se dispersam desapontadas.

Não ficamos sabendo as conseqüências sociais desse ato na vida de Bernick, mas podemos vê-lo feliz ao lado de sua mulher a quem ele também pede desculpas e ajuda. Esta confessa que, pela primeira vez, sentiu-se valorizada por ele e que agora pode amá-lo muito mais. Lona observa-o com enorme alegria e exclama para si mesma: "por fim você se libertou de si mesmo!".

CASA DE BONECAS
Drama em três atos – 1879

Esta segunda peça da fase realista de Ibsen é a mais conhecida e mais encenada das obras do autor. Deu margem a muitas polêmicas e a diferentes teorias sobre a emergência de um novo drama nos palcos de todo o mundo ocidental.

Nora é a "cotovia" graciosa que tudo faz para estar sempre agradando ao seu marido, Helmer, com uma alegria quase infantil. Ela é mimada por ele como uma menina cheia de caprichos, ao mesmo tempo que repreendida docemente quando lhe pede mais dinheiro do que ele acha conveniente. Mas logo percebemos que, apesar desta aparente leviandade, ela vem enfrentando sozinha o sério problema de pagar mensalmente a um agiota, a dívida que contraiu em segredo para custear uma viagem de tratamento para seu marido. E o mais grave é que, para fazer o empréstimo, ela precisou falsificar a assinatura de seu pai, porque ele tinha acabado de morrer. Tal gesto, em seu entender, não tinha nada de condenável uma vez que era para salvar Helmer.

Sua vida começa a se transtornar quando Krogstad, o homem que lhe emprestou o dinheiro, vem exigir que seu marido lhe consiga um emprego no Banco onde agora é diretor. Ela sabe que isto será difícil, mas ele lhe faz ver que a assinatura que ela fez naquela promissória é um sério crime que pode estragar a carreira de seu marido. Durante três dias ela se angustia para convencer o marido dizendo que Krogstad poderia prejudicá-lo espalhando boatos sobre sua honra. Mas Helmer se nega terminantemente a dar o emprego para este homem que não aprecia e acalma sua esposa dizendo que sempre irá protegê-la de todas as ameaças.

Sabendo da negativa, Krogstad cumpre a promessa e envia a carta onde tudo é revelado. Helmer tem a pior reação possível. Chama-a de hipócrita, impostora e criminosa. Diz-lhe que não é mais digna nem de educar os filhos e que ela vai viver ali só para manter as aparências. Nora fica pasma de ver em sua frente um homem que não conhecia. Não havia nem sombra do amor que ele dizia ter por ela.

Mas logo a seguir chega outra carta do agiota, entregando-lhe a nota promissória e arrependido da chantagem. O marido volta a ficar feliz, abraça Nora e diz que está tudo bem agora, que ele já a perdoou. Mas ela já não é a mesma mulher, não reconhece mais aquele que foi seu marido. Percebe que não o ama, ou melhor, que nunca o amou, pois, até então, ela não o conhecia. Tem com ele uma longa conversa em que lhe explica porque vai deixá-lo: porque entre eles não havia um verdadeiro casamento; ele a tratava como uma boneca e, desta forma, ela "não se tornaria nunca nada". Ela quer ficar sozinha, abandonar o que ele chama de "seus deveres como mãe e esposa" e procurar ser fiel aos deveres para consigo mesma. Deixa a casa onde pensou que era feliz, vivendo para o marido; agora ela quer experimentar viver para si mesma, descobrir quem ela é.

160 IBSEN E O NOVO SUJEITO DA MODERNIDADE

OS ESPECTROS
Drama familiar em três atos – 1881

Peça radicalmente condenada pela crítica e proibida em alguns países por tratar de temas escandalosos para a época. Nela Ibsen aborda assuntos que são tabu como a doença venérea hereditária[5], o incesto, a eutanásia, a devassidão sexual e o amor extra conjugal. Estes temas estavam começando a ser debatidos pela sociedade, mas não foi com o intuito primeiro de discutí-los que seu autor escreveu este drama. O cerne da questão é a possibilidade de fazer escolhas verdadeiras na vida.

Helena Alvin está feliz porque acaba de chegar de viagem seu filho Oswald, que ela afastou de casa por muitos anos para que este não soubesse da vida dissoluta de seu pai. Ela conseguiu esconder os "vícios' do marido não só do filho, mas de toda a cidade. Agora que este já morreu, vai-se inaugurar um orfanato em sua homenagem e, com isso, a sra. Alving espera enterrar o terrível passado e iniciar um período mais luminoso em sua vida. Mas os espectros do passado não desaparecem com mentiras e omissões.

Ela sofreu em silêncio ver o marido seduzir a empregada, e ajudou a criar Regina, o fruto desse abuso. Não conseguiu largar o marido para ficar com o homem que amava, o pastor Manders, porque este a convenceu de que o casamento é sagrado e nunca pode ser dissolvido. Oswald vai repetir vários comportamentos do pai. Com os mesmos gestos e palavras ele seduz Regina, a atual empregada, ignorando seu parentesco com ela. Revela à mãe que está muito doente e que pode ficar louco e morrer de forma terrível, pedindo-lhe que, no momento que isto acontecer, ela administre a droga que o levará a uma morte indolor.

Helena Alvin percebe que o filho herdou a doença do marido e, na tentativa de fazê-lo feliz, se dispõe a permitir o casamento dele com Regina. Mas esta, que só queria a união para sair dali e ter uma posição social melhor, e sabendo que Oswald está tão doente, não quer mais o casamento. Dispõe-se a partir com o velho empregado da casa que passava por seu pai, para abrir com ele um albergue para marinheiros. Enquanto isso o orfanato pega fogo. Tudo que o marido deixou foi investido naquela construção que acabava de ficar pronta e ainda não tinha seguro.

A cena final resume toda a tragédia da Sra. Alvin: sozinha com o filho morrendo e pedindo-lhe a libertação, "o Sol". Sua dor se magnífica porque sabemos que toda a sua vida consistiu em renunciar aos

---

5. O termo "siflis" não é especificamente mencionado, mas esta doença era um sério problema em uma época em que não havia antibióticos; o fato de considerá-la hereditária foi mais tarde desmentida pela ciência.

SINOPSES DAS PEÇAS DE IBSEN

seus próprios desejos, em trair a si mesma, para fazer a felicidade de
outro, este outro que agora morre em seus braços.

O INIMIGO DO POVO
Drama em cinco atos – 1882

Depois de enumerar as muitas desventuras trazidas pela mentira
em Os Espectros, Ibsen faz agora a apologia da verdade. E exalta o
indivíduo que, por ser fiel à sua verdade, é isolado e agredido pela
comunidade.

Dr. Stockmann, um médico muito querido por todos de uma estação de águas termais, é chamado de "o amigo do povo" desde que
descobriu as propriedades curativas das suas águas. Com a afluência
dos turistas a cidade progrediu e se enriqueceu. Porém este mesmo
médico é quem vai descobrir que, devido às economias feitas na ca-
nalização, as águas foram contaminadas por esgotos. Ele declara isso
à imprensa e ao seu irmão, o prefeito da estância.

Este tenta convencê-lo a não prosseguir nessa campanha uma
vez que ela traria grandes prejuízos para todos. Mas Dr. Stockmann
só está preocupado com os prejuízos à saúde pública e tem certeza
que todos concordarão com ele quando entenderem a gravidade da
contaminação. O prefeito, porém, manipula a imprensa e os cidadãos
reunidos em uma assembléia, convencendo a todos que o médico é
inimigo daquele povo porque não se preocupa com o dinheiro que
eles vão perder.

Todos se indignam com o novo "inimigo do povo". Ele perde todos os clientes, a filha é despedida do colégio em que leciona, sua casa é
apedrejada e sua mulher não o compreende. Ele fica só mas não desiste
de defender a verdade e proclama que o homem mais forte é aquele que
está só. Ibsen deixa claro que, a seu ver, a maioria não tem razão.

O PATO SELVAGEM
Drama em cinco atos – 1884

Esta obra marca um novo olhar do autor para os seres humanos.
Já não lhe interessa denunciar a corrupção da sociedade nem acusar
as pessoas que mentiram para si mesmas. Mais importante é ver o
que as mantém vivas e atuantes. A noção de verdade e de felicidade
se relativizam.

Hjalmar Ekdal, sua mulher Gina e sua filha Hedvige vivem de
forma modesta tirando fotografias e alugando quartos de sua própria
casa. Mas ele sonha com grandezas impossíveis para poder manter a
auto-imagem de alguém que será importante um dia. Freqüenta raras
vezes a casa de Werle, um homem bastante rico que foi sócio de seu
pai anos atrás.

Este pai é o velho Ekdal, que vive em um mundo à parte, caçando animais e guardando-os em um celeiro para caçá-los novamente com sua espingarda. Ele dá a Hedvige um pato selvagem que estava enredado no fundo do lago, mas foi salvo por um cachorro de caça. Ela cuida de sua ferida com todo cuidado e se apega muito ao bicho. Hoje Ekdal vive das mesadas do poderoso Werle que tenta expiar sua culpa passada: quando eles foram sócios houve uma falcatrua e o velho ficou com toda a culpa, permanecendo preso por muitos anos.

Greger Werle, filho do rico Werle, não se interessa em ganhar dinheiro e sim em buscar a verdade e instaurá-la, a todo custo, na vida de cada pessoa. Sabendo que Gina foi seduzida por seu pai e que Hedvige é fruto desta união, ele resolve contar a verdade ao limitado Hjalmar. A menina que adorava o pai – aquele que ela sempre considerou seu pai – passa a ser desprezada por ele e cai em total desespero. A conselho do buscador da verdade ela decide sacrificar seu bem mais precioso, o pato selvagem, para provar ao pai o seu amor. Mas acaba dando um tiro em si mesma. Todos perdem com a obstinação do fanático Werle.

Há uma frase na peça que define bem o estrago que pode fazer a verdade em pessoas que não têm condições de assimilá-la. Esta vem de um dos inquilinos do casal, o Dr. Relling que, como bom médico de aldeia, conhece muito bem a alma humana: "se você tirar a mentira vital de um homem comum, tira-lhe ao mesmo tempo a felicidade"[6]. Neste novo mundo cheio de nuances em que Ibsen penetrou, a busca do ideal e do valor absoluto perdeu o sentido. Mais do que isso, tornou-se uma perigosa ameaça.

ROSMERSHOLM
Drama em quatro atos – 1886

Na história de Rosmer, um ex-pastor, reaparece o tema da busca de seus próprios valores pelo indivíduo que quer se conhecer. Este homem foi casado com Beata que se matou, jogando-se na torrente do rio que passa em sua propriedade. Desde então ele se aproximou mais de Rebeca West, uma mulher que cuidava de sua esposa e que se tornou uma grande amiga, companheira de longas conversas nas quais ele reviu todas as suas posturas políticas e religiosas. Rebeca é uma livre pensadora e mostrou a ele o sabor de não estar preso a ideários de qualquer espécie. E agora ele quer se casar com ela.

Rosmer declara ao reitor Kroll, seu cunhado, que está abandonando o partido político conservador onde ambos militavam. Este não se conforma e, percebendo que tudo é obra daquela mulher, resolve revelar as suas suspeitas de que foi ela que induziu Beata a se ma-

6. *Seis Dramas*, p. 294.

tar. Rebeca reconhece o crime e, por isso, nega a casar-se com ele. Rosmer se choca, mas, ainda assim, quer se unir a ela porque tudo que ele é hoje, deve a ela. Apesar de ser este o seu maior desejo, ela não pode mais fazê-lo porque sente que sua vontade se contaminou pela atmosfera de tristeza de Rosmersholm. Naquela casa, por onde já passaram tantas gerações, "há uma nobreza que também me contaminou, mas esta nobreza mata a felicidade".

Afirma ainda que teve um passado que a impede de estabelecer esta união porque não há como recuperar a sua inocência. Dispõe-se a partir e ele concorda admitindo que ele perdeu a fé que tinha nela. E pede: "me devolva a fé que eu tinha no teu amor, uma prova, me dê uma prova". Ambos percebem que o passado destroçou suas vidas e não há como continuar vivendo. Rebeca dá-lhe a prova desejada dispondo-se a se jogar com ele no rio que já havia levado sua primeira mulher.

A DAMA DO MAR
Drama em cinco atos – 1888

É a história de um desejo oceânico, da nostalgia de um mar aberto a todas as aventuras. É a história de Éllida, a mulher que casou com um médico viúvo, pai de duas filhas e foi morar em uma pequena cidade de mar calmo. Ele a ama profundamente, mas ela não sabe como amá-lo porque se atormenta todo o tempo com a lembrança do marinheiro que prometeu vir buscá-la um dia para se casarem. Quando ela era ainda bem jovem teve um rápido e intenso romance com este homem, quase estranho para ela. Ele juntou seu anel ao dela e jogou-os no mar assumindo que aquilo era um noivado para sempre e que ele voltaria um dia para buscá-la.

Com o passar do tempo Élida se deu conta da impossibilidade daquela fantasia. Escreveu-lhe dizendo que não queria mais esperá-lo, mas as cartas dele não mencionavam essa possibilidade e ele continuava afirmando que voltaria. Ela se casa com o Dr. Wangel, mas não consegue encontrar o seu lugar na nova família. Está sempre tensa e possuída de uma insatisfação que não consegue explicar.

Ela acaba contando ao marido sua aflição mostrando o quanto estava alterada, pois acreditava que o filho que lhes nasceu, e logo morreu, tinha os olhos penetrantes do marinheiro e isso estava lhe perturbando desde então. Wangel tenta acalmá-la dizendo que tal estrangeiro nunca virá. Mas ele vem. Chega anunciando que veio buscá-la e, ao vê-la casada e extremamente confusa, ele lhe dá mais dois dias para se decidir. Se ela disser não, ele promete nunca mais voltar.

Élida pede para se separar do marido; quer ficar sozinha para fazer sua escolha com liberdade. Quando ele finalmente concede, apesar de toda a dor que aquilo implicava, ela entende o amor de Wangel.

164 IBSEN E O NOVO SUJEITO DA MODERNIDADE

Comovida, ela consegue dizer não ao marinheiro, reconhecendo seu lugar ao lado do marido. Confessa que teve forças para escolher porque sentiu-se totalmente livre; que é possível adaptar-se a novas situações desde que se tenha liberdade. "E responsabilidade, querida Élida", diz o feliz marido na última fala da peça.

Este é o único "final feliz" das peças modernas de Ibsen. É a única em que o casal conquista uma relação em que o amor faz sentido. Fica claro, contudo, que isto é fruto de uma árdua batalha travada dentro e fora dos seres humanos.

HEDDA GABLER
Drama em quatro atos – 1890

Hedda, filha do general Gabler, foi criada com todo o requinte e orgulho de pertencer a uma estirpe superior de ser humano que não aceita a mediocridade e a falta de elegância e beleza na condução da própria vida. Mas, aos 28 anos, já tendo desfrutado o seu tempo de glória entre bailes e admiradores passageiros e vendo-se sozinha desde a morte do pai, decide casar-se com um homem simples, professor e pesquisador aspirante a uma cadeira na universidade.

Apesar de achá-lo cansativo ela casa e sai de viagem por seis meses com Jorge Tesman. A peça inicia-se quando eles chegam de viagem indo morar na casa da tia dele, mulher simples e boa que faz tudo para agradar à bela Hedda. Mas tudo a entedia no meio daquela gente até a chegada de Théa, uma jovem doce e prestativa, que acaba de abandonar um casamento que estava se tornando cruel para ela. Ela veio interceder pelo amigo de Jorge, Lovborg, também pesquisador como ele.

O assunto interessa a Hedda que teve, no passado, um certo envolvimento com Lovborg. Ele foi mais um dos que se apaixonaram por ela e se viram impedidos de estabelecer um contato afetivo com essa jovem altiva. Ela é perita no jogo de sedução. É o que faz com a inocente Théa acolhendo-a com carinhos e atenções até que esta lhe conte todas as desventuras de seu ex-pretendente.

Fica sabendo que, apesar dele ser extremamente capaz, não conseguiu produzir nada por ter se entregado à bebida. Théa conseguiu recuperá-lo incentivando-o e ajudando-o a escrever o livro que tinha em mente. Agora a obra estava pronta e era como "um filho que eles produziram juntos". Por isso ela está apreensiva que ele volte a beber. Ora, o prazer de Hedda, como ela mesma diz, é sentir que tem "poder de interferir sobre um destino humano" e, pelo seu temperamento perverso, a melhor interferência é ver o outro perder o jogo.

Ela convida Lovborg à sua casa e consegue induzí-lo a voltar a beber. Ele sai para uma noitada e perde o manuscrito de seu precioso livro. Tesman havia apanhado o manuscrito e mostra a Hedda. Ela, tomada de ciúmes, queima na lareira "o filho" de Théa e Lovborg. Quando este volta arrasado ela o convence a se matar, entregando-lhe a pistola que pertenceu ao general Gabler e sugere que o faça com elegância.

A pistola é usada, mas não do modo que Hedda desejava. Ele acaba se matando na casa de uma mulher da noite de forma lastimável. O marido de Hedda e Théa,para honrar a memória de Lovborg, se põem a reescrever o livro a partir das notas guardadas por ela em sua bolsa. Trancam-se no escritório animados com o novo desafio, deixando Hedda sozinha e sem saber o que fazer de si. Para completar o quadro de seu desamparo, fica sabendo que está nas mãos do advogado que sabe ser dela a pistola do crime. Estará exposta ao escândalo e, o depoimento que ele pode dar para isentá-la de culpa, depende de como ela se comportar com ele. Acostumada a viver sem qualquer tipo de limitação, isto ela não podia suportar. Retira-se da sala, fecha a cortina e deixa-nos ouvir o disparo do tiro que vai libertá-la de todos os seus tormentos.

SOLNESS, O CONSTRUTOR
Drama em três atos – 1892

Esta peça marca o início do último estágio na obra de Ibsen, o momento de penetrar em profundidade na interioridade da psique humana. A partir daqui, o autor faz uso de personagens que podem, ou não, serem "lidos' como realistas. Eles são habitantes tanto do mundo exterior, quanto do interior.

Solness está ficando velho, já construiu muitas igrejas e casas e agora está na iminência de se ver superado pela juventude "que bate à porta", como ele mesmo diz. Ele passou por cima de todos que o cercavam para conseguir o seu sucesso: sua mulher não tem mais vitalidade depois que morreram seus filhos e sua casa pegou fogo; o velho e quase moribundo Knut Brovik e seu filho Ragnar, que sempre trabalharam para o construtor e foram explorados por ele, pedem em vão uma chance de progresso: que Solness reconheça o talento de Ragner e deixe-o tocar por conta própria alguns projetos.

E a "juventude" realmente bate à sua porta para questioná-lo e fazê-lo olhar para os sonhos que deixou de sonhar. É Hilda Wangel uma jovem cheia de vida e de paixão que conheceu-o dez anos atrás quando construiu a torre da igreja da cidade em que ela morava com seus pais. (Seus pais eram o casal de A Dama do Mar e Hilda era a filha que gostava de fazer comentários maldosos). Ela era, então, uma menina de 13 anos que se encantou ao vê-lo subir no alto da torre para colocar uma coroa de flores em seu topo. Hilda insiste que ele prometeu voltar, dez anos mais tarde, para levá-la e que construiria um castelo onde ela seria sua princesa.

166 IBSEN E O NOVO SUJEITO DA MODERNIDADE

Solness se encanta com ela e descobre que estes são os reais desejos dele naquele momento. Confessa a ela todos os seus medos e fraquezas, bem como sua impotência frente aos "demônios" que parecem governá-lo. Ela o incentiva a buscar "o impossível". A casa que ele acaba de construir para si tem uma torre e Hilda convence-o a subir novamente no alto da torre para colocar a coroa. Apesar de nunca mais ter feito isso por medo de vertigens, ele promete que o fará, contaminado pela paixão e pela admiração que a jovem proclama: "quero vê-lo novamente livre e grande, como vi aquela vez lá no alto!".

A esposa se desespera e, todos os empregado reunidos para a inauguração, duvidam que Solness subirá. Só Hilda tem certeza e confiança absoluta nele. Ele quer mudar sua vida, quer viver suas fantasias mais encantadas ao lado dela, quer chegar lá no alto para desafiar o Deus que o privou da felicidade. Para o espanto de todos, ele sobe, mas a vertigem é inevitável. Quando Hilda brada exuberante que "ele conseguiu o impossível", ele cai do alto de sua torre e perde a vida.

O PEQUENO EYOLF
Drama em três atos – 1894

O drama passa-se mais dentro do que fora dos personagens. O que mais importa é o que emerge de cada um a partir dos acontecimentos e como lidam com seus vazios internos e com as fantasias que construíram para não ter que enfrentá-los.

Alfredo e Rita Allmers estão casados há dez anos e têm um filho de nove que é um peso para eles. Rita tem uma paixão arrebatada pelo marido, mas não consegue vivê-la porque ambos se sentem culpados. Quando o menino era pequeno deixaram-no sobre uma mesa por um instante, e logo se envolveram em um arroubo sexual. A criança caiu da mesa ficando, desde então aleijada de uma perna.

Alfredo voltou de viagem disposto a dar atenção total ao filho, ao invés de continuar a escrever o livro sobre "a responsabilidade humana". Rita confessa que tem ciúmes do menino, que ele é um impedimento porque ela quer o marido só para si. Logo depois chega na casa "a mulher dos ratos", uma espécie de flautista de Hamelin criada por Ibsen. Ela pergunta se eles têm algo na casa que rói, que perturba, da qual queiram se livrar. Eles negam e a mulher se vai. Mas Eyolf, que ficou fascinado por ela, deixa também a sala. Quando, algum tempo depois, eles se dão conta da ausência do menino, ficam sabendo que ele se afogou no fiorde.

Os próximos dois atos da peça giram em torno da culpa do casal por esta morte. Eles se atormentam com a imagem do menino estendido no fundo do mar com os olhos arregalados, pondo a culpa um no outro por tudo que aconteceu. Em uma série de diálogos dolorosos eles vão revolvendo sentimentos cada vez mais fundos: reconhecem

SINOPSES DAS PEÇAS DE IBSEN   167

que nunca amaram verdadeiramente a criança e acreditam que ele morreu para expiar toda a culpa do passado dos dois; ela constata sua solidão humana: não tem mais a fé religiosa de antes, porque ele a ensinou a duvidar e, agora, ela não tem a quem recorrer. Pensam em se unir ao filho na morte, mas percebem que não querem tomar esse caminho. Ele confessa que casou com ela também pelo seu dinheiro, precisava dele para sustentar sua irmã, Asta. E, finalmente fica subentendido que amou esta "irmã" de forma incestuosa.

Tanto Asta quanto Alfredo não conseguem se unir verdadeiramente ao outro porque mantiveram uma relação idílica, perfeita, "um vínculo que não está sujeito à lei da transformação", como ele diz. Mas eles acabam descobrindo que não eram irmãos e isto modifica a qualidade do vínculo. Tudo caminha para o fim das idealizações. Asta consegue, no último instante, unir-se ao engenheiro que a amava. Alfredo e Rita, já quase se separando, entram em contato com todos os vazios que se formaram dentro deles e encontram uma forma de tentar preenchê-los. Resolvem abrir seu coração e cuidar das crianças pobres do bairro. Mas tendo consciência de que fazem isso, não ainda por amor, mas pelo senso da "responsabilidade humana" que deixou de ser livro para ser vivido.

JOHN GABRIEL BORKMAN
Drama em quatro atos – 1896

Nesta penúltima peça, Ibsen mergulha radicalmente na força do querer humano. De como a vontade ambiciosa de um homem pode causar desastres fora e dentro dele mesmo. John Gabriel Borkman, foi um grande banqueiro que chegou longe demais em suas transações com o objetivo de construir um grande império empresarial e financeiro. Para chegar "lá" usou de todas as pessoas que o cercavam. A primeira foi Ella Rentheim, a mulher que ele amava, mas que preferiu "deixar" para o sócio que lhe daria, em troca, o cargo de diretor do banco. Casou-se com a irmã dela, Gunhild, fazendo-a também infeliz. Conseguiu tornar-se um grande homem e viveu na ostentação e na opulência por um bom tempo. Mas, ao gastar o dinheiro que não era seu, e fazer negociatas perigosas, o banco e o império sonhado foram à falência.

Borkman, sua família e todos os envolvidos perderam tudo e ele foi condenado à cinco anos de prisão. O filho, Erhart, foi morar por alguns anos com Ella, a tia que tinha amor por ele e condições econômicas para mantê-lo. Desde que o obstinado banqueiro saiu da prisão, há oito anos, ele se mantém trancado no andar superior de sua casa, andando de um lado para o outro "como um lobo doente que mede com os passos a jaula"[7]. Durante todo esse tempo ele não falou e não

7. *John Gabriel Borkman*, p. 16.

168 IBSEN E O NOVO SUJEITO DA MODERNIDADE

viu nem a mulher nem o filho, que o desprezam. Ele espera o dia em que virão buscá-lo, pedindo-lhe que retome o seu cargo porque só ele pode levar adiante projetos grandiosos. Quem quebra este isolamento é Ella, que chega na casa da irmã para tentar convencer o sobrinho a ir morar com ela outra vez.

Ella sabe que está muito doente e põe na mesa todas as suas cartas. Sobe ao andar superior para falar com Borkman. Neste reencontro eles passam a limpo todo o tempo em que estiveram separados. Ella o acusa do duplo crime de ter matado nela a capacidade de amar e de ter matado a própria alma. Borkman justifica tudo isso porque tinha uma missão a cumprir; "eu queria criar um império para mim e assim beneficiar milhares e milhares de pessoas"[8]. Até o fim ele não desiste da crença em sua grande missão e do seu poder para levá-la a cabo. E tem certeza de que não o fez só porque foi traído pelo amigo que Ella repudiou.

Ele desce para convencer a mulher e o filho de que pode e deve retomar sua luta. Mas Erhart não quer nada com ele, nem com a mãe, nem com a tia. Quer sua liberdade para viajar com uma mulher mais velha com a qual pretende desfrutar temporariamente sua preciosa juventude. Depois da partida do filho, Borkman decide também sair daquela casa. Ella o segue pelos bosques gelados até chegar no alto de onde ele pode ver "o reino que eu estava prestes a conquistar quando – quando eu morri". Ao reconhecer isso ele realmente sente "uma mão de ferro" apertando seu coração e morre de frente para o mundo que não conquistou.

QUANDO NÓS MORTOS DESPERTARMOS
Epílogo dramático em três atos – 1899

Foi o próprio autor que a chamou um epílogo dramático. Ele sabia que essa peça encerrava uma etapa de sua vida, do seu "campo de batalha; se eu voltar a ele será com novo equipamento e novas armas"[9]. Mas o destino quis que essa fosse sua última obra. Ela trata, realmente, do mergulho final para o qual não há volta.

É o drama de Rubek e Irene que se encontram tarde demais para recomeçar. Ele é um escultor de grande fama que está passando o verão em uma estação balneária ao norte da Noruega. Está casado com Maja, uma mulher que não o satisfaz por não ter a mesma sensibilidade artística que ele. Irene, modelo exclusiva de suas obras, está presente com uma diaconisa que a segue como uma sombra.

Como na peça anterior, seu encontro será povoado de recordações nas quais ela o acusa de ter matado sua alma após terminar a mais famosa de suas esculturas: O Dia da Ressurreição, obra que o

8. Idem, p. 55.
9. Prefácio do Conde Prozor, *Seis Dramas*, p. 573.

SINOPSES DAS PEÇAS DE IBSEN

consagrou imediatamente como o maior artista de seu tempo. Irene lhe conta que ela se deu inteira, inclusive a sua alma, para que ele realizasse aquela escultura. Mas ele não percebeu sua entrega e seu amor, deixando-a partir. Rubek se dá conta que somente com ela podia repartir os mesmos sentimentos. Percebe que não foi capaz de amá-la na época, mas, agora, está disposto a retomar todo o encantamento que foi aquela relação.

Ela o faz ver que eles já não estão vivos; ambos morreram no contato com o mundo que os violentou. Ele tenta argumentar que finalmente encontraram a liberdade e precisam viver a vida que lhes cabe. Irene mantém-se reticente e, enquanto não decidem, permitem-se reviver todos os sonhos e fantasias que povoavam seu imaginário: o pico mais alto onde ele lhe "prometeu mostrar todas as maravilhas do mundo"; a folha do riacho transformada no "barco de Lohengrin conduzido pelo cisne".

Mas a terrível realidade os espera. Ela lhe confessa que o desejo de viver está morto dentro dela. Ambos morreram. Percebem que só poderão se encontrar o dia que ressuscitarem de entre os mortos. Enquanto isso Maja, que ele havia dispensado, passeia pelas montanhas com um decidido caçador de ursos. Eles se cruzam no momento final quando uma poderosa tormenta está se formando. Maja, que optou pela vida, desce em busca de um lugar seguro; Rubek e Irene decidem subir em direção "ao esplendor luminoso dos cimos" para, na morte, celebrar sua união. Uma avalanche os leva enquanto a sombra da diaconisa os abençoa.

Fatos que Marcaram o Final do Século XIX

Datas de acontecimentos fundamentais que ocorreram nas três últimas décadas do Século XIX. Elas deram a sensação de poder e de espanto aos homens que viveram naquele final de século:

1873 Tolstói escreve *Ana Karenina*.

1874 Salão dos Impressionistas (Monet batiza o Movimento).

1876 Grahan Bell inventa o telefone.

1877 Thomas Edison inventa o fonógrafo.

1879 Invenção da lâmpada elétrica por Thomas Edison. Ibsen escreve *Casa de Bonecas*.

1880 Dostoiévski escreve *Os Irmãos Karamazov*.

1882 Rede de iluminação elétrica em Nova York.

1883 Automóvel com motor à explosão na Europa. Nietzsche escreve *Assim Falou Zaratustra*.

1885 Zola escreve *Germinal*. Van Gogh pinta *Os Comedores de Batata*. O Rádio de Hertz.

1888 Strindberg escreve *Senhorita Júlia*.

1889 Inauguração da Torre Eiffel.

1890 Rodin termina *A Idade de Bronze*.

1891 Oscar Wilde escreve *O Retrato de Dorian Gray*. Wedekind escreve *O Despertar da Primavera*. Primeira Exposição de Fotografia como arte.

1892 Bernad Shaw escreve *A Profissão da Senhora Warren*. Motor movido a diesel. Pavlov e o Reflexo Condicionado. Secessão de Munique.

1893 Fundação do Théâtre de L'Oeuvre de Lugnë-Pöe. Verdi compõe *Falstaff*. Edward Munch pinta *O Grito*.

1894   Gramofone. Rilke escreve *Leben und Lieder.*

1895   Debussy compõe *Après-midi d'un Faune.* Cinematógrafo dos Irmãos Lumière. Verlaine escreve *Confessions.* Valery escreve *Introducion à la méthode de Léonard de Vinci.*

1896   Marconi inventa o telégrafo sem fio. Primeiro automóvel Ford. Primeira usina elétrica em Londres. Jarry escreve *Ubu Rei.* Proust escreve *Les plaisirs et les jours.* Tchékhov escreve *A Gaivota.* Puccini compõe *La bohème.* Bergson escreve *Matéria e Memória.*

1897   Secessão de Viena. Mallarmé escreve *Un coup de dés.* Matisse pinta *La desserte*

1898   Secessão de Berlim. Marquet pinta o primeiro nu fauvista: *Nue fauve.* Thomas Mann escreve *Der Kleine Herr Friedemann.* Primeiro Salão do Automóvel em Paris. Primeira transmissão, por rádio, das regatas.

1899   Freud termina sua *Interpretação dos Sonhos.* Ravel compõe *Pavana para uma Infanta Defunta.* William James escreve *Talks on Psychology.* Monet pinta *A Catedral de Rouen.* Strindberg escreve *O Caminho de Damasco.* Ibsen escreve *Quando Nós Mortos Despertarmos.*

1900   A Teoria dos Quanta de Plank. Nietzsche escreve *Ecce Homo*

1905   Einstein formula a Teoria da Relatividade.